心理迷思系列

U0866639

青春期的迷思

身体、自我与世界

Great Myths of Adolescence

[美]杰里米·D.朱厄尔
Jeremy D. Jewell

[美]迈克尔·I.阿克塞尔罗德
Michael I. Axelrod

[美]米切尔·J.普林斯坦
Mitchell J. Prinstein

[美]斯蒂芬·赫普
Stephen Hupp

著

方 红 译

WILEY

上海教育出版社
SHANGHAI EDUCATIONAL PUBLISHING HOUSE

Preface

前言

x

杰弗里·詹森·阿内特（Jeffrey Jensen Arnett）

我们人类从某些方面来讲和猴子一样，也是一个非常聪明的物种。在所有的生物中，只有人类在几千年前就掌握了火种，并开始用它实现我们自己的目的。从掌握火种到智能手机以及无数应用程序的诞生，我们都在用自己非凡的认知能力改变世界，让我们的生活变得更加舒适、精彩。

但与此同时，在所有的生物中，也只有我们有一种特殊的倾向——相信无稽之谈。从有历史记载开始（毫无疑问，这是数千年之前了），我们就一直坚守一些让人难以置信的绝非真实的信念。从相信太阳每天都被天马战车送上天空，到相信厄运是敌人恶毒的"凶眼"导致的结果，再到相信个体的人格取决于体内四种"体液"的平衡情况——这四种体液分别是血液、黏液、黄胆汁、黑胆汁——等等，我们展现出惊人的创造力来解释世界是如何运转的，某些事情为何会发生，以及我们为何如此行事，而所有这些都是凭空捏造的。猴子会这样傻吗？

大约500年前，科学的兴起是一次辉煌的改变世界的创新之举，这是有史以来首次——是的，包括古希腊人在内，他们或许在某些方面是智者，但他们同时也热衷于传播无稽之谈——系统审视人类总是相信不真实事物的倾向。科学需要证据，而且有自己的规则来判断证据的有效性，这是每一个从事科学事业的人都承诺会遵守的。科学评价体系的建立引发了一场基于事实的知识爆炸，改变了我们生活中的一切，直到今天，这场革命仍在继续。

xi 但是，科学的兴起并没有消除人类相信无稽之谈的倾向。科学只是缓和了这种倾向，并提供了一些规则和标准来揭露和纠正它。吸引人的故事似乎总是以一种令人觉得舒适且熟悉的方式解释事物，它们对人类（包括科学家自身在内）始终具有持久不变的吸引力，不管这些故事是否基于事实，均是如此。因此，人们永远都需要做一些与此类似的重要工作，把大家的注意吸引到那些我们认为并不正确的事情上来。

本书是“心理迷思系列”之一，聚焦青春期的主题。该系列已出版《大众心理学的 50 个迷思》(Lilienfeld，Lynn，Ruscio，& Beyerstein，2010）和《儿童发展的迷思》(Hupp & Jewell，2015）等图书。本书涵盖青春期的各种迷思，共计 50 个，其中很多迷思在读者看来甚为熟悉。我们对书中的一些“小迷思”(mini-myths）进行了合并处理，放在一两段中阐述；而对另一些迷思的论述更为详细，还包括一个有用的锦囊，即每个迷思都用“你需要知道的”这个部分作为结尾。

在阅读本书时，几乎每一个人都会发现，面对证据，不得不至少放弃一个迷思。对我来说，这个迷思就是“希腊生活对大学生学业有负面影响”(迷思 13)。假如公众关注橄榄球运动员的脑震荡风险，我还对“高中橄榄球运动员比拉拉队队员更有可能受重伤”(迷思 25)感到惊讶。我希望，读者能和我一样，发现尽管承认自己错了从来都是件令人不愉快的事情，但抛弃错误信念转而支持事实，是一件让人满意的事情。

不过，我们现在还是要回到开篇提到的那个问题：为什么人具有相信无稽之谈的倾向？毫无疑问，我们都有一些固有的认知倾向，这些倾向会导致我们误解自己观察到的事物或经历的事情，例如，倾向于将相关关系解释为因果关系。不过，就青少年而言，基于我自己多年的研究和阅读经历，以及阅读本书的经历，我认为，导致我们相信有关青少年之迷思的因素主要有五个。

1.“轻视年轻人”，这可以说是最不得体的偏见，相信这个迷思会让人们觉得自己比年轻人高明。

2. 一些迷思似乎得到了媒体广泛报道的证实。

3. 流行文化尤其是电影和电视描绘了关于青少年的许多迷思。

4. 迷思是可以接受的，因为它们是更为广泛的政治世界观的一 xii
部分。

5. 有些迷思看起来似乎合乎逻辑，就好像它们应该是真实的一样。

下面我们将简单地阐述这些因素。

最不得体的偏见

研究者认识到，轻视年轻人的现象已存在很长一段时间，至少可以追溯到亚里士多德（Aristotle），而且在不同时代、不同国家都可以看到（参见 Arnett，1999）。有关此类迷思，本书列举了一些很有说服力的例子，包括“现在的青少年不如前几代”（迷思 40）、“千禧一代是懒惰的一代”（迷思 24）等。

但是，为什么会这样呢？为什么每一代人都觉得正在崛起的一代存在某些方面的缺陷呢？研究者或许撰写了一些著作来解释，但有一个解释很简单，那就是：青少年始终是一个地位低下的群体，因为他们几乎没有任何权力，而地位低下的群体总会遭到地位高的群体的轻视（Cheng，Tracy，& Anderson，2014）。青少年之所以几乎没有任何权力，是因为他们还很年轻，在经济上还要依赖父母，而且没有机会积累足够的知识和技能（这些知识和技能以后可以转化为权力）。

这种解释并非借口。近几十年来，西方社会开始认为，许多轻视地位低下群体的传统是不可接受的：曾经，那些地位高的群体不仅认可对妇女、少数民族或性少数群体的诋毁，而且会欢欣鼓舞地庆祝对这些群体的打压。现在，时代变了，这种情况已经有所好转，但对年轻人的偏见依然存在。本书的作者在这里声明，“我们最想批判的是那种认为现在的青少年比前几代更为糟糕的观念”，他们（作者）认识到这种偏见是多么不公平，多么具有破坏性。现在，“抨击年轻人”的现象步人们以前接受的其他偏见的后尘了。在这方面，本书将提供一些帮助。

媒体报道歪曲了人们对频率的感知

一些迷思之所以盛行，是因为它们代表了引起媒体关注的令人震惊的事件。媒体的关注具有一种效果，那就是，让我们相信这些事
xiii 件比实际情况更为盛行。其中两个例子就是“青少年的自杀率最高”（迷思 46）、“学校暴力事件呈上升趋势”（迷思 41）。

心理学家普遍认可可得性启发（availability heuristic），其含义是，当我们试图判断某一事件发生的概率时，我们往往会想到一些可获得的例子，即我们曾看到或听到的事情（Tversky & Kahneman，1974）。媒体报道使得诸如青少年自杀、校园暴力这样的事件变得更具可获得性。确切地说，这并不是媒体的错。相比于年长的群体，青少年群体中的自杀现象其实更为少见（而不是更为常见），但人们往往因自杀者是青少年而觉得更为震惊。如果有人在十六七岁时自杀，我们毫无疑问会认为这是一个悲剧，是对一个富有潜力的生命的浪费，因为与晚年的自杀事件相比，十六七岁的年轻人还有很多的人生没有经历，还有很多机会来纠正导致痛苦的事情。即使对青少年来说，坐汽车的风险固然要比进学校的风险大得多，但在校园暴力事件中，我们很难指望媒体不去报道有人进入学校谋杀他人这种事件。

不过，这样说并不是让媒体完全逃脱干系。对青少年自杀或学校暴力事件的大肆报道至少有可能引发更多的类似事件。有研究者记录了自杀传染（suicide contagion）（Sisask & Värnik，2012）的现象，至

少有一些校园枪击者的动机是为了获取不正当的名声。

青春期的迷思在流行文化中相当盛行

有关青春期迷思的信念之所以盛行，一个相关的原因是，很多青春期迷思是流行文化尤其是电影和电视节目的情节主线。作者在本书中列举了许多这样的例子。

读者只要稍加思考便会发现，这并不奇怪。“受欢迎的青少年通常很刁蛮”（迷思 31）的观点可能并不是真的，但受欢迎的青少年不太可能“友好地对待书呆子和被拒绝的孩子”。“大多数青少年与父母关系紧张”（迷思 34）的说法并不是事实，但一部关于青少年与父母和谐相处的电影却很可能只是短片，而且不是很吸引人。

从某种程度上说，这种歪曲和极端的情况是戏剧故事情节固有的，并非仅指青少年。一个脾气暴躁的男人无意中杀死了自己的父亲，然后又在无意中娶了自己的母亲——这种情况并不常见，但这就是《俄狄浦斯王》（*Oedipus Rex*）的故事情节，而这部戏剧已经吸引并震惊了观众几千年。只不过，鉴于上面讨论过的年长者往往有恶意对待青少年的倾向，我们有必要提醒人们一点（就像本书的主旨）， xiv
有关青少年的电影和电视情节并不代表所有青少年，甚至并不代表大多数青少年。毕竟，这只是一部电影而已。

迷思可能是政治世界观的一部分

同样重要的是，我们要认识到，有些关于青少年的错误信念并不是孤立的迷思，而是政治信念结构的一部分（迷思很容易融入这个结构）。例如，“唯禁欲性教育可以有效地使青少年保持禁欲”（迷思 22）正好符合这种保守的世界观，即认为婚前性行为是错误的。同样，在自由主义方面，“大学入学测试不能预测学生在大学期间的学业成就”（迷思 19）符合这种更大的世界观，即认为人们可以成为他们想成为的任何人，而不会受到遗传、能力或过去经验的限制。

那些支持政治世界观的迷思可能特别难消除。提供纯粹的事实可能没有多大用处。这种迷思可能具有情感安慰的作用，如果承认它是错误的，或许就意味着对整个世界观的质疑，或者可能导致认知失调，而人们通常觉得认知失调是令人不快且力图避免的状态。不过，大声反对这种迷思或许尤为重要，因为这种迷思常常是那些无用的或有害的公共政策的基础。例如，政府资助唯禁欲（abstinence-only）性教育项目，而这些项目并不比综合的性教育项目（comprehensive sexuality education programs）更能减少意外怀孕的发生（Haberland & Rognow, 2015）。

迷思有时看似合乎逻辑，因为它似乎可信

有一些迷思看起来似乎很有道理，因此，人们常常会在不了解或没有关注研究结果的情况下接受它们。在这种情况下，有一些现象便可以理解了。例如，大多数人认为，“传统的高中驾驶教育课程能使青少年安全驾驶”（迷思 50）。但是怎么可能呢？在一个经过认证的项目中学习如何驾驶，会让人们为开车上路作更充分的准备，这一点不是很明显吗？你会觉得当然是这样，除非你了解到研究得出相反的结论，而且接受过驾驶员教育的青少年的行为解释了这个与直觉相反的

xv 结果——他们在上完这门课之后对自己的驾驶能力产生了错误的信心，从而提高了发生事故的风险。其他一些迷思似乎也属此类，包括“青少年应该在上高中时找一份工作来塑造性格”（迷思 16）、“‘大一胖 15 磅’：学生在大学一年级时的体重会增加 15 磅”（迷思 8）、“青少年可以被‘现身试法’”（迷思 48）等。

研究之所以如此重要，原因之一恰恰在于，许多我们认为理所当然的事情被研究证明并非如此。同前一点一样，这个错误信念导致的结果往往也会对公共政策产生重要影响。一旦你知道传统的驾驶教育项目预示着更大的事故风险，那么你便可以改变内容，以找到更有效的方法。一旦你知道没有证据表明“青少年可以被‘现身试法’”，那么，你便可以将公共资金转投到那些经研究证明更为有效的项目上，如此等等。

结论：多一些共情，少一些刻板印象

总的来说，本书引人思考，内容丰富，充满趣味，这体现了高质量研究的价值与重要性。因为我们的许多认知倾向会导致我们接受无稽之谈，所以我们永远需要科学的支撑，以引导我们回到事情的真相上来。本书的阐述加深了我们对21世纪青少年的了解。本书还委婉地告诉我们，在评判年轻人时不要那么苛刻。年轻让人兴奋，但要想在这个世界上找到自己的路并不是一件容易的事。逃避年长者的谴责、奚落和负面的刻板印象往往无济于事。逃避从来都解决不了问题。本书打破了许多诸如此类的刻板印象，并以一种充满共情和鼓励的方式，而且——最为重要的是——凭借以现实为基础的视角，描述了今天的青少年。

参考文献

Arnett, J. J. (1999). Adolescent storm and stress, reconsidered. *American Psychologist*, *54* (5), 317–326.

Cheng, J. T., Tracy, J. L., & Anderson, C. A. (2014). *The psychology of social status*. New York, NY: Springer.

Haberland, N., & Rogow, D. (2015). Sexuality education: Emerging trends in evidence and practice. *Journal of Adolescent Health*, *56* (1), S15–S21.

Hupp, S., & Jewell, J. (2015). *Great myths of child development.* New York, NY: Wiley. xvi

Lilienfeld, S. O., Lynn, S. J., & Beyerstein, B. L. (2010). *50 great myths of popular psychology: Shattering widespread misconceptions about human behavior*. Malden, MA: Wiley-Blackwell.

Sisask, M., & Värnik, A. (2012). Media roles in suicide prevention: A systematic review. *International Journal of Environmental Research and Public Health*, *9* (1), 123–138.

Tversky, A., & Kahneman, D. (1974). Judgment under uncertainty: Heuristics and biases. *Science*, *185* (4157), 1124–1131.

致谢 xvii

同任何一本书一样，《青春期的迷思：身体、自我与世界》（*Great Myths of Adolescence*）是许多人辛苦工作的成果，在此，我们要向他们表示感谢。首先，我们要感谢斯科特·利林菲尔德（Scott Lilienfeld）和史蒂文·杰伊·林恩（Steven Jay Lynn），他们撰写了“心理迷思系列”的开篇之作《大众心理学的50个迷思》（*50 Great Myths of Popular Psychology*）。我们特别感谢他们的指导。在撰写《儿童发展的迷思》（*Great Myths of Child Development*）以及眼前这本《青春期的迷思：身体、自我与世界》时，我们在很多方面都以这本奠基之作为指南。我们还要感谢威利出版社（Wiley Publishing）的达伦·里德（Darren Reed）和丹妮尔·德斯克特奥（Danielle Descoteaux），在本书的早期构思阶段，他们给了我们非常宝贵的鼓励和帮助。此外，我们也要感谢利兹·温格特（Liz Wingett）、莫妮卡·罗杰斯（Monica Rogers）、伊莱沙·本杰明（Elisha Benjamin），感谢他们帮助我们完成了本书的创作。我们还要感谢一些学生，他们协助完成了本书所需的一些研究。最后特别感谢几位研究助理在一些迷思的提出和研究方面作出的重要贡献，他们是汉娜·达姆斯（Hannah Dahms）、麦迪逊·舍恩（Madison Schoen）、贝萨妮·米什卡（Bethany Myszka）、莫莉·罗吉克（Molly Logic）、凯蒂·保利希（Katie Paulich）。

Contents

目录

第二章　自我的发展

自我发展的小迷思

第三章　社会环境

社会环境的小迷思

Introduction

导言* 1

有位名人曾这样描述社会上的年轻人：

> 年轻人有着强烈的激情，他们往往会不加选择地去获得满足。在身体欲望方面，最能左右他们的是性欲望，年轻人在性欲望方面缺乏自我控制。他们的欲望变化无常，持续的时候很强烈，但很快就会结束……他们脾气火暴、急躁，很容易大发雷霆；坏脾气常常也会让他们变得更好，因为他们有强烈的荣誉感，不能忍受他人的轻视，如果他们认为自己受到不公正的对待，就会非常愤怒。

换句话说，“现在的青少年”有着强烈的性欲望，头脑容易发热，一旦他们认为有人不尊重他们，就会非常愤怒。写下这段话的人是谁？他是生活在 2 400 多年前的著名希腊哲学家亚里士多德［（Aristotle，《修辞学·第二卷》（*Rhetoric Book II*）第二章，巴恩斯（Barnes，2014）译］。对“现在的青少年”愤世嫉

* *Great Myths of Adolescence*, First Edition. Jeremy D. Jewell, Michael I. Axelrod, Mitchell J. Prinstein, and Stephen Hupp.

俗的看法似乎已经持续数个世纪。例如，在马修·麦康纳（Matthew McConaughey）和伍迪·哈里森（Woody Harrelson）主演的艾美奖提名节目《真探》(*True Detective*)(Fukunaga，2014）第一季中，我们就可以看到这一点。在该节目中，哈里森岳父说的话与亚里士多德的观点如出一辙：

> 所以，你是在跟我说世界不会变得更糟糕，是吗？现在的孩子我看得多了，一个个都穿着黑衣服，化着令人生厌的妆，脸上涂得乱七八糟，开口闭口都是性。

2 虽然这些对青少年和年轻人的负面刻板印象已经存在几千年之久，但在科学视角的审视下，有些刻板印象已被证实是正确的，有些则没有得到证实。例如，“当一个人从十几岁进入中年，其冒险行为（risky behavior）通常会随着时间的推移而呈下降趋势”的刻板印象是正确的。不过，人们通常认为的“大多数青少年经常在周末喝醉”并不正确。事实上，研究表明，有一半的高中高年级学生报告，他们从来没有喝醉过。

本书的内容设计与目标读者

本书将探讨与性、毒品、自我控制等有关的迷思，大家可以将本书看作我们出版的第一本著作《儿童发展的迷思》(*Great Myths of Child Development*)(Hupp & Jewell，2015）的续集，这两本书有许多共同的特点。例如，我们在本书中界定了每一个迷思，确定了每一个迷思的盛行程度，并呈现了揭穿该迷思真相的最新、最重要的研究。我们自己也研究了“大学生相信每一个迷思”的程度，并将这些研究的发现呈现在本书中。此外，我们还将每一个迷思与各种有助于传播迷思的流行文化标识联系起来。例如，在《儿童发展的迷思》(Hupp & Jewell，2015）中，我们提到了很多电视节目，如《月光侠》(*Moonshiner*)、《鸭子王朝》(*Duck Dynasty*)、《辛普森一家》(*The*

Simpsons)、《广告狂人》(*Mad Men*)、《欲望都市》(*Sex in the City*)，等等。在本书中，我们提到了很多电影，如《刁蛮女孩》(*Mean Girls*)、《家庭聚会》(*House Party*)、《太坏了》(*Superbad*)、《X计划》(*Project X*)，以及《暮光之城》(*Twilight*)与《饥饿游戏》(*Hunger Games*)系列电影。我们还引用了其他电视连续剧，包括《怪奇物语》(*Stranger Things*)、《南方公园》(*South Park*)、《蠢蛋搞怪秀》(*Jackass*)、《迪格拉丝中学的下一代》(*Degrassi: The Next Generation*)、《欢乐合唱团》(*Glee*)、《好汉两个半》(*Two and a Half Men*)、《绯闻女孩》(*Gossip Girl*)等。此外，我们还提到了一些著名的医生，如菲尔医生（Dr. Phil）、奥兹医生（Dr.Oz）。在每一个大迷思的末尾，我们都会呈现一段关于"为什么这个迷思有害"的讨论，并在"你需要知道的"部分提供一些与该主题相关的最佳实践。例如，"大多数青少年经常在周末酗酒"这一迷思（见"迷思43"）是有害的，因为这个迷思的传播可能真的会增加青少年饮酒的概率。具体而言，如果这个迷思导致人们认为"每个人都是这样做的，所以我也可以这样做"或者"每个人都觉得我会这样做，所以我想我会这样做"，那么青少年就更有可能喝醉。

与第一本书一样，我们认为，《青春期的迷思：身体、自我与
世界》主要面向两类读者。第一类读者是教师和大学生，他们可 3
以将本书作为"青少年发展"(adolescent development）或"毕生发展"(lifespan development）课程的辅助读物。我们认为，本书的内容可以补充传统教科书中缺乏的信息。例如，鉴于大学生已经学习有关青春期与成年初期身体和大脑发育的知识，并阅读了一些相关文献，因此本书中有关迷思（如迷思3"青少年的大脑在18岁时完全发育成熟"）提出的一些概念和呈现的一些研究，可以加深读者对青春期大脑发育的理解。本书的第二类读者是对心理学迷思感兴趣的普通大众，特别是家有青少年的父母，他们可能会发现，思考这些迷思很有帮助。社会对青少年的看法以及给他们贴上的动荡不安的"十几岁"的标签，使得父母特别害怕青少年有可能面临的典型

问题。我们希望，本书的观点能够帮助这些父母以一种新的视角看待自己十几岁的孩子，把他们看作一个个正在走向成年的人，他们在短短几年时间里要作出一系列重要的决定，同时又面临许多不确定性。

我们对迷思盛行程度的研究

与我们的第一本著作《儿童发展的迷思》（Hupp & Jewell, 2015）类似，我们尽力在本书中提供一些有关“对迷思之信念”盛行程度的数据。我们一如既往地认为，如果要将一个迷思确定为“大迷思”（great myth），它就必须是人们广泛坚持的信念。遗憾的是，虽然我们不懈地查找，但有关某一特定迷思盛行程度的文献往往存在空白。因此，我们只好尽可能地引用盖洛普研究中心（Gallup Research Center）和皮尤研究中心（Pew Research Center）等传统研究中心最新的民意调查结果。不过，我们自己也研究了本书中提到的迷思的盛行程度，研究对象是中西部一所大学的大学生。具体而言，我们编制了“如何看待青少年量表”（Opinions About Teens Scales，OATS），该量表由大约 50 种对青少年的看法组成，这些看法大多选自本书中措辞精确的迷思。我们会询问大学生被试是否听说过这个迷思，然后要求他们在从“同意”（agree）到“不同意”（disagree）的四分量表上评定自己对这个迷思的相信程度。如果被试回答说“同意”或“有点同意”（somewhat agree）某一个迷思，那么我们就认为他赞同该迷思。为了提高测验的有效性，我们还在整个量表中混入若干有关青少年发展的事实（例如，“对大多数青少年来说，自我认同感的发展很重要”）。在开始上“儿童心理学”课程时，我们收集了 76 个大学生被试的数据。几个月后，我们又收集了第二个样本的数据，该样本包括 170 名上另一门“儿童心理学”课程的学生。在讨论该研究中某一特定迷思的盛行率（prevalence rate）时，大学生被试常常根据范围（range）来回答，这反映了迷思在两个样本中的盛行率（Jewell & Hupp, 2018）。

强调证据

一些指导原则驱使我们在撰写本书时去收集一系列证据。具体说来，只要有可能，我们都会依靠元分析或综述（这些元分析或综述综合了若干研究的结果），而不是依赖个别的研究。虽然我们在描述时常常把某一项研究当成某既定主题的研究的例子，但在大多数情况下，许多其他研究也得出了类似的结论。此外，我们还非常重视一些精心设计且得到不止一个研究团队支持的研究与发现。与此相关的是，在“你需要知道的”部分，我们常常会进行一些评论，这些评论肯定了临床儿童和青少年心理学协会（Society for Clinical Child and Adolescent Psychology）界定的循证治疗（evidence-based treatments，EBTs）（Southam-Gerow & Prinstein，2014）。下面简要介绍该协会对循证治疗的不同水平的界定。

水平 1：完善的治疗（well-established treatments）。就一种治疗而言，至少有两项精心设计的研究表明它比另一种治疗或安慰剂更有效，而且至少有两项研究由不同的研究团队实施。在这种情况下，可以认为这种治疗属于该水平。

水平 2：很可能有效的治疗（probably efficacious treatments）。这个水平包括两种情况。一种情况是，这种治疗至少有两项精心设计的研究，但这些研究都没有将这种治疗与另一种治疗进行比较，而是与待治疗组进行比较，因此无法控制安慰剂效应（placebo effects）。另一种情况是，该研究完全符合“完善的治疗”的标准，但只有一项研究或只有一个团队进行了多项研究。

水平 3：可能有效的治疗（possibly efficacious treatments）。该水平只需一项做得很好的随机对照实验，将该种治疗与一个待治疗组进行比较。

水平 4：实验性治疗（experimental treatments）。这种治疗尚未经过检验，或者，即使经过检验，也仍不符合上述标准。

水平 5：疗效有问题的治疗（treatment of questionable efficacy）。如果实验研究可提供的证据仅表明，一种治疗没有产生有益的效果，那么这种治疗便属于该水平（Southam-Gerow & Prinstein，2014，p.2）。

5 本书的许多主题与障碍治疗没有关系。不过，循证治疗的上述界定与我们用来呈现有关迷思之信息的研究类型是一致的。

本书的主题

在我们的第一本著作《儿童发展的迷思》（Hupp & Jewell，2015）中，我们讨论了一些迷思。如果要给那本书概括一个主题，那么这个主题很可能是：社会上有很多迷思引发了父母许多不必要的内疚感。例如，有的父母虽然十分满意自己只有一个孩子，但那个认为“独生子女自私、娇生惯养”的迷思可能导致他们出于内疚而生第二个孩子。再比如，有一个迷思认为“离婚会毁了大多数孩子的生活”，这个迷思可能导致父母维持一种高度冲突或虐待性的关系，而事实上，孩子很可能在他们离婚后因家庭冲突减少而健康成长。最后再举一个例子，那个认为“日托会损害亲子依恋关系”的迷思，可能导致那些因经济原因而不得不外出工作并把孩子送进托儿所的父母感到内疚，从而引发情绪问题。

考虑到这一点，我们拟定的本书主题与第一本有较大不同。回到开篇引用的亚里士多德的那段话，我们提出，认为“现在的青少年”与前几代青少年相比有很大不同——且比他们更为糟糕——的观点对整个社会来说是有害的。之所以这么说，原因有以下几点。成年人认为“现在的青少年”比他们自己十几岁时表现出更大比例的行为问题，这种观点表明了一种将“我们”与“他们”对立起来的态度，而这种略带人为性的代沟会导致成年人更加难以与青少年沟通和建立联系。另一个原因有点类似自证预言（self-fulfilling prophecy），即成年人预期青少年会出现某些问题时，青少年就真的会更频繁地表现出他们预期的问题。“大多数青少年与父母关系紧张”（迷思 34）、“要想成功地从青春期过渡到成年期，青少年需要先脱离父母”（迷思 30）支持了这个观点，我们在分析这两个迷思时也探讨了这个观点。最后，还有一点很重要，我们需要弄清楚，社会上认为的那些主要是“青少年问题”的问题，其实在成年人中发生的比率远高于许多人愿意承认的。例如，调查发现，青少年用手机发送色情短信的平均比例是10%—15%，而成年人用手机发送色情短信的平均比例大约高出青少年3倍，为33%—53%（Klettke，Hallford，& Mellor，2014）。关于吸毒，美国疾病控制与预防中心（Centers for Disease Control and Prevention，CDC）2014年发现，在近一个月中，有7.4%的青少年（年龄为12—17岁）吸食过大麻（Azofeifa et al.，2016）。但我们在同一份报告中看到，年龄为35—44岁的成年人中，有8%在近一个月 6
内也吸食过大麻。这一发现被《华盛顿邮报》（*Washington Post*）作为头条新闻刊登，标题为“现在，中年父母比十几岁的孩子更有可能吸食大麻”（Ingraham，2016）。因此，我们最想反驳的是认为现在的青少年比前几代更糟糕的观点。因为事实上，与亚里士多德的时代相比，今天青少年的发展与当年青少年的发展有更多相似之处（而不是有更多不同）。青少年的缺点极少只出现在青少年身上，许多成年人身上也有类似的缺点。所以，简言之，让我们对青少年更宽容一些。

参考文献

Azofeifa，A.，Mattson，M. E.，Schauer，G.，McAfee，T.，Grant，A.，& Lyerla，R.（2016，December）. National estimates of marijuana use and related indicators—National Survey on Drug Use and National Center for Statistics and Analysis. Alcohol impaired driving：2015 data. *Traffic Safety Facts. DOT HS 812 350.* Washington，DC：National Highway Traffic Safety Administration.

Barnes，J.（Ed.）（2014）. *Complete works of Aristotle*，*Volume 1*：*The revised Oxford translation*. Princeton，NJ：Princeton University Press.

Fukunaga，C.（Director）.（2014）. Seeing things.［Television series episode］. In N. Pizzolato（Creator），*True Detective*. New York City，NY：HBO.

Hupp，S.，& Jewell，J.（2015）. *Great myths of child development*. Malden，MA：Wiley.

Ingraham，C.（2016，September）. Middle-aged parents are now more likely to smoke weed than their teenage kids. *Washington Post*. Retrieved from https：//www.washingtonpost.com/news/wonk/wp/2016/09/02/middle-aged-parents-are-now-more-likely-to-smoke-weed-than-their-teenaged-kids/?utmterm=.2796e78ac918.

Jewell，J. D.，& Hupp，S. D. A.（2018）. *Prevalence of myths about adolescence*［Manuscript in preparation］.

Klettke, B., Hallford, D. J., & Mellor, D. J. (2014). Sexting prevalence and correlates: A systematic literature review. *Clinical Psychology Review*, *34* (1), 44–53.

Southam-Gerow, M. A., & Prinstein, M. J. (2014). Evidence base updates: The evolution of the evaluation of psychological treatments for children and adolescents. *Journal of Clinical Child and Adolescent Psychology*, *43* (1), 1–6.

MYTHS

第一章

身体、大脑与心智的发展*

7

迷思 1　青春期在 18 岁结束

迷思 2　近年来，女孩普遍更早进入青春期

迷思 3　青少年的大脑在 18 岁时完全发育成熟

迷思 4　厌食症治疗通常需要青少年与父母分开

迷思 5　科技让青少年更好地同时处理多项任务

身体、大脑与心智发展的小迷思

迷思 6　青春期早熟者比晚熟者发展得更好

迷思 7　青少年一边听音乐一边学习，可以学得更好

迷思 8　“大一胖 15 磅”：学生在大学一年级时的体重会增加 15 磅

迷思 9　马有助于治疗进食障碍、自闭症等

迷思 10　“开始发育”会让大多数青少年非常不安

迷思 11　女性青少年比男性青少年更专注于自己的外表

迷思 12　大多数青少年很少在闲暇时阅读

迷思 13　“希腊生活”对大学生学业有负面影响

迷思 14　购买预科课程是取得 SAT 考试优异成绩的最好方法

* *Great Myths of Adolescence*, First Edition. Jeremy D. Jewell, Michael I. Axelrod, Mitchell J. Prinstein, and Stephen Hupp.

迷思 1　青春期在 18 岁结束

迪士尼（Disney）通过讲述公主与女主人公的成长故事，创建了一个充满活力的电影帝国。以电影《长发公主》（*Tangled*）（Conli，Greno，& Howard，2010）中的长发公主乐佩（Rapunzel）为例，她在 18 岁生日前夕离开她的庇护塔，进入一个既危险又让人着迷的世界。“走出你的安乐窝，去冒险吧。你会发现一切都是值得的。”她一边说着，一边借助长长的金色头发爬下了高塔（Conli et al.，2010）。电影接下来讲述的便是长发公主乐佩从童年到成年的故事。《阿拉丁》（*Aladdin*）（Clements & Musker，1992）中的茉莉公主（Jasmine）是 15 岁，《小美人鱼》（*The Little Mermaid*）（Musker，Ashman，& Clements，1989）中的美人鱼爱丽儿（Ariel）是 16 岁，《美女与野兽》（*Beauty and the Beast*）（Hahn，Trousdale，& Wise，1991）中的贝儿（Belle）是 17 岁，《睡美人》（*Sleeping Beauty*）（Disney & Geronimi，1959）中的奥罗拉公主（Aurora）是 16 岁，《勇敢传说》（*Brave*）（Sarafian，Andrews，& Chapman，2012）中的梅莉达（Merida）是 16 岁，白雪公主（Snow White）（Disney & Hand，1937）是 14 岁——她们都是在这个年龄经历了一些成长的体验或事件，标志着她们正经历从儿童期进入成年期的转变。就迪士尼的这些动画角色来说，这种转变包括变得成熟、独立、自信。

迪士尼对这些动画角色在 18 岁或 18 岁之前几年的成长经历的描述，与许多文化和宗教传统庆祝青少年成年的年龄不谋而合。在以西班牙语为主要语言的拉丁美洲，女孩子过 15 岁生日时，家人和朋友往往会举办一个大型聚会或成年礼以示庆祝，这标志着她们从儿童进入年轻女性的行列。犹太男孩一般在 13 岁行受戒礼（Bar Mitzvah），女孩在 12 岁行受戒礼，这既表明他们的宗教信仰，也认可他们要承担与犹太法律有关的责任，并承认他们已经是成年人。在北巴芬岛，因纽特男孩一般在 11 岁或 12 岁成年，人们预期这个年龄的男孩已经能够展现出狩猎的技能，并具备在北极恶劣天气条件下生存的能力。

学者们惯常认为，工业化社会中，“高中毕业”是当代大多数青少年成年的标志（参见 Delaney，1995）。四年受成人监督的教育以毕业典礼为终点，这与许多宗教和部落的成年仪式类似。对大多数美国高中毕业生来说，他们接下来要么继续接受高等教育（上两年或四年大学），要么找一个单位工作（Bureau of Labor Statistics，2016），但不管选择做什么，依惯有观念，他们此时应以成年人的方式行事了。公众普遍认为，18 岁是成年的开始。例如，线上杂志《避世者》（*The* 9
Escapist）开展了一次网络调查，发现 18 岁的人最常选择的问题是“青春期什么时候结束”（*The Escapist*，2015）。

人们通常认为 18 岁是青春期结束的时间，对此，我们应该不会感到奇怪。一个人到了 18 岁，法律上就允许他拥有成年人的许多自由，并承担成年人的责任。例如，在大多数国家，过了 18 岁生日，男孩和女孩便可以结婚、参军、购买烟酒产品、开拖车、文身、跳伞等。在美国，《公平劳动标准法案》（Fair Standards Labor Act）将 14 岁定为最低就业年龄。在大多数州，14 岁也是青少年可以在刑事（成人）法庭受审的最低年龄（Office of Juvenile Justice and Delinquency Prevention，2003）。由此可以看出，“青春期在 18 岁结束”这一迷思既是扭曲的流行文化参照（如迪士尼的公主和女主人公）促成的，也是州和联邦政府的法规推动的。

催生这个迷思的另一个根源是，人们都想找到简单的答案。人类相信，重要问题的答案都是直截了当的，没有灰色地带。对人类和非人类的灵长类动物来说，青春期的目的非常明确。这是一个身体成熟和性成熟的时期，是获得成年所需技能的时期，是独立于父母的时期，是改变与同龄人社会关系的时期。相比之下，不那么明确的是，青春发育期何时结束，成年期何时开始。这种不确定性可能是有问题的，因为行为研究已发现，人类通常会回避模棱两可的事情，或者会回避自己对不确定事件的主观感受（Frisch & Baron，1988）。或许，相信成年期从18岁或18岁之后不久开始，而不去考虑这个问题的复杂性或承认这个问题没有直截了当的答案，要让人欣慰得多。

那么，青春期到底什么时候结束呢？曾有研究者提出，青春期的界限就是青少年时期，这个时期开始于13岁，到19岁结束（Steinberg，2011）。在20世纪，研究表明，身体成熟（如发育）开始得更早（Settersten，Furstenberg，& Rumbaut，2005），与大约200年前首次收集的数据相比，月经初潮（menarche）的平均年龄有所下降（Steinberg，2011），由此可以推断，青春期的跨度大大增加了。不过，许多当代青少年发展研究者建议，在理解青春期何时结束这个问题时，要审视那些代表青少年从青春期过渡到成年期的生物性标志和社会性标志，而不是仅仅考虑年龄这个因素（如Arnett，2000）。

10 从生物学上讲，有三个与荷尔蒙（hormone）有关的事件标志着青春期的开始（参见Blakemore，Burnett，& Dahl，2010）。性腺功能初现（gonadarche）往往先激活下丘脑—垂体—性腺系统，然后触发雌激素（estrogen）和睾酮（testosterone）的产生，这标志着青春期的开始。肾上腺功能（adrenache）通常在性腺激素分泌之前出现，先触发雄激素（androgen）分泌增加，继而促使第二性征发展。第三个与荷尔蒙有关的事件是一种生长陡增的现象（a growth spurt），这会导致身高、体格的变化。这三个事件中，只有性腺功能初现有明确的目的，即发展生殖能力，但个体之间在这方面存在很大差异，从而导致很难将某个特定的年龄确定为青春期正式结束的时间。

对于青春期何时结束这个问题，另一个不同的生物性标志或许可以提供更为精确的答案。有研究者发现，人类的作息形态（chronotype）或昼夜节律的行为表现（即生物性睡眠模式），女性在19.5岁之前，男性在20.9岁之前，一直呈上升趋势，随后，在接下来的整个生命周期中，便开始呈逐渐下降的趋势（Roenneberg，Wirz-Justice，& Merrow，2003）。换言之，人类从10岁左右开始变成夜猫子，一直到20岁，之后，随着时间的推移，慢慢地变成早起者。睡眠时间的变化可能不大，但在不同的发展阶段，一个人晚睡（晚起）或早睡（早起）的总体趋势似乎有所不同。有趣的是，鉴于二者都与生物学有关，作息形态的变化往往与青春期的变化相对应（这一点或许也并不奇怪）。女孩普遍比男孩先发育，这一点在作息形态中也可以观察到。虽然研究没有排除其他与作息形态相关的因素（如行为、环境方面的因素），但一些数据很有说服力地表明，睡眠模式（sleep patterns）的改变可能意味着青春期的生物性终点是20岁左右（Roenneberg et al.，2004）。

那些代表青少年从青春期过渡到成年期的社会性标志比生物性标志主观得多，但在关于发展的文献中，它们同样重要。从社会的视角看，青春期的结束与个体对稳定的成人角色的认识相一致（Choudhury，2010）。具体而言，社会性方面的转变通常包括经济上变得独立，离开家，完成正规教育，找一份全职工作，结婚生子（Melgar & Rossi，2012）。研究发现，对于现在的年轻人，这些转变发生的时间较晚。例如，50年前，男性的平均结婚年龄为22岁，女性为20岁（Arnett，2000）。2016年，男性和女性的平均结婚年龄分别 11

为近 30 岁和近 28 岁（U.S. Census Bureau，2017）。此外，女性生第一个孩子的时间也从 1970 年的 21 岁多一点增长到 2014 年的 26 岁多（Mathews & Hamilton，2002，2016）。总而言之，人们结婚的时间晚了，生孩子的时间也晚了，而这很可能会改变青春期结束和成年期开始的社会性标志。

其他研究则表明，今天的年轻人与前几代年轻人相比，很可能存在更显著的不同。一些跨越数十年的大规模调查，以及对 23 岁这一代人的经济独立性指标（如有一份全职工作，还在上学，离开家，接受经济资助）的比较研究，让我们看到一些有趣但或许并不会觉得奇怪的结果。具体而言，所有指标都有所下降，从而导致年轻一代在经济上不那么独立（Steinberg，2014）。例如，与 1976 年和 1977 年的高中毕业生相比，2002 年和 2003 年毕业的 23 岁一代中有更多人还在上学（比例分别为 33% 和 20%），有更多人接受父母的经济资助（比例分别为 67% 和 30%），独自生活的人更少（比例分别为 50% 和 67%），每周工作时间超过 35 小时的也更少（比例分别为 60% 和 75%）。对 25 岁一代的调查发现，这些差异同样显著。与年长的一代（即毕业于 1976 年和 1977 年的 25 岁一代）相比，较年轻的一代（即毕业于 2002 年和 2003 年的一代）中经济上不依赖父母的较少（比例分别为 67% 和 75%），独自生活的较少（比例分别为不到 67% 和高于 75%），全职工作的较少（比例分别为 70% 和 80%）。

这些数据与其他数据一致，表明很多年轻人在 18 岁之后还没有安定下来。例如，20—29 岁的年轻人更换住所的可能性比 15—19 岁的人多 3 倍，比 30—34 岁的人多 2 倍（Arnett，2000）。成年后的一个共同的社会性特征是建立一个永久的居所，但从数据来看，至少就他们的居所而言，定居下来的年轻人越来越少。此外，随着第二次世界大战以来每代人对其雇主忠诚度的逐渐下降，现在的年轻人更换工作比以往任何时代都更为频繁（Tolbize，2008）。领英（LinkedIn）最近的一份报告（Berger，2016）发现，2006 年至 2016 年间毕业的大学生毕业后的 5 年内平均换 3 份工作。1986 年至 1990 年间毕业的大学生毕业后 10 年内平均更换 2.5 份工作。学者们声称，19—30 岁这个时期表现出许多人口学变化，其中包括居所和工作单位的变化（Arnett，2000）。

这些数据表明，一个人要到年龄较大的时候才会承担起那些通常 12
与成年人相联系的角色和责任。而且，个体要到年龄较大的时候才会在经济上独立于父母，包括完成高等教育、找一份全职工作，以及居住在离父母较远的地方。总之，当我们考虑到人们普遍认同的这些社会性标志就会发现，将 18 岁定为青春期结束的时间似乎并不合适。不过，也有人可能认为，这些社会性标志已经过时，或者说，按照今天的标准已不那么重要。为了研究这个问题，发展心理学家杰弗里·詹森·阿内特（Jeffrey Jensen Arnett）询问了青少年（13—19 岁）、年轻人（20—29 岁）和中年人（30—55 岁）对“从青春期进入成年期的转变”的理解（Arnett，2001）。阿内特发现，承担责任、接受自己行为的后果、在不受父母或他人影响的前提下确认自己的个人信念与价值观、与父母建立平等的关系，对这三个群体来说都是最为重要的事情。他还发现，虽然这三个群体在“经济上独立于父母”这一项上的评分都很高，但上述其他社会性标志（如找一份全职工作、完成教育、买房子、结婚、至少生一个孩子）的评分低于生物性标志（如为人父或生孩子的能力），也低于法定的 / 时间顺序上的（满 18 岁或 21 岁）转变时间。在总结他的发现时，阿内特说，“强调独特个性的标准被评定为最重要的一项，特别是为自己的行为承担责任并决定自己的个人信念和价值观的性格品质”（Arnett，2001，p.142）。那么，年轻人是否觉得他们自己已经是成年人了呢？阿内特在同一项研究中发现，86% 的中年人（30—55 岁）觉得自己已经是成年人，而年轻人和青少年中觉得自己已经是成年人的比例分别是 46% 和 19%。不过，最值得注意的是，有 50% 的年轻人在报告他们有关成年的信念时，赞同“某些方面是，某些方面不是”这一项。

你需要知道的

青春期与成年期之间不可能存在一个通用的年龄界限。相反，我们最好认为青春期向成年期的转变是随着时间的推移逐渐发生的，而这从理论上讲正是青春期代表的含义。“青春期”（adolescence）这个词来自拉丁语中的动词“adolescere”，意思是“长大成人”。青春期是
13 一个孩子长大成人的时期。这个时期受许多变量的影响，如果给这个过程限定年龄，就会错过这个发展时期的要领。此外，这个过程开始和结束的时间也存在个体差异。不过，我们还需要考虑其他的框架。例如，正如阿内特（Arnett，2001）提出的，我们最好将青春期之后的时期（19—25 岁）视为成人初显期（emerging adulthood）。他认为，这个时期与青春期、成年期都不同。或许我们不应再将青春期概念化为一个从儿童期到成年期的过渡期，而应将它视作一个发展时期，其特征在于：个体的生物性、认知和社会性等方面会在这个时期发生巨大变化，从而为进入成人初显期作好准备。因此，成人初显期描述的是青春期之后、成年中期之前的那段时期。正如学者杰奎琳·阿诺（Jacqueline Arnone）所写，“25 岁似乎是另一个新的 18 岁”（Arnone，2014）。

研究清楚地表明，与他们的父母在他们这么大的时候相比，现在的年轻人中愿意承担成年人责任（如经济独立、结婚、生子）的越来越少。为什么会这样呢？要回答这个问题，重要的是要理解现在的年轻人比前几代晚进入成年期的原因。研究青少年发展的专家劳伦

斯·斯坦伯格（Laurence Steinberg）赞同人们普遍接受的有关这个问题的若干假设，但这些假设不一定得到可靠科学研究的支持。例如，成年人认为现在的年轻人“懒惰、自私、骄纵”（Steinberg，2014，p.60）。此外，媒体还给现在的年轻人贴上“自以为是”（entitled）的标签，认为他们生来就过着享有特权的生活，生来就享受着特殊待遇（Greenbergerm，Lessard，Chen，& Farruggia，2008）。然而，现在的年轻人并不比前几代享有更多的权利，因为过去30年的研究发现，“自私”（selfishness）方面的变化与年龄有关，而与代际没有太大的关系。例如，现在大学生的自我中心倾向与10年、20年前的大学生是一样的。不过，研究者在分析不同代际者之间的差异时发现，这些年轻人比他们的父母、祖父母更以自我为中心（参见Roberts，Edmonds，& Grijalva，2010）。

由此可以看出，那些试图回答“为什么年轻人进入成年期的时间变晚了”这一问题的尝试都没有理论依据。有证据支持的理论是怎样的呢？斯坦伯格（Steinberg，2014）提供了一个关于大脑发育的最新研究。对青少年大脑结构的研究证实，与注意、风险和回报评估、自我控制相对应的大脑区域在18岁以后还会继续发展（参见Yurgelun-Todd，2007）。而且，在这段时间，大脑变化带来的认知能力的变化
会逐渐提高问题解决的能力。总而言之，青春期的延长或者一个新的 14
发展时期的出现（即成人初显期），可能与大脑的发育，以及成功进入成年期所必需的重要技能的出现有关。

对那些正在从青春期过渡到成年期的人，以及那些家里有正从青春期向成年期过渡的孩子的父母来说，理解有关这一发展阶段的研究和当前的科学思考非常重要。之所以这么说，原因有二。第一，可以缓解他们对“失败的青春期”（failed adolescence）的担忧。也就是说，那些较晚从青春期进入成年期的人并不一定就是不成功，更确切

地说，他们属于同龄人中较为典型的情况。例如，与30年前相比，现在的人们更容易接受一个人25岁后才定居立业。回想一下迪士尼的公主和女主人公，《冰雪奇缘》(*Frozen*)(Del Vecho, Buck, & Lee, 2013）中的艾莎（Elsa）在21岁时戴上了皇冠，这可能代表了一个更为典型的成人初显期开始的画面（至少从迪士尼公主的角度看是如此)。第二，没有人会期待一夜之间就发生转变。青春期的经历和学习机会在帮助个体获得成功进入成年期所必需的重要技能方面非常关键。这一点，再加上大脑与此同时出现的巨大变化，标志着一个跨越许多年（而不是几天）的过渡期，也使得长发公主乐佩一天的成长故事看起来就如她用长发逃离城堡高塔一样不切实际。

参考文献

Arnett, J. J. (2000). A theory of development from the late teens through the twenties. *American Psychologist*, *55*, 469–480.

Arnett, J. J. (2001). Conceptions of the transition to adulthood: Perspectives from adolescence through midlife. *Journal of Adult Development*, *8*, 133–143.

Arnone, J. M. (2014). Adolescents may be older than we think: Today 25 is the new 18, or is it? *International Journal of Celiac Disease*, *2*, 47–48.

Berger, G. (2016, April 12). *Will this year's college grads job-hop more than previous grads*? [Blog]. Retrieved from https://blog.linkedin.com/2016/04/12/will-this-year_s-college-grads-job-hop-more-than-previous-grads.

Blakemore, S. J., Burnett, S., & Dahl, R. E. (2010). The role of puberty in the developing adolescent brain. *Human Brain Mapping*, *31*, 926–933.

Bureau of Labor Statistics. (2016, April 28). *College enrollment and work activity of 2015 high school graduates*. Retrieved from https://www.bls.gow/news.release/hsgec.nr0.htm.

15 Choudhury, S. (2010). Culturing the adolescent brain: What can neuroscience learn from anthropology? *Social Cognitive and Affective Neuroscience*, *5*, 159–167.

Clements, R. (Producer & Director), & Musker, J. (Producer & Director). (1992). *Aladdin* [Motion picture]. United States: Walt Disney Pictures.

Coni, R. (Producer), Greno, N. (Director), & Howard, B. (Director). (2010). *Tangled* [Motion picture]. United States: Walt Disney Pictures.

Del Vecho, P. (Producer), Buck, C. (Director), & Lee, J. (Director). (2013). *Frozen* [Motion picture]. United States: Walt Disney Pictures.

Delaney, C. H. (1995). Rites of passage in adolescence. *Adolescence*, *30*, 891–897.

Disney, W. (Producer), & Geronimi, C. (Director). (1959). *Sleeping Beauty*

[Motion picture]. United States: Walt Disney Productions.

Disney, W. (Producer), & Hand, D. (Director). (1937). *Snow White and the Seven Dwarfs* [Motion picture]. United States: Walt Disney Productions.

Frisch, D., & Baron, J. (1988). Ambiguity and rationality. *Journal of Behavioral Decision Making*, *1*, 149–157.

Greenbergerm, E., Lessard, J., Chen, C., & Farruggia, S. P. (2008). Self-entitled college students: Contributions of personality, parenting, and motivational factors. *Journal of Youth and Adolescence*, *37*, 1193–1204.

Hahn, D. (Producer), Trousdale, G. (Director), & Wise, K. (Director). (1991). *Beauty and the Beast* [Motion picture]. United States: Walt Disney Pictures.

Mathews, T. J., & Hamilton, B. E. (2002, December 11). Mean age of mother, 1970–2000. *National Vital Statistics Report*, vol.51, no.1. Hyattsville, MD: National Center for Health Statistics.

Mathews, T. J., & Hamilton, B. E. (2016, January). Mean age of mother is on the rise: United States, 2000–2014. *National center for health statistics data brief*, no.232. Hyattsville, MD: National Center for Health Statistics.

Melgar, N., & Rossi, M. (2012). When do people become adults? The Uruguayan case. *International Journal of Population Research*, *2012*, 1–6.

Musker, J. (Producer), Ashman, H. (Producer & Director), & Clements, R. (1989). *The Little Mermaid* [Motion picture]. United States: Walt Disney Pictures.

Office of Juvenile Justice and Delinquency Prevention. (2003, June). All states allow juveniles to be tried as adults in criminal court under certain circumstances. *Juvenile Offenders and Victims National Report Series*: *Bulletin*. Retrieved from https://www.ncjrs.gov/html/ojjdp/195420/contents.html.

Roberts, B. W., Edmonds, G., & Grijalva, E. (2010). It is developmental me, not generational me: Developmental changes are more important than generational changes in narcissism-commentary on Trzesniewski & Nonnellan (2010). *Perspectives on Psychological Science*, *5*, 97–102.

Roenneberg, T., Kuehnle, T., Pramstaller, P. P., Ricken, J., Havel, M., Guth, A., & Merrow, M. (2004). A marker for the end of adolescence. *Current Biology*, *14*, R1038–R1039.

Roenneberg, T., Wirz-Justice, A., & Merrow, M. (2003). Life between clocks- 16
daily temporal patterns of human chronotypes. *Journal of Biological Rhythms*, *18*, 80–90.

Sarafian, K. (Producer), Andrews, M. (Director), & Chapman, B. (Director). (2012). *Brave* [Motion picture]. United States: Walt Disney Pictures.

Settersten, R., Furstenberg, F., & Rumbaut, R. (2005). *On the frontier of adulthood*. Chicago, IL: University of Chicago Press.

Steinberg, L. (2011). *Adolescence* (9th ed.). New York, NY: McGraw-Hill.

Steinberg, L. (2014). *Age of opportunity*: *Lessons from the new science of adolescence*. New York, NY: Houghton Mifflin Harcourt.

The Escapist. (2015). *Poll*: *When are you an adult?* Retrieved from http://www.escapistmagazine.com/forums/read/18.870668-Poll-When-are-you-an-adult.

Tolbize, A. (2008). *Generational differences in the workplace*. Minneapolis, MN: University of Minnesota, Research and Training Center on Community Living.

United States Census Bureau. (2017, November). Figure MS-2: Median age of first marriage: 1890 to present. *Historical Marital Status Tables*. Retrieved from https: //www.census.gov/content/dam/Census/library/visualizations/timeseries/demo/families-and-households/ms-2.pdf.

Yurgelun-Todd, D. (2007). Emotional and cognitive changes during adolescence. *Current Opinion in Neurobiology*, *17*, 251–257.

迷思 2 近年来，女孩普遍更早进入青春期

《纽约时报杂志》(*New York Times Magazine*）上一篇文章的标题向读者提出这样一个问题：10 岁前进入青春期是不是新出现的正常现象（Weil，2012）？这篇文章援引许多历史数据指出，与 10 年前的女孩相比，现在的女孩进入青春期的时间提早了很多。这篇文章还用一个 4 岁女孩的事例来充实这些数据——这个 4 岁的女孩已经长出阴毛，乳房已经发育，身高也比同学高出很多。

青春期是指“个体具有性生殖能力的时期”(Steinberg，2011，p.24）。更通俗地说，青春期代表的是男孩和女孩在发育过程中出现重大生物性变化和生理变化的时期。在生物性方面，与荷尔蒙有关的事件标志着青春期的开始。这些与荷尔蒙有关的事件会触发个体在青春期出现生理上的变化。在生理方面，青春期的特点是生长加速，从而促使身高和体重显著增加。青春期还表现为第一性征（包括使个体具有性生殖能力的性腺）和第二性征（包括生殖器和乳房的变化，以及阴毛、体毛的生长）的出现。

有关年幼儿童的故事让我们看到令人震惊的青春期迹象，特别是 17
这些年幼儿童的父母，尤其会对此感到恐慌，他们担忧自己的女儿怎么能在这么小的时候就具有性生殖能力。事实上，数据表明，现在的女孩比以往任何时候都更早进入青春期——这样的结果或许更令人感到震惊。例如，随时间变化的趋势表明，在过去 20 年中，乳房开始发育［也称“乳房萌芽”(breast budding）］的平均年龄在统计学上呈显著下降的趋势（参见 Euling et al.，2008）。具体而言，1980 年以前

发表的研究表明，美国和欧洲国家女孩乳房开始发育的平均年龄大约是 11 岁，而自 2000 年起，发表的研究报告，乳房开始发育的平均年龄已下降至 10 岁以下（Aksglaede，Sorensen，Petersen，Skakkebaek，& Juul，2009；Sorensen et al.，2012）。例如，2009 年，一项对丹麦女孩的研究估计，乳房开始发育的平均年龄是 9.86 岁（Aksglaede et al.，2009）。研究还表明，随着时间的推移，乳房开始发育的年龄会继续呈下降趋势。丹麦的研究报告了 1991 年一个群组（即比 2006 年群组早 15 年评估的女孩）的数据，估计当时女孩乳房开始发育的平均年龄是 10.88 岁，或者说比 2006 年的丹麦群组晚了整整一年。对 1959 年至 1965 年间出生的美国女性的研究表明，她们乳房开始发育的平均年龄在 11.2—12.8 岁之间（Harlan，Harlan，& Grillo，1980；Marshall & Tanner，1969）。美国新近开展的一项研究表明，1996 年至 1998 年间出生的女孩乳房开始发育的平均年龄如下：美国非裔女孩大约 8.8 岁，非西班牙裔白人女孩大约 9.7 岁（Biro et al.，2013）。人们通常认为，乳房发育（breast development）或乳房组织的首次出现是女孩青春期开始的标志。

所以说，根据上文提供的数据，“最近几年，女孩进入青春期的年龄提前了”这一观点难道不是事实吗？其实，这就是这一迷思的可能根源之一——术语上的混乱。虽然女孩乳房开始发育的平均年龄确实有所下降，但标志青春期开始的其他迹象（如初潮，即第一次月经的平均年龄）已经稳定（Harris，Prior，& Koehoorn，2008；McDowell，Brody，& Hughes，2007）。此外，有关阴毛开始生长（青春期开始的另一个标志）的年龄的变化趋势数据还没有得出确定的结论（Euling et al.，2008）。具体而言，采用唐纳分期（Tanner stages，即描述青春期发育五个生理阶段的通用系统）的研究表明，女性阴毛开始生长的年龄存在相当大的个体差异和种族 / 民族差异，因此很难确定上升或下降的长期趋势。因此，认为“女孩普遍更早进入青春期”的说法在很大程度上取决于如何界定“进入青春期”。如果“普遍更早进入 18
青春期”意味着各个方面都进入青春期，包括初潮、阴毛生长等，那么，认为“近年来，女孩更早进入青春期”的说法就是不正确的。

“近年来，女孩普遍更早进入青春期”的迷思提供了一个例子，说明一个真相的核心可能会因更复杂的事实而让人迷惑不解。19 世纪中叶以来的历史数据表明，月经初潮的平均年龄呈下降趋势。不过，请注意，在美国和其他发达国家，平均初潮年龄的长期趋势在最近几十年已减缓或趋于平稳（Papadimitriou，2016a）。例如，20 世纪 60 年代以来的研究发现，英国、瑞典、比利时女孩月经初潮的平均年龄略有增加（分别为平均每 10 年增加 0.14 年、0.05 年、0.03 年），这表明长期的趋势已经稳定，至少这些国家是如此（Parent et al.，2003）。对其他欧洲发达国家的研究也表明，这方面的长期趋势已经减缓。例如，1960 年以来，丹麦、芬兰、荷兰、俄罗斯、法国等国家女孩的平均初潮年龄每 10 年下降不超过 44 天（Parent et al.，2003）。这些数据与那些针对美国样本的研究所报告的数据类似（McDowell et al.，2007；Papadimitriou，2016a）。来自以色列的数据和英国的一些研究说明了这个迷思的复杂性，这些数据和研究表明，在稳定了一段时间后，近年来的平均初潮年龄又开始出现下降（Flash-Luzzatti，Weil，Shalev，Oron，& Chodick，2014；Morris，Jones，Schoemaker，Ashworth，& Swerdlow，2011）。

研究发现，青春期发育开始的时间跨度在 4—5 年之间，这是在大多数人身上都可以观察到的哺乳动物特有的现象（Parent et al.，2003）。初潮是青春期开始的另一个标志，是女孩一生中重要的发展里程碑。人类学家经常描写非西方文化如何庆祝初潮这一成人礼（Rosewarne，2012）。初潮通常发生在乳房组织出现后的 2—2.5

年，标志着女性此时已经具备更成熟的性生殖能力（Papadimitriou，2016b）。此外，不同民族、种族、地理区域和社会经济背景的女孩初潮的年龄往往存在差异。例如，一项对 1 100 多名女孩的研究发现，美国非裔女孩的平均初潮年龄比非西班牙裔白人女孩早半年（分别是 12.0 岁和 12.6 岁；Biro et al.，2006）。这种差异似乎是基因和环境（先天和后天）相互作用的结果。也就是说，月经初潮开始时间存在
19 个体差异，是在某一特定时间开始发育的遗传倾向和环境变量（尤其是营养和健康状况）共同作用的结果。

要了解月经初潮年龄的长期趋势，需要回顾长期以来可获得的数据。遗憾的是，有关月经初潮年龄的数据在 19 世纪中叶才开始正式收集（Steinberg，2011）。不过，月经初潮的年龄有着广泛而长期的变化，这种变化可以追溯至新石器时代。研究人员根据遗骸估计，史前女孩月经初潮的年龄为 7—13 岁（Gluckman & Hanson，2006）。2 500 年前的印度官员写下的古代梵文中提到，上流社会的女孩月经初潮的年龄是 12 岁（Papadimitriou，2016b）。令人感到奇怪的是，在公元前 500 年至公元 500 年这 1 000 年间，女孩月经初潮的平均年龄为 12 岁这一点似乎变化不大。在古典时代（公元前 400—公元 400 年），古希腊和古罗马的作家（从亚里士多德到著名的盖伦医生）一直认为女孩月经初潮的年龄在 14 岁左右（Papadimitriou，2016b）。中国唐朝（618—907）出版的一本医学书籍也将女孩月经初潮的年龄定为 14 岁，虽然相比于精确的观察，这个数字可能与中医领域数字的影响有更大的关系（数字“7”在中国女性的生活中具有重要意义）（Papadimitriou，2016b）。中世纪欧洲的作品也提到女孩月经初潮的平均年龄是 14 岁，范围是 12—15 岁（Admundsen & Diers，1973）。关于现代女孩月经初潮年龄的数据，特别是工业革命后的数据表明，年龄有所延迟。18 世纪下半叶，工业化国家女孩月经初潮的年龄为

15.5—17 岁，比中世纪报告的年龄稍晚，但比现代报告的年龄要晚得多。之所以出现这种状况，原因可能在于人口密度增加，以及卫生和健康状况不佳导致的疾病传播（Papadimitriou，2016a；Steinberg，2011）。

从此处描述的数据可以清楚地看到，女孩月经初潮平均年龄稳定的长期趋势并没有随乳房开始发育的平均年龄的长期下降趋势而下降。例如，1977 年至 1979 年间出生的女性其月经初潮与乳房开始发育之间的相关性很低，这表明两个事件之间的关系极小，而 20 世纪 30 年代至 60 年代间出生的女性其月经初潮与乳房开始发育之间存在密切的联系（Biro et al.，2006）。一些研究者已从理论上解释，这种差异是由成熟速度的变化（即青春期长短的变化）引起的（如 Papadimitriou，2016a），而另一些研究者提出，乳房开始发育的年龄 20
可能是遗传基因与环境相互作用的早期迹象（如 Parent et al.，2003）。研究者将 19 世纪末至 20 世纪中期女孩月经初潮年龄持续下降的现象归因于健康、营养和总体生活条件的改善（Euling et al.，2008）。研究者还指出，最近的健康趋势（如美国女孩肥胖率惊人上升），可能是导致上述长期趋势的原因之一。总而言之，这些发现都只强调，理解女性进入青春期的年龄的变化趋势是一件非常复杂的事情。

同样值得一提的是，不同研究设计的特点往往也会导致人们难以清楚地理解长期趋势图。有一个研究专家小组对 1940 年至 1994 年间的数据进行分析，发现样本大小、被试特征（如种族 / 民族、社会经济地位等）、评估和报告方法等因素使得研究者很难进行跨研究的比较（Euling et al.，2008）。例如，不同的研究采用不同的方法报告女孩月经初潮年龄，而每一种方法都有明显的设计局限性，解释结果时一定要注意这一点。回顾性报告（retrospective reporting）要求女性回忆第一次月经的时间。这种方法容易产生回忆偏差（recall bias），而且会受到“被问及月经初潮年龄”与“月经初潮实际事件”之间间隔时长的影响（Karapanou & Papadimitriou，2010）。另一种常见的报告方法是以固定的时间间隔前瞻性地调查或询问（prospective inquiry or questioning）尚未出现月经的女孩，直到月经出现为止。虽然这种方法比回顾性报告更加准确，但人们通常认为它也有方法上的局限性，即“减员”（attrition，即被试退出研究或被研究者弄丢了），以及历时几年的研究会遇到的其他实际挑战（Biro et a1.，2006；Karapanou & Papadimitriou，2010）。

总而言之，“女孩普遍更早进入青春期”的说法看起来似乎有道理，但数据表明，这是一个很复杂的问题。随着时间的推移，描述青春期开始的趋势因使用的标志物不同而有差异。以乳房组织开始出现（即乳房开始发育）标志青春期开始的研究清楚地表明，这一趋势随时间推移呈下降态势。以月经初潮年龄标志青春期开始的研究发现，长期趋势正在减缓或趋于平稳。月经初潮与性生殖能力的关系最为密切，人们通常认为，女性在月经初潮时便已到达了性发育的高级阶段。所以说，人们可能夸大了对女孩性早熟的关注和担忧。

21 ## 你需要知道的

虽然月经初潮年龄的长期趋势已经稳定，但仍有一部分女孩的初潮来得很早。这一发现（再加上研究表明多数女孩 9 岁时其乳房组织开始出现发育的迹象）对健康有一定的启示。过早的性发育或性早熟是儿科转诊的常见原因（Leger & Carel，2016）。性早熟指的是女孩在 8 岁前出现青春期迹象（如出现包括乳房组织和阴毛在内的第二性征、显著的生长加速）的临床状况（Partsch & Sippell，2001）。20 世纪 80 年代以来的流行病学估算表明，达到临床阈值的儿童比例为 1∶10 000—1∶5 000，女童和男童的比例大约为 10∶1（Gonzalez，

1982）。考虑到乳房开始发育的平均年龄下降，最近的数据报告患病率提高也就丝毫不会令人感到奇怪了。例如，对丹麦儿童进行的一项大规模研究发现，每10 000名年龄为5—9岁的女孩中就有8人符合性早熟的标准（Teilmann，Pedersen，Jensen，Skakkebaek，& Juul，2005）。同样不会令人感到奇怪的是，患有影响中枢神经系统的疾病（如神经纤维瘤病、脑病等）的儿童，其性早熟的发生率要高得多（Partsch & Sippell，2001）。性早熟的发病原因和潜在机制不是本章要探讨的内容。不过，有研究者提出，导致性早熟的可能原因之一是大脑中负责开启青春期的部分过早激活了荷尔蒙。

研究者指出，第二性征出现时女孩正常发育方面存在的差异，是导致我们在准确识别性早熟时遇到诸多挑战的原因。具体而言，“早熟与正常青春期之间的区别并不明显”（Leger & Carel，2016，p.147）。许多专家认为，根据乳房发育状况来确定青春期阶段的那些与年龄相关的标准尚未更新，无法解释长期下降的趋势，因此有必要重新界定性早熟的概念内涵（参见Sorensen et al.，2012）。

很显然，过早进入青春期会导致身体发育方面出现一些负面结果。例如，月经初潮过早会带来肥胖、心血管疾病和癌症的患病风险增加等健康方面的影响（Karapanou & Papadimitriou，2010）。月经初潮过早还会导致心理方面的消极后果，如焦虑、抑郁、进食障碍、犯罪行为等（Marceau，Ram，Houts，Grimm，& Susman，2011）。最后，过早进入青春期的女孩往往会提前卷入性方面的活动，包括性交 22
（Karapanou & Papadimitriou，2010；Marceau et al.，2011）。不过，我们绝不能将相关关系（correlation，即两个相关变量之间的关联）与因果关系（causation）相混淆。从前文介绍的研究可以看出，其他变量可能有助于解释青春期开始与健康、发育方面的结果之间的关系。例如，让青少年参加精心设计的性教育项目可以降低他们卷入性活动的风险（Steinberg，2011）。

父母应该清楚地知道自己的女儿可能会在什么时候发展出第二性征（如乳房组织的出现、阴毛的生长等），什么时候经历月经初潮。同样重要的是，父母要认识到，女孩进入青春期和性成熟的时间与速度可能存在很大的个体差异。专家建议，父母要保持与女儿关于青春期话题的开放对话，并在为女儿进入青春期的时间、速度感到担忧时咨询医疗保健专业人员。最后，关于这个迷思的更多精彩讨论，可参阅默瑟（Mercer，2016）的著作。

参考文献

Admundsen，D. W.，& Diers，C. J.（1973）. The age of menarche in medieval Europe. *Human Biology*，*45*，605–612.

Aksglaede，L.，Sorensen，K.，Petersen，J.，Skakkebaek，N. E.，& Juul，A.（2009）. Recent decline in age at breast development：The Copenhagen puberty study. *Pediatrics*，*123*，e932–e939.

Biro，F. M.，Greenspan，L. C.，Galvez，M. P.，Pinney，S. M.，Teitelbaum，S.，Windham，G. C.，... Wolff，M. S.（2013）. Onset of breast development in a longitudinal cohort. *Pediatrics*，*132*，1019–1027.

Biro，F. M.，Huang，B.，Crawford，P. B.，Lucky，A. W.，Striegel-Moore，R.，Barton，B. A.，& Daniels，S.（2006）. Pubertal correlates in black and white girls. *Journal of Pediatrics*，*148*，234–240.

Euling，S. Y.，Herman-Giddens，M. E.，Lee，P. A.，Selevan，S. G.，Juul，A.，Sorensen，T. I.，... Swan，S. H.（2008）. Examination of US puberty-timing data from 1940 to 1994 for secular trends：Panel findings. *Pediatrics*，*121*，S172–S191.

Flash-Luzzatti，S.，Weil，C.，Shalev，V.，Oron，T.，& Chodick，G.（2014）. Long-term secular trends in the age at menarche in Israel：A systematic literature review and pooled analysis. *Hormone Research in Paediatrics*，*8*，266–271.

Gluckman，P. D.，& Hanson，M. A.（2006）. Evolution，development and timing of puberty. *Trends in Endocronology and Metabolism*，*17*，7–12.

Gonzalez，E. R.（1982）. For puberty that comes too soon，new treatment highly effective. *Journal of the American Medical Association*，*248*，1149–1152.

23 Harlan，W. R.，Harlan，E. A.，& Grillo，G. P.（1980）. Secondary sex characteristics of girls 12 to 17 years of age The US Health Examination Survey. *Journal of Pediatrics*，*96*，1074–1078.

Harris，M. A.，Prior，J. C.，& Koehoorn，M.（2008）. Age at menarche in the Canadian population：Secular trends and relationship to adulthood BMI. *Journal of Adolescent Health*，*42*，548–554.

Karapanou, O., & Papadimitriou, A. (2010). Determinants of menarche. *Reproductive Biology and Endocrinology*, *8*, 115–122.

Leger, J., & Carel, J. (2016). Precocious puberty. In P. Kumanov & A. Agarwal (Eds.), *Puberty: Physiology and abnormalities* (pp.137–154). New York, NY: Springer.

Marceau, K., Ram, N., Houts, R. M., Grimm, K. J., & Susman, E. J. (2011). Individual differences in boys' and girls' timing and tempo of puberty: Modeling development with nonlinear growth models. *Developmental Psychology*, *47*, 1389–1409.

Marshall, W. A., & Tanner, J. M. (1969). Variations in pattern of pubertal changes in girls. *Archives of Disease in Childhood*, *44*, 291–303.

McDowell, M. A., Brody, D. J., & Hughes, J. P. (2007). Has age of menarche changed?Results from the National Health and Nutrition Examination Survey (NHANES) 1999–2004. *Journal of Adolescent Health*, *40*, 227–231.

Mercer, J. (2016). *Thinking critically about child development* (3rd ed.) . Los Angeles, CA: Sage.

Morris, D. H., Jones, M. E., Schoemaker, M. J., Ashworth, A., & Swerdlow, A. J. (2011). Secular trends in age at menarche in women in the UK born 1908–1993. Results from the breakthrough generations study. *Paediatric and Perinatal Epidemiology*, *25*, 394–400.

Papadimitriou, A. (2016a). Timing of puberty and secular trend in human maturation. In P. Kumanov & A. Agarwal (Eds.), *Puberty: Physiology and abnormalities* (pp.121–136). New York, NY: Springer.

Papadimitriou, A. (2016b). The evolution of the age at menarche from prehistorical to modern times. *Journal of Pediatric and Adolescent Gynecology*, *29*, 527–530.

Parent, A., Teilmann, G., Juul, A., Skakkebaek, N. E., Toppari, J., & Bourguignon, J. (2003). The timing of normal puberty and the age limits of sexual precocity: Variations around the world, secular trends, and changes after migration. *Endocrine Reviews*, *24*, 668–693.

Partsch, C. J., & Sippell, W. G. (2001). Pathogenesis and epidemiology of precocious puberty: Effects of exogenous oestrogens. *Human Reproduction Update*, *7*, 292–302.

Rosewarne, L. (2012). *Periods in pop culture: Menstruation in film and television.* Lanham, MD: Lexington Books.

Sorensen, K., Mouritsen, A., Aksglaede, L., Hagen, C. P., Mogensen, S. S., & Juul, A. (2012). Recent secular trends in pubertal timing: Implications for evaluation and diagnosis of precocious puberty. *Hormone Research in Paediatrics*, *77*, 137–145.

Steinberg, L. (2011). *Adolescence* (9th ed.). New York, NY: McGraw-Hill. 24

Teilmann, G., Pedersen, C. B., Jensen, T. K., Skakkebaek, N. E., & Juul, A. (2005). Prevalence and incidence of precocious pubertal development in Denmark: An epidemiologic study based on national registries. *Pediatrics*, *116*, 1323–1328.

Weil, E. (2012, March 30). *Puberty before age 10: A new "normal"* ? The New York Times Magazine. Retrieved from https://www.nytimes.com/2012/04/01/magazine/puberty-before-age-10-a-new-normal.html.

迷思 3　青少年的大脑在 18 岁时完全发育成熟

据说，莫扎特（Wolfgang Amadeus Mozart）5 岁时已能熟练地弹钢琴，拉小提琴，8 岁时便谱写了他的第一首交响曲。巴勃罗·毕加索（Pablo Picasso）13 岁前便已走上成为一位具有历史意义的艺术家的道路。1990 年的美国网球公开赛上，塞雷娜·威廉姆斯（Serena Williams）打败玛蒂娜·辛吉斯（Martina Hingis，她在 17 岁时也赢得过一个大满贯），赢得她的首个网球大满贯，此时距离她的 18 岁生日还有两个礼拜的时间。印度某个小村庄里的小男孩阿克里特·贾斯瓦尔（Akrit Jaswal）7 岁时便成功地做了一个手术。

有了这些年轻人的例子，许多人都认为人的大脑在 18 岁前便已完全发育成熟，或者至少大部分已发育。这种观点并不奇怪。不然，这些年轻人如何能取得如此惊人的成就？认为青少年的大脑已完全发育成熟的观点在流行文化中十分常见。想想《暮光之城》(Meyer，2010）中的贝拉（Bella）或《饥饿游戏》(Collins，2009）中的凯特尼斯（Katniss）的大脑，便可以理解这一点。这些十几岁的女主人公口齿伶俐，自信独立，考虑周到。她们也是伟大的问题解决者，并以负责任且英勇的姿态付诸行动。在《饥饿游戏》中，凯特尼斯发动了一场革命，丝毫不逊于约翰·亚当斯（John Adams）和托马斯·杰斐逊（Thomas Jefferson）。她怎么可能没有一个成熟的、像成年人一样的大脑呢？

是的，好莱坞经常把十几岁的青少年描绘成性狂热的、没心没肺的、寻求刺激的人，说他们除了关心自己，对其他人都毫不在意，而新闻媒体报道的大多是那些作了错误决定的年轻人。不过，我们很难忽视那些行为表现远远超出其同龄人的青少年的形象和故事。

2006 年，《纽约客》（*The New Yorker*）上的一幅漫画画的是两位父母让他们十几岁的儿子在大脑皮层（cerebral cortex）完全发育成熟之前停学（Smaller，2006）。这幅漫画说明，很多父母都这样看待他们正处于青春期的孩子，认为他们的大脑正在发育，而且大脑的发育会一直持续到接近 18 岁生日的某个神奇的日子。教育心理学荣誉教授大卫·莫什曼（David Moshman）博士评论了这幅漫画，认为它揭示了一些关于青少年及其大脑的错误假设（Moshman，2011）。例如，他指出，对青少年大脑的一个常见误解是，认为青春期大脑发育 25
的结果是 18 岁成年时拥有一个成熟的大脑。然而，这种观点忽略了大量表明人的大脑在 18 岁以后还会继续发育的研究（参见 Johnson，Blum，& Giedd，2009）。具体而言，人的大脑中负责决策和问题解决的重要部分要到 20 多岁才完全发育成熟。此外，18 岁大脑发育完成后形成的成熟大脑，与代表青春期结束、成年期开始的社会性标志相吻合。例如，在大多数国家，法律上规定一个人年满 18 岁便可拥有作为成年人的许多自由，并要承担起成年人的许多责任，如结婚、购买烟酒、参军。这样的法律标准可能假设此时人的大脑已完全发育成熟，因而表明个体在这个年龄已具有作出高级决策和解决问题的能力。不过，青春期是一个独特的发展时期，认为青春期结束于 18 岁的观点也是一个迷思，从而驳斥了这一假设。

人们往往把某些证据当成事实，未能充分理解一个观点背后的科学的复杂性。例如，研究表明，个体寻求刺激（sensation-seeking）的倾向在 18 岁左右达到高峰（Romer & Hennessy，2007）。这一趋势同其他与年龄相关的冒险行为的趋势（如枪支死亡率、交通事故死亡率、犯罪行为等；参见 Males，2009；Romer，2010）明显一致。考虑到冒险行为通常与前额叶皮层（prefrontal cortex）或大脑中负责计划、组织、权衡风险和收益的区域有关，我们似乎有理由得出这样一个结论：18 岁时寻求刺激行为的减少或犯罪率的下降与“该年龄段大脑已完全发育或已发育至成年人水平”相一致。不过，研究已发现，其他冒险行为达到高峰的时间较晚。例如，饮酒行为在 21 岁左右达到高峰（参见 Romer，2010）。这一高峰与人们在美国可以合法购买酒类产品的时间的关联和与大脑停止发育的时间的关联很可能同样大。此外，我们忘记了大脑是一个极其复杂的器官，当我们将异常行为出现的责任全部归咎于大脑，尤其是当有人提出进行大脑扫描研究的主张时，我们犯了一个错误。我们还得出一个错误的结论：大脑与冲动、焦虑、抑郁或任何其他行为、心理健康状况（既包括适宜的，也包括不适宜的；既包括适应的，也包括不适应的）之间存在一一对应的关系。相反，一种对大脑与行为之间关系的更为完整的概念化表明，大脑、行为、社会环境之间存在复杂的相互作用（Dahl，2004）。

26 当新闻媒体歪曲地报道研究发现［如《神经科学杂志》（*Journal of Neuroscience*）2004 年发表的一项研究；参见 Bjork et al.，2004］，迷思也就得到了宣扬。研究者让 12 名健康的青少年和 12 名健康的年轻成人参与一项任务。任务是：在他们面前摆放一个小镜子，镜子上会显示一些符号，要求他们在一个符号显示后很短的时间（2 秒）内，快速按下一个按钮。研究者将这些符号设置成两种情况：一种情况，被试可以挣钱；另一种情况，被试可以避免赔钱。研究者使用磁共振成像（magnetic resonance imaging，MRI）对被试的大脑进行监测，而且专门扫描了大脑中通常被认为与动机（motivation）相关的区域。在高报酬的实验中，成年人右侧伏隔核（right nucleus accumbens，通常被视为大脑奖赏回路的中心）的活动略高于青少年。

这项研究的作者在发表的文章中指出，在执行任务时扫描大脑的大部分区域发现，青少年与成年人之间存在相似之处。然而，纽约一家报纸在报道这项研究时却用了这样一个标题“科学家可能发现了懒惰的生物学借口”（Talan，2004）。该报道援引这项研究的主要作者詹姆斯·比约克（James Bjork）的话说，这项研究“告诉我们，青少年会喜欢一些东西，但不愿意像成年人那样从沙发上下来拿”。该研究的发现并不支持这两种说法。要研究懒惰和青少年的大脑，需要扫描两组青少年的大脑：一组是预先确定的懒惰青少年，另一组是预先确定的勤劳青少年。为了了解青少年大脑与成年人大脑的区别，研究还必须包括懒惰的成年人和勤劳的成年人，并比较这四组的结果。即使是这样的研究设计，也不能得出这样的结论：某些类型的大脑会导致懒惰。

一本讲述青春期的大学通识教科书的作者劳伦斯·斯坦伯格在一篇关于青少年大脑发育科学的评论中指出，青少年的大脑与儿童的大脑、成年人的大脑都有明显的不同。青春期大脑的变化是“人一生中发生的最具戏剧性、最为重要的变化之一”（Steinberg，2010，p.161）——这一点或许更为重要。例如，前额叶皮层在青春期会被“修剪”（参见 Spear，2010）。这种突触修剪（synaptic pruning）指的是消除大脑细胞之间不必要的连接，从而提高大脑的效率。关于大脑的功能，研究表明，个体通常在青春发育时期开始同时使用大脑的多个部分。例如，当某人需要同时组织思维和情感时，他的前额叶皮层就会与大脑的其他区域（包括边缘系统）一起发挥作用（参见 Steinberg，2011）。边缘系统（limbic system）是大脑发育过程中的一个重要节点，在青春期通常会过度活跃，负责一部分情绪加工、经验、社会信息、奖励和惩罚。前额叶皮层与边缘系统的合作，可以让个体更好地自我调节情绪，或更好地管理情绪和行为。虽然众所周知，青少年大脑的发育对个体开始具有成年人的特征、掌握成年人的技能来说意义重大且非常必要，但问题依然是——大脑什么时候停止发育？

对大脑的研究一般可以分为两种：一种是对大脑结构的研究，另一种是对大脑功能的研究。大脑结构指的是大脑的物理形态和形状，而大脑功能指的是大脑的工作方式。我们先来看一下大脑的结构，研究者已发现，大脑的组织结构不仅在整个儿童期和青少年期会发生变化，而且在成年期也很可能如此。也就是说，你出生时的大脑与你十几岁时的大脑明显不同，而你十几岁时的大脑又与你成年后的大脑明显不同。更为重要的是，即使你年满 18 岁，大脑的物理结构也不会停止发育。

脑科学已提供诸多证据来支持这样一种观点，即个体从青春期进入成年期后，大脑结构仍会继续发育。著名的神经科学家杰伊·吉尔德（Jay Giedd）在他的综述中总结出，大脑中的灰质（gray matter）——大脑中含有细胞体（cell bodies）的部分——在进入青春期时达到高峰，然后在整个青春期都呈下降趋势（Giedd，2008）。具体而言，灰质的密度似乎与个体的能力和技能呈负相关，它在儿童期最为明显，进入成年期后（即到 30 岁），由于持续的突触修剪，灰质的密度会明显下降。这就意味着，青少年进入成年期后，他们的大脑还会继续提高其效能。相反，大脑中的白质（white matter）或大脑中从细胞体延伸出来并通过神经元（neurons）传递电信号的结构，在整个青春期都呈上升趋势，这可能是髓鞘形成（myelination）的结果，也可能是脂肪物质包围部分神经元，从而使之绝缘以确保神经系统正常发挥功能的过程。在吉尔德看来，胼胝体（corpus callosum，大脑中与左右半球的整合相关的部分）中髓鞘形成明显增加的现象，在青春期和成年早期变得更加快速，从而改善记忆、注意、语言等功能。总体而言，吉尔德的综述表明，青少年的大脑正在快速发育，而且这种快速发育的现象至少会持续整 28
个成年早期。有关这项研究的其他综述也指出灰质和白质类似的发展趋势。白质随年龄增长而增长的趋势与灰质在整个青春期的下降趋势是一致的，在 23—30 岁之间，或者在人们普遍认可的青春期结束后（即 18 岁；参见 Paus，2005），前额叶皮层灰质的减少会加速。这些发现可以让我们更好地洞察青春期和青春期后发生的一些变化。记住，前额叶皮层的功能是在一定程度上负责计划、组织，以及对风险、收益的权衡。由于这些变化是在青春期发生的（而不是在青春期结束后发生的），因此，我们应该保持谨慎，不要指望青少年甚至是年轻成人在计划、组织、权衡风险与收益时完全自主或独立。

关于大脑结构的其他大量研究证实，前额叶皮层较大脑的其他区域成熟得晚。具体而言，使用磁共振成像进行的研究发现，负责注意、风险和奖励评估、反应抑制的大脑区域的结构在青春期后还会继续发展（参见 Yurgelun-Todd，2007）。此外，磁共振成像技术表明，青春期和成年早期发生的最为显著的变化涉及大脑中负责抽象思维、组织、决策和计划的区域（Yurgelun-Todd，2007）。这些研究使研究者得出结论，认为大脑结构的变化与青春期和成年早期认知功能、效能的改善，以及情绪的加工、调节相对应。

关于儿童期、青春期、成年期大脑功能的研究也与此类似。也就是说，大脑的功能在青春期后很长一段时间内还会继续发展。使用功能性磁共振成像（functional magnetic resonance imaging，fMRI）技术进行的研究已发现，当需要思考说话者的意图（即分辨说话者是真诚的还是在讽刺），需要理解自己的意图（即认识到事件的因果关系），需要理解思维和情感时，青少年的大脑与成年人的大脑存在显著不同

（参见 Blakemore，2012）。在一个例子中，研究者在被试阅读与社会性情绪（如尴尬、内疚等）相关的情节时，扫描青少年被试（年龄在10—18 岁之间）和成年被试（年龄在 22—32 岁之间）的大脑（参见 Burnett，Bird，Moll，Frith，& Blakemore，2009）。社会性情绪与基本情绪（如恐惧、愤怒等）不同，它需要个体理解另一个人的情绪状态
29 （如内疚需要你理解另一个人对你的行为的感受）。扫描显示出一些有趣的结果。在一个通常被视为负责“个体顾及另一个人的精神状态”的区域，青少年的大脑比成年人的大脑更为活跃。不过，在通常被视为与“辨别社会性概念”相关的大脑区域，成年人的大脑比青少年的大脑更为活跃。这些结果证实了 30 多年来许多研究的发现，表明大脑不同部分的相应功能会随年龄的增长而发生变化。也就是说，青少年在执行认知加工和情绪加工任务时，会使用与成年人不同的大脑区域，这表明在从青春期进入成年期这段时间内，大脑的功能发生了值得注意的变化（Yurgelun-Todd，2007）。

其他功能性磁共振成像研究发现，随着年龄的增长，大脑前额叶区域的活动“变得更为聚焦，更加专门化，而这一区域中不相关的、弥散性的活动则不断减少”（Yurgelun-Todd，2007，p.255）。不仅从儿童期到青春期，而且从青春期到成年期，这种变化都会转化为认知表现（cognitive performance，如抽象推理、注意、记忆等）和情绪加工（如理解和管理情绪反应）的改善。斯坦伯格（Steinberg，2010）指出，从青春前期到成年前期，冲动控制（impulse control）、有效决策、认识到后果、计划、忽略同辈压力（ignoring peer pressure）等方面都会有所改善。不过，青少年即使到 18 岁，其冲动行为和冒险行为也不会停止。例如，对酒精、大麻、烟草使用情况的纵向研究表明，19—21 岁时的使用量有所增加，23 岁左右略有下降（参见 Romer，2010）。这个结果并不奇怪，因为大脑中负责冲动控制和冒险行为的

大脑区域的功能，在从青春期到成年早期这段时间似乎一直处于不断变化的状态。

你需要知道的

大脑研究者经常用“可变的”（malleable）、“可塑的”（plastic）这样的词来描述大脑具有巨大变化潜能这一事实。在思考大脑，尤其是其令人难以置信的结构变化和功能变化时，许多学者和研究儿童发展的专业人士只提到儿童早期。但在人的整个一生中，大脑似乎一直处于工作、变化的状态。这种理解大脑的方式提供了一个给人以希望的视角，这意味着你可以“教老狗学新招”。具体到青少年，在10—20岁这10年的时间里，他们身上会发生一系列心理、生理和神经方面 30
的变化，这些变化可以促进他们多个领域的发展（如学业、行为、情绪、社会等领域；White，2009）。不过，青少年的大脑并不是一个不完整的大脑。青少年已拥有某些认知技能，可以让他们进行批判性的、深思熟虑的推理。总而言之，我们最好把青春期看成一个充满机遇的时期。

育儿图书作者谢里尔·范斯坦（Sheryl Feinstein）认为，青少年的大脑代表着“一个比其他任何时候都更容易快速学习东西的机会”（Feinstein，2009，p.7）。就像学步儿童的大脑为儿童学习语言作准备，青少年的大脑也会为青少年作好准备，让他们可以学习控制冲动的技能（如管理情绪和抵制冲动），作出更抽象的推理（如道德并不是非黑即白），开展更具批判性的思维（如“我的父母不可能一直都是对的”），提高沟通技巧（如与异性交谈），以及发展新的社会关系（如恋爱关系）。青春期也是一个探索发现的时期，是认知发生变化的时期，这些变化与大脑的变化有关，从而使青少年可以考虑他们自己以及未来的生活（Dahl，2004）。

社会一直鼓励成年人成为青少年的支持来源。他们应该为青少年提供机会，让他们形成自主、信任的品质，应该努力保持畅通的沟通渠道，塑造适当的社会行为，同时允许青少年自我发现。范斯坦建议，对青少年要“理解和宽容”（Feinstein，2009，p.57）。不过，对青少年的行为设定限制并进行适当的监督也很重要（Friman，2010）。研究发现，相比于惩罚性的（即使用严厉的惩罚措施）、放纵的（即高回应、低期望）或漠不关心的（即低回应、低期望）教养方式，具有高温暖、高回应和高期望特点的教养方式，往往能为青少年带来更好的结果（Steinberg，2011）。

青春期大脑的变化可能有助于解释这个发育时期面临的许多挑战。杏仁核（amygdala）是大脑中与情绪控制有关的部分，它的发育可能会激发一些没有明显原因的强烈感受。此外，青少年容易冲动、冒险，常常对成年人和权威表示怀疑，而且与同龄人相处的时间增加（White，2009）。青春期的这些常见特征可能会导致青少年与父母之间
31 关系紧张，甚至出现激烈的冲突。不过，青春期的这些挑战（或者说，从儿童期到成年期这段时间内发生的发展性变化）也是机遇。青春期的考验和磨难“有助于实现有价值的目标，并让青春期成为一个不断变化的阶段”（Dahl，2004，p.81）。换言之，克服青春期的挑战，可以让个体为进入成年期作好准备，同时也为迎接成年期的挑战作好准备。

青春期是一个机遇期，同时也是一个充满风险的时期。学者们常常用“引火盒”（natural tinderbox）、“危险期”（hazard period）这样的措辞来描述青春期存在的各种问题（参见 Dahl，2004；White，2009）。具体而言，“进入青春期”可能是一个风险因素，会导致各种心理障碍（包括焦虑、抑郁等）。此外，青少年容易出现犯罪、吸毒、学业失败等问题。虽然这些问题的出现明显有环境方面的原因（如无人监督的时间增加了，社会压力更大了），但大脑的发育至少是导致青少

年面临这些问题的部分原因。例如，大脑中负责冒险行为的区域在青春期更加活跃（Steinberg，2010）。此外，青春期用于问题解决的神经回路很可能要到成年期才稳定下来（White，2009）。如果“问题解决”带来了积极的结果，那就没问题了。但不幸的是，个体在青春期学到的适应不良的问题解决技能会一直伴随他到成年。父母和其他人必须记住，青少年的大脑在 18 岁之后还会继续发育——这一点或许同样很重要。因此，高中毕业后头几年（如大学期间）发生的适应不良的问题解决事件可能会影响个体发挥作为一个成年人的功能。

回到本章开头描述的那些卓越的青少年，很可能这些神童代表的是异类，是拥有超凡天赋的超凡个体。而且，他们的大脑很可能与更为寻常的同龄人的大脑一样，也一直处在不断变化的状态。至于贝拉和凯特尼斯，她们也是不同寻常的。在提到流行文化中典型的青少年大脑时，或许我们最好可以想一下电影《太坏了》中的塞斯（Seth）、埃文（Evan）、迈克拉文（McLovin）和《戈德堡一家》（*The Goldbergs*）、《摩登家庭》（*Modern Family*）或《左右不逢源》（*The Middle*）以及当代情景喜剧（这些作品呈现了青少年的共同经历）中的那些孩子。这些青少年更能说明出去吃饭时边缘系统和前额叶皮层过度活跃会带来什么样的后果。

参考文献 32

Bjork, J. M., Knutson, B., Fong, G., Caggiano, D. M., Bennett, S. M., & Hommer, D. W. (2004). Incentive-elicited brain activation in adolescents: Similarities and differences from young adults. *The Journal of Neuroscience*, *24*, 1793–1802.

Blakemore, S. J. (2012). Imaging brain development: The adolescent brain. *Neuroimage*, *61*, 397–406.

Burnett, S., Bird, G., Moll, J., Frith, C., & Blakemore, S. J. (2009). Development during adolescence of the neuro processing of social emotions. *Journal of Cognitive Neuroscience*, *21*, 1736–1750.

Collins, S. (2009). *The hunger games series. Catching fire.* Detroit, MI: Thorndike

Press.
Dahl, R. E. (2004). Adolescent brain development: A period of vulnerabilities and opportunities. *Annual New York Academy of Science*, *2021*, 1–22.
Feinstein, S. (2009). *Inside the teenage brain: Parenting that works.* Lanham, MD: Rowman & Littlefield.
Friman, P. (Writer). (2010). Adolescence and other temporary mental disorders: Why crazy teen behavior is more normal than you think and how you can deal with it without losing your mind [Motion picture on DVD]. *Boys Town.*
Giedd, J. N. (2008). The teen brain: Insights from neuroimaging. *Journal of Adolescent Health*, *42*, 335–343.
Johnson, S. B., Blum, R. W., & Giedd, J. N. (2009). Adolescent maturity and the brain: The promise and pitfalls of neuroscience research in adolescent health policy. *Journal of Adolescent Health*, *45*, 216–221.
Males, M. (2009). Does the adolescent brain make risk taking inevitable? *Journal of Adolescent Research*, *24*, 3–20.
Meyer, S. (2010). *Twilight saga series*. London: Atom.
Moshman, D. (2011, May 17). *The teenage brain: Debunking the 5 biggest myths* [Blog post]. Retrieved from http://www.huffingtonpost.com/david-moshman/adolescents-and-their-teeb_858360.html.
Paus, T. (2005). Mapping brain maturation and cognitive development during adolescence. *Trends in Cognitive Sciences*, *9*, 60–68.
Romer, D. (2010). Adolescent risk taking, impulsivity, and brain development: Implications for prevention. *Developmental Psychobiology*, *52*, 263–276.
Romer, D., & Hennessy, M. (2007). A biosocial-affect model of adolescent sensation seeking: The role of affect evaluation and peer-group influences in adolescent drug use. *Prevention Science*, *8*, 89–101.
Smaller B. (2006, April 24). [Cartoon]. *The New Yorker*. Retrieved from http://www.art.com.
Spear, L. (2010). *The behavioral neuroscience of adolescence.* New York, NY: Norton.
Steinberg, L. (2010). Commentary: A behavioral scientist looks at the science of adolescent brain development. *Brain and Cognition*, *72*, 160–164.
33 Steinberg, L. (2011). *Adolescence* (9th ed.). New York, NY: McGraw-Hill.
Talan, J. (2004, March 1). Lazy teens may have excuses, scientists say. *Newsday.* Retrieved from http://articles.latimes.com/2004/mar/01/health/he-teenbrains 1.
White, A. M. (2009). Understanding adolescent brain development and its implications for the clinician. *Adolescent Medicine*, *20*, 73–90.
Yurgelun-Todd, D. (2007). Emotional and cognitive changes during adolescence. *Current Opinion in Neurobiology*, *17*, 251–257.

迷思 4 厌食症治疗通常需要青少年与父母分开

扁桃体切除术（tonsillectomy）指的是切除扁桃体的外科手术，做这个手术最常见的原因是扁桃体反复感染或扁桃体发炎。同样，在一个年轻人被诊断患有神经性厌食症（anorexia nervosa）后，治疗师通常会要求他与父母分开，因此治疗实践中也常常使用“父母切除术”（parentectomy）一词（Harper，1983）。神经性厌食症是一种进食障碍，其特征表现为限制食物摄入，从而导致体重明显降低。这种障碍的症状表现通常还包括对体重增加的强烈恐惧，以及对自己身体成问题的感知（American Psychiatric Association，2013）。

对厌食症干预措施的最早记录中甚至包括，建议青少年与他们“孕育厌食症的”（anorexogenic）父母分开（Le Grange，Lock，Loeb，& Nicholls，2009）。例如，威廉·魏希·古尔爵士（Sir William Withey Gull）在 1874 年对这种障碍进行了开创性研究，不仅提炼出“神经性厌食症”这一术语，而且提出这样一种观点，即治疗工作的一部分是要求患有厌食症的青少年与其家人分开（Gull，1874）。大约 10 年后，也就是 19 世纪 80 年代，让-马丁·沙可（Jean-Martin Charcot）进一步发展了古尔的观点，主张使用隔离疗法（isolation therapy）来治疗厌食症，目的是让年轻人在治疗期间与其家人分开（Silverman，1997）。

沙可甚至还描述了这样一个案例：一个十几岁的女孩快要死了，当他坚持让女孩犹豫不决的父母离开那座城市时，她竟然好转了。这个女孩甚至还认识到这种隔离的价值所在。据说，她是这样和沙可说的：

> 只要爸爸妈妈还没走……我就想我的病还不算严重，而且，因为我害怕吃东西，所以我什么都不吃。但是，当我看到你坚决要求让你来照顾我，我很害怕，尽管我很反感，但我还是试着去吃东西，然后我就一点一点地吃下去了。（Silverman，1997，p.298）

34 自早期出现这些对厌食症的描述以来，“厌食症家庭”[anorectic family，也称“有心身症状的家庭”（psychosomatic family）]就一直备受指责，因为这种家庭具有严厉、过于保护、过度感受彼此的情绪等特征，从而使青少年患上厌食症，或患上厌食症后一直不能好转（Minuchin et al.，1975；Minuchin，Rosman，& Baker，1978）。这种由来已久的指责父母的导向，使得治疗师在治疗患有厌食症的青少年时，普遍让他们住院治疗，目的通常是让这些青少年与父母分开一段时间（Insel，2012；Le Grange，n. d.）。

此外，一些新闻标题（如“‘爱运动的青少年患上厌食症，要责怪’那些一意孤行的父母”）也反映了一种观点，即父母是导致青少年患上厌食症的主要原因（Wynne-Jones，2006），而且对父母的这种指责可能会让一些人认为青少年在治疗过程中必须与父母分开。电影《骨瘦如柴》（*To the Bone*）就是以父母与患有厌食症的青春期孩子分离为主题（Curtis，Miller，Lynn，& Noxon，2017）。在这部电影中，20岁的主角艾伦必须同意接受至少六个月的住院治疗才能接受贝克汉姆医生[由留着小胡子的基努·里维斯（Keanu Reeves）扮演]的治疗。在影片中，我们看到，艾伦的父母在许多方面都令她很失望，如离婚、不管艾伦的生活等。在艾伦开始接受住院治疗时，贝克汉姆医生曾试图让她的父母一起接受治疗，但结果很糟糕，以至于他发誓：“我们再也不做家庭治疗了。”他还补充了一句：“完全就是一场蹩脚的秀。”艾伦与父母仅有的另一次接触是她溜出医院去看她的母亲。艾伦的母亲接受人们因艾伦患上厌食症而对她作出的指责，并承认：“我没有给你足够的支持（hold）；我没有与你建立良好的关系。”此外，有人给艾伦的母亲提了一些建议，于是她拿出婴儿奶瓶，装满米乳喂给艾伦喝。艾伦一开始拒绝母亲这种试图弥补失去的情感的做法，但不一会儿，她就主动让母亲轻轻抱着她，喂她，给她唱摇篮曲《嘘，小宝贝》。总的来说，这部电影传达出这一信息：父母是孩子患上厌食症的主要原因，厌食症的治疗需要孩子与家人分开，这一点很重要。

相应地，我们还需要考虑两个问题，这两个问题与父母在孩子患上厌食症和治疗厌食症的过程中的作用有关。第一个问题是：父母会导致孩子患上厌食症吗？这个问题的答案有点复杂，因为我们没有办法进行一项随机对照研究，将不同的孩子分配给不同类型的父母。因此，我们只能对收养家庭进行研究，只能进行相关研究，而这些研究不能用来确定厌食症的病因。不过，现有研究表明，青少年之所以 35
患上厌食症，与许多变量有关。双生子研究及其他类型的研究表明，遗传基因在其中发挥了重要作用（Bulik, Slof-Op't Landt, van Furth, & Sullivan, 2007），而且遗传基因也可能与环境变量发生相互作用。部分可能的环境变量包括接触某些类型的媒体、同伴群体（peer groups）、有害的生活事件等（Mazzeo & Bulik, 2009）。父母的教养行为（如父母有问题的进食模式、父母对体重的调侃）和父母的心理病理症状也与孩子患上厌食症有关（Mazzeo & Bulik, 2009）。也就是说，对一些患有厌食症的青少年而言，父母的行为可能是影响他们的饮食史的若干因素之一。不过，许多患有厌食症的青少年的父母显然没有这样的问题教养行为。总之，在回顾所有的证据之后，进食障碍学会（Academy for Eating Disorders）在一份意见书上得出结论："尽管家庭因素在进食障碍的发生和维持过程中发挥了一定的作用，但目前了解到的信息驳斥了这样一种观点，即家庭因素是潜在于风险之下的唯一机制或主要机制。"（Le Grange et al., 2009, p.1）

第二个需要考虑的问题是：治疗是否需要青少年与父母分开才能成功？相比于第一个问题，这个问题的答案更为明确一些。实际上，事实往往恰恰相反。也就是说，大多数患有厌食症的青少年不需要与父母分开便可以取得积极的治疗效果。一些随机对照研究表明，有效的治疗都把"让父母参与"作为治疗过程的关键部分。例如，一项研究将基于家庭的治疗（父母参与其中）与聚焦于青少年的治疗（父母不参与其中）进行了比较。治疗后 1 年，基于家庭的治疗组中有 49% 的青少年症状完全缓解，明显高于聚焦于青少年的治疗组。在聚焦于青少年的治疗中，仅有 23% 的青少年症状完全缓解。其他一些精心设计的研究也得出类似的结果（Lock, 2015）。综上所述，这些研究表明，让父母参与治疗有助于长期维持治疗期间取得的进展。

人们之所以认为青少年在接受厌食症治疗时应该与其父母分开，主要原因在于，这个观点回应了一个重要的真相。那就是，少数父母确实表现出不良的教养行为，以至于他们自己可能需要接受实质性的治疗，在某些情况下，年幼的孩子可能因遭受虐待或忽视而需要离开
36 家。不过，对有进食障碍孩子的大多数父母来说，情况并非如此。虽然一些父母也可能会做出某些导致孩子患上厌食症的行为，但让父母参与治疗可能更为有益，因为让父母参与治疗，有助于长时间维持治疗的效果。另一个重要的真相是，一些青少年非常严格地限制自己的卡路里消耗，以至于他们的生命危在旦夕，可能需要住院治疗。不过，在住院期间以及出院后，家长仍可以提供帮助和支持。

我们之所以说这个迷思可能有害，原因有几个。第一，如果父母担心自己因孩子患上厌食症而招人指责，他们就不太可能送孩子去接受治疗（Bozsik，Bennett，Stefano，Whisenhunt，& Hudson，2019）。第二，虽然父母通常与孩子患上厌食症没什么关系，但这个迷思可能会让父母感到内疚。第三，在父母不参与治疗的情况下，治疗效果更可能随着时间的推移而降低（Lock et al.，2010）。第四，住院治疗对青少年及其父母都有可能造成创伤（Le Grange，n. d.）。因此，在可能的情况下，最好的治疗方法是以某种方式让父母参与治疗，而且不把主要责任归咎于父母。

你需要知道的

2008 年，一项对现有研究的系统综述表明，家庭治疗（family therapy）是治疗青少年厌食症唯一行之有效的心理社会疗法（Keel & Haedt，2008）。7 年后，另一位学者的一篇新综述也得出同样的结论（Lock，2015）。更具体地说，莫兹利模型（Maudsley model）是许多研究都使用的一种家庭治疗方法，这些研究表明，治疗效果良好。这种方法包括：（1）让全家人都意识到与厌食症相关的危险；（2）评估与进食有关的家庭互动；（3）帮助这家人作出改变，以更好地促进健康饮食（Lock & Le Grange，2015）。虽然我们不能指责家庭成员，说他们是导致孩子患上厌食症的主要原因，但应该让他们参与治疗过程，因为他们的参与有助于孩子作出最大的改变。有趣的是，之前描述的电影《骨瘦如柴》中确实简要提及莫兹利模型，但只是为了表明它对候诊室里的年轻女性来说并不管用。

对于患有其他进食障碍［如神经性贪食症或暴食症（binge-eating disorder）］的年轻人，目前还没有成熟的治疗方法（甚至没有可能有效的治疗方法）（Lock，2015）。现在，人们通常认为，家庭治疗

和支持性个体治疗（supportive individual therapy）或许可以有效地
37 治疗贪食症（bulimia），而通过互联网进行的认知行为治疗（internet-delivered cognitive-behavioral therapy）或许可以有效地治疗暴食症。不过，人们认为可能有效的治疗标准相对较低（Southam-Gerow & Prinstein，2014）。因此，对于贪食症和暴食症，尤其需要更多的治疗研究。

参考文献

American Psychiatric Association（2013）. *Diagnostic and statistical manual of mental disorders*：*DSM-5*. Washington，DC：American Psychiatric Association.

Bozsik，F.，Bennett，B.，Stefano，E.，Whisenhunt，B.，& Hudson，D.（2019）. Eating. In S. Hupp（Ed.），*Pseudoscience in child and adolescent psychotherapy*：*Ineffective*，*implausible*，*and potentially harmful treatments*. Cambridge：Cambridge University Press.

Bulik，C. M.，Slof-Op't Landt，M. C.，van Furth，E. F.，& Sullivan，P. F.（2007）. The genetics of anorexia nervosa. *Annual Review of Nutrition*，*27*，263–275.

Curtis，B.，Miller，K.，Lynn，J.（Producers），& Noxon，M.（Director）.（2017）. *To the Bone*［Motion Picture］. United States：AMBI Group.

Gull，W. W.（1874）. Anorexia nervosa（apepsia hysterica，anorexia hysterica）. *Transactions of the Clinical Society*，*7*，22–28.

Harper，G.（1983）. Varieties of parenting failure in anorexia nervosa：Protection and parentectomy，revisited. *Journal of the American Academy of Child Psychiatry*，*22*（2），134–139.

Insel，T.（2012）. *Spotlight on eating disorders*. Retrieved from https：//www.nimh.nih. gov/about/directors/thomas-insel/blog/2012/spotlight-on-eating-disorders.shtml.

Keel，P. K.，& Haedt，A.（2008）. Evidence-based psychosocial treatments for eating problems and eating disorders. *Journal of Clinical Child and Adolescent Psychology*，*37*（1），39–61.

Le Grange，D.（n. d.）. *Evidence-based treatment for adolescents with anorexia and bulimia. Keynote address for the Society for Child and Adolescent Psychology*（*SCCAP*）：*Initiative for Dissemination of Evidence-Based Treatments for Childhood and Adolescent Mental Health Problems*. Retrieved from http：//effectivechildtherapy.fiu.edu.

Le Grange，D.，Lock，J.，Loeb，K.，& Nicholls，D.（2009）. Academy for eating disorders position paper：The role of the family in eating disorders. *International Journal of Eating Disorders*，*43*（1），1–5.

Lock，J.（2015）. An update on evidence-based psychosocial treatments for eating disorders in children and adolescents. *Journal of Clinical Child and Adolescent*

Psychology, *44* (5), 707–721.

Lock, J., & Le Grange, D. (2015). *Treatment manual for anorexia nervosa: A family-based approach.* New York, NY: Guilford Press.

Lock, J., Le Grange, D., Agras, W. S., Moye, A., Bryson, S. W., & Jo, B. 38
(2010). Randomized clinical trial comparing family-based treatment with adolescent-focused individual therapy for adolescents with anorexia nervosa. *Archives of General Psychiatry*, *67* (10), 1025–1032.

Mazzeo, S. E., & Bulik, C. M. (2009). Environmental and genetic risk factors for eating disorders: What the clinician needs to know. *Child and Adolescent Psychiatric Clinics of North America*, *18* (1), 67–82.

Minuchin, S., Baker, L., Rosman, B. L., Liebman, R., Milman, L., & Todd, T. C. (1975). A conceptual model of psychosomatic illness in children: Family organization and family therapy. *Archives of General Psychiatry*, *32* (8), 1031–1038.

Minuchin, S., Rosman, B. L., & Baker, L. (1978). *Psychosomatic families: Anorexia nervosa in context.* Cambridge, MA: Harvard University Press.

Silverman, J. A. (1997). Charcot's comments on the therapeutic role of isolation in the treatment of anorexia nervosa. *International Journal of Eating Disorders*, *21* (3), 295–298.

Southam-Gerow, M. A., & Prinstein, M. J. (2014). Evidence base updates: The evolution of the evaluation of psychological treatments for children and adolescents. *Journal of Clinical Child and Adolescent Psychology*, *43* (1), 1–6.

Wynne-Jones, J. (2006). *Pushy parents "to blame for anorexia in sporty teenagers"*. Retrieved from http://www.telegraph.co.uk/news/uknews/1534571/pushy-parents-to-blame-for-anorexia-in-sporty-teenagers.html.

迷思 5　科技让青少年更好地同时处理多项任务

《模拟人生 4》(*The Sims 4*) 是一款模拟人生的流行电子游戏，它将“同时处理多项任务”(multitasking) 提升到一个全新的水平。模拟人或玩家的虚拟角色可以在锻炼身体的同时与其他模拟人交谈、看电视。没印象？这款游戏的最新版可以让模拟人在与多人调情的同时给出职业建议和上厕所。你可以在家试试。

《模拟人生》(*Sims*) 创造了一个被科技包围的世界。即使是在最简单的模拟世界里，你的那个小像素人要去哪里，也肯定会用到科技。我们可以拿任意一个模拟人与粗俗但备受欢迎的成人卡通片《恶搞之家》(*Family Guy*) 中的彼得·格里芬 (Peter Griffin) 比较一下。在他的朋友夸格迈尔 (Quagmire) 说他是个白痴，说他“甚至不能在说话的同时嚼口香糖”后，一个切换镜头让我们看到彼得显然正在嚼口香糖 (第 12 季第 11 集“Brian’s a Bad Father”)。他的妻子喊他帮忙，他会回答：“我有事在忙。一次只能做一件事情。”(Langford & Sheridan, 2014) 彼得和那些与他相比较的模拟人不同，他并不以精通技术而为人熟知 [大家可以观看一下《恶搞之家》第 12 季第 3 集“Quagmire’s
39 Quagmire”，在这一集中，彼得前往苹果商店帮夸格迈尔购买电脑，结果却被耳机线缠住了 (Chevapravatdumrong & Michels, 2013)]。思考一下这两种流行的大众文化娱乐活动，我们便很容易理解人们为什么常常假定技术使用与“同时有效地处理多项任务”有关。

一些科学家认为，“同时处理多项任务”本身就是一个迷思。有些看起来好像是在同时处理多项任务，但实际上是注意在不同任务之间的转换。大脑很难同时思考两种想法或同时关注多项任务（Howard，2006）。正如神经科学家约翰·梅狄纳（John Medina）所说，“从生物学上讲，我们无法同时处理需要丰富注意的信息输入”（Medina，2008，p.85）。其他研究者则认为，同时处理多项任务（如开车的同时打电话）是一个描述任务转换时间的连续体的一端（Salvucci，Taatgen，& Borst，2009）。听课、做笔记就是任务转换的一个例子，这两项任务转换的时间可能只需要几秒。不管怎样，人们普遍认为，同时处理多项任务是可以做到的，而且是一项重要技能，特别是在当今的科技社会（Rose，2010）。

今天的青少年是在一个“不知道难以获得科技产品是一种什么状况”的环境下长大的。西方文化中的大学一年级学生通常不理解生活在一个没有手机和互联网的时代会是什么样子。而且，今天的青少年大部分时间都沉浸在科技产品中（如智能手机、电脑、平板电脑、电视、游戏设备等）。事实上，许多年轻人花在科技产品上的时间比睡觉时间还要多。在 2015 年的一项研究中，青少年报告，除去在学校或做家庭作业时使用科技产品的时间，他们每天使用科技产品近 9 小时（Common Sense Media，2015）。不过，这个数字比近几年报告的要多得多。恺撒基金会（Kaiser Foundation）2010 年的一项研究发现，8—18 岁的儿童平均每天使用科技产品的时间超过 7.5 小时，一周 7 天，每天都使用科技产品，这个时间相比于 1999 年的每天 6 小时有所增加，但大大低于 2015 年研究中青少年报告的每天 9 小时（Rideout，Foehr，& Roberts，2010）。同样，大学生也经常使用智能手机。2014 年的一项研究发现，大学女生每天使用手机的时间大约为 10 小时，而男生每天使用手机的平均时间大约为 7.5 小时（Roberts，Yaya，& Manolis，2014）。毫不奇怪的是，近年来大学生的手机使用量也有所增加。2012 年的一项研究估计，大学生每天使用手机的时间大约为 7 小时（Junco & Cotton，2012）。

尽管这些数字令人震惊，但年轻人科技产品使用量增加带来的影响相当有趣。例如，有人认为，青少年使用科技产品有助于同时处理多项任务，“同时处理多项任务”这个概念涉及在多项任务之间
40 快速转换注意。《时代杂志》（*Time Magazine*）2006 年的一篇文章声称千禧一代（millennial generation）是“能够同时处理多项任务的一代”（Wallis，2006）。故事中的年轻人描述了他们一边听音乐一边完成家庭作业，一边阅读一边查看电子邮件，一边回复短信一边看“Facebook”（脸书）的场景——他们的大量时间都花在科技产品上，花在用科技产品同时处理多项任务上。

人们之所以因青少年使用科技产品而错误地认为他们擅长同时处理多项任务，可能与数字有关。研究表明，在当今的年轻人中，使用媒体同时处理多项任务（media multitasking）是一件司空见惯的事情。例如，2010 年的一项研究发现，七年级至十二年级的青少年中有近 30% 报告，他们会同时使用两种或两种以上的媒体，即听音乐、使用电脑或平板电脑、看电视、阅读、玩电子游戏（Rideout et al.，2010）。同一项研究发现，50%—75% 的青少年报告，他们至少会在部分时间或大部分时间使用媒体同时处理多项任务。例如，66% 的青少年报告，他们经常同时使用电脑和另一种媒体。另一项研究发现，81% 的 8—18 岁的青少年承认，他们至少会花部分时间使用媒体同时处理多项任务（Foehr，2006）。研究还发现，频繁地同时处理多项任务的人（即那些报告一天中大部分时间都同时处理多项任务的人；约占样本总量的 15%）每天都会花近 13 个小时的时间使用科技产品处理工作。鉴于这些数字，我们发现，“科技产品使用”和“使用媒体同时处理多项任务”之间似乎存在着某种关联。不过，我们无法从现有的数据推断出原因，即“科技产品使用”导致青少年成了同时有效处理多项

任务的人。相反，我们只能说，“频繁使用科技产品”和“频繁使用媒体同时处理多项任务”似乎总是同时发生。这其实并不奇怪，因为大多数的新科技产品都鼓励同时处理多项任务，如智能手机允许用户在发短信的同时查看天气情况、玩《糖果传奇》（*Candy Crush*）等。

迷思也因这种仅仅根据两个变量之间的相似性便在它们之间建立一种意义关系的倾向而得到宣扬。科技产品和“同时处理多项任务”之间显然是相关的。再说一次，智能手机使用户可以轻松地同时执行多项任务，如一边听音乐一边给朋友发短信。频繁使用科技产品可以提升同时处理多项任务的能力——这么说是有道理的。实验研究发现，教人们同时完成两项任务，可以提高他们执行这些任务时的表现（Cardoso-Leite，Green，& Bavelier，2015）。这并不奇怪，因为训练和练习可以提高操作表现。学习领域的研究者一致认为，“重复一项活动（即练习）往往可以提高该活动的操作水平，而且还有可能提高类似活动的操作水平”（Cardoso-Leite et al.，2015，p.106）。一个人做某件事情做得越多，他对该事情就越精通。《模拟人生》世界中的角色 41
都是能够同时有效处理多项任务的人，因为他们能够一遍又一遍地通过科技来练习同时处理多项任务。这个逻辑说得通，或许有助于解释这个迷思（青少年使用科技产品可以提高他们同时处理多项任务的能力）让人觉得如此可信的原因。

不过，“科技产品的使用能够提高同时处理多项任务的能力”这种说法的真实性取决于这样一个假设：使用科技同时处理多项任务（如使用媒体同时处理多项任务）事实上确实可以提高同时处理多项任务的能力。然而，研究表明，频繁使用媒体同时处理多项任务的人在任务转换（如在两项任务之间转换注意）方面的效率可能低于那些很少使用媒体同时处理多项任务的人（Strayer & Watson，2012）。在一项研究中，研究者比较了频繁使用媒体同时处理多项任务者和较少使用媒体同时处理多项任务者在执行一些特定任务，即要求被试将字母分类为元音和辅音、将数字分类为奇数和偶数时的表现（Ophir, Nass, & Wagner, 2009）。研究者分析了参与者在转换实验（switch trials，一个实验后进行的是另一种类型的实验）和非转换实验（一个实验后进行的仍是同一类型的实验）中的反应时。令人惊讶的是，研究发现，面对转换任务，频繁使用媒体同时处理多项任务者的表现竟不如较少使用媒体同时处理多项任务者。具体而言，频繁使用媒体同时处理多项任务者在两种实验中的反应都比那些较少使用媒体同时处理多项任务者慢，而且相较于非转换实验，他们在转换实验中的反应比那些较少使用媒体同时处理多项任务者慢得更多。换言之，频繁使用科技同时处理多项任务并没有提高个体同时处理多项任务的能力。相反，当完成两种不同的任务需要转换注意时，较少使用媒体同时处理多项任务者的表现比频繁使用媒体同时处理多项任务者更好。另一项研究发现，大学生中那些自称“同时处理多项任务的行家”的被试，在执行注意、回忆等实验室任务时表现不佳（Sanbonmatsu, Strayer, Mederios-Ward, & Watson, 2013）。研究者假设，一个人之所以能同时处理多项任务，可能是因为他无法“排除干扰从而将注意的焦点集中在一项单一的任务上”（Sanbonmatsu, Strayer, Mederios-Ward, & Watson, 2013, p.7）。这或许有助于解释为什么有些人发现开车时很难忽略手机短信。

认为“科技的使用让青少年更好地同时处理多项任务”这一迷思得到认同还有赖于这样一个假设，即“同时处理多项任务”是一种可取的技能。不过，似乎有许多隐患都与“同时处理多项任务”有关。例如，福布斯网站 2017 年 2 月一篇题为“想要提高生产力吗？那就停止同时处理多项任务吧”（Want to be more Productive? Stop Multitasking）的文章称，同时处理多项任务会降低生产力，降低的幅度甚至高达40%（Quast，2017）。虽然这个数字只是估计的结果，但大量关于“同时处理多项任务”的研究表明，它的效果不是人们通常想要的。文献综述一致发现，频繁使用媒体同时处理多项任务会对注意、专注力、学业质量、学习品质、学习成绩等产生负面影 42
响（Levine，Waite，& Bowman，2012；Wallis，2010）。针对初高中年龄段学生的研究表明，频繁使用媒体同时处理多项任务者在注意、抑制力、工作记忆等指标上的表现不佳（Baumgartner，Weeda，van der Heijden，& Huizinga，2014；Cain，Leonard，Gabrieli，& Finn，2016；Moisala et al.，2016）。此外，那些自认是频繁使用媒体同时处理多项任务者的青少年比较少使用媒体同时处理多项任务者表现出更高的冲动水平，而且，他们的学业成绩标准化评估得分显著低于较少使用媒体同时处理多项任务者（Cain et al.，2016；Moisala et al.，2016）。例如，一项研究发现，全州数学和英语语言艺术的学业评估得分与自我报告的使用媒体同时处理多项任务的情况呈负相关（Cain et al.，2016）。具体而言，在这两项测试中，较少使用媒体同时处理多项任务者的表现都优于频繁使用媒体同时处理多项任务者。

对大学生来说，上课期间同时处理多项任务，特别是使用社交媒体同时处理多项任务，也会导致注意分散和学业成绩不佳（Junco，2012；McCoy，2016）。例如，一项研究对一所大型大学近2 000名学生的调查数据进行分析，发现在完成学业过程中频繁使用“Facebook”或发短信的学生，其平均绩点较低（grade point average，GPA）（Junco & Cotton，2012）。这并不奇怪，因为实验研究已发现，同时处理多项任务对课堂表现有负面影响。在一项研究中，研究者给学生们提供了一门高级沟通课程，课堂上配备笔记本电脑作为“上课、讨论和实验室活动的补充”（Hembrooke & Gay，2003，p.7）。在某一节特定的课上，研究者将学生随机分配至两个不同实验条件组：一组在课堂上打开笔记本电脑，另一组在课堂上关闭笔记本电脑。电脑打开的那组学生先上课，然后转到实验室活动；而电脑关闭的那组学生先进行实验室活动，然后上课。一下课，研究者立即就上课内容对两组学生进行了检测。毫不意外，研究者发现，在要求学生根据回忆用简短的答案回答问题时，电脑打开的那组学生的得分显著低于电脑关闭的学生。两个月后，研究者将两组学生分配到相反的实验条件下，再次进行同样的研究，发现结果与前一次相同。研究者还发现，使用平板电脑是为了学习课程相关知识（如查找与课程相关的资料）的大学生在理解问题上的表现与那些使用平板电脑是为了查找与课程无关的信息的学生一样糟糕。在一项研究中，研究者发现，当学生在课堂上被“Facebook”分散注意时，他们的课堂参与度较低，课堂理
43 解能力也较差（Gupta & Irwin，2016）。令人惊讶的是，无论学生对上课的兴趣是高还是低，情况都是如此。

总而言之，对大多数人来说，科技似乎并不能提高同时处理多项任务的能力。此外，研究还表明，青少年使用多媒体同时处理多项任务对其认知功能的各个方面都有负面影响，包括注意、专注力、抑制、工作记忆、学业成绩等。尽管我们中的大多数人都不是高效的同时处理多项任务者，但《模拟人生》中的角色怎么能在打电话的同时烹制奶酪三明治并把火熄灭呢?《辛普森一家》中的霍默·辛普森（Homer Simpson）在学会了用膝盖开车后，是怎么做到在开车的同时制作雪糕筒、打开烟雾机还用转盘做 DJ 的呢（第 14 季第 20 集“Brake My Wife，Please”）？或许他们代表了认知心理学家大卫·斯特雷耶（David Strayer）和贾森·沃森（Jason Watson）所说的“超级任务执行者”（supertaskers），或者是极少数高效的同时处理多项任务者（Strayer & Watson，2012）。他们之所以能这样，很可能是因为他们是可以无视现实规律的虚构人物。

你需要知道的

除了已经研究的内容，关于“科技”和“同时处理多项任务”还有很多需要了解的东西。例如，有研究者继续调查了长期使用科技产品和长期使用媒体同时处理多项任务对儿童青少年大脑的长期影响。我们还需进一步的研究来帮助理解频繁使用媒体同时处理多项任务者与较少使用媒体同时处理多项任务者之间的差异。虽然基础研究和应用研究都致力于回答这些问题，但在思考青少年、科技和同时处理多项任务时，还有一些问题需要考虑。

研究已发现，限制青少年盯着电子屏幕的时间有诸多优点，这不足为奇。发表在美国儿科学会（American Academy of Pediatrics）主要期刊《儿科学》（*Pediatrics*）上的一篇综述指出了一些与频繁使用科技产品相关的健康和发展方面的重大风险（Chassiakos，Radesky，Christakis，Moreno，& Cross，2016）。例如，青少年过度看电视与肥胖和睡眠问题有关。此外，科技产品使用情况与学业成绩之间也存在反比关系（Rideout et al.，2010）。具体而言，大量使用科技产品的青少年学业成绩往往较低。

不过，研究也表明，使用科技产品有一些潜在的好处。例如，研究者已发现，青少年之间的在线社交互动大多是积极的和中性的（Underwood，Ehrenreich，More，Solis，& Brinkley，2015），这或许有 44
助于解释为什么青少年之间的在线社交能改善现有关系质量（Davis，2012）。此外，在教育环境中明智地使用科技产品可以提高学习的效果。例如，对20项研究的统计分析发现，在中学识字课程中使用科技产品能够提高学生的阅读理解能力（Moran，Ferdig，Pearson，Wardrop，& Blomeyer，2008）。

在谈到“青少年使用科技产品”这个话题时，儿童发展、教育和医疗保健等领域的大多数专家都建议家长采取一些明智的做法。例如，美国心理学会（American Psychological Association）建议，父母应密切监控青少年使用科技产品的情况，而且不允许青少年在卧室或父母难以监控的其他地方使用科技产品（da Salvia，2015）。专家还鼓励家长与处于青春期的孩子保持开放的沟通渠道，向他们解释并和他们一起讨论可能涉及成人主题的媒体内容。美国儿科学会建议家长和他们处于青春期的孩子一起制订一份家庭电子产品使用计划（family media plan）。这样一份计划可以帮助家长和青少年一起协商并确定家里禁止使用科技产品的区域（如卧室、餐桌）、科技产品的宵禁时间和其他不应使用科技产品的时间，以及适宜的媒体内容。家长也可以利用这一资源帮助青少年平衡线上和线下的时间、理解使用科技产品的恰当方式（如吃饭时不使用手机）和适宜的网民行为（如在线上要对人有礼貌）。理想情况下，父母应该与青少年一起努力，养成健康使用科技产品的习惯。青春期养成的促进健康使用科技产品的行为很可能会伴随个体直至成年。

参考文献

Baumgartner, S. E., Weeda, W. D., van der Heijden, L. L., & Huizinga, M. (2014). The relationship between media multitasking and executive function in early adolescence. *Journal of Early Adolescence*, *34*, 1120–1144.

Cain, M. S., Leonard, J. A., Gabrieli, J. D. E., & Finn, A. S. (2016). Media multitasking in adolescence. *Psychonomic Bulletin and Review*, *23*, 1932–1941.

Cardoso-Leite, P., Green, C. S., & Bavelier, D. (2015). On the impact of new technologies on multitasking. *Developmental Review*, *35*, 98–112.

Chassiakos, Y. R., Radesky, J., Christakis, D., Moreno, M. A., & Cross, C. (2016). Children and adolescents and digital media. *Pediatrics*, *138*, e1–e18.

45 Chevapravatdumrong, C. (Writer), & Michels, P. (Director). (2013). Quagmire's quagmire [Television episode]. In S. McFarland (Producer), *Family Guy.* Los Angeles, CA: 20th Century Fox.

Common Sense Media (2015). *Common sense consensus: Media use by teens and tweens.* San Francisco, CA: Author.

Davis, K. (2012). Friendship 2.0: Adolescents' experiences of belonging and self-disclosure online. *Journal of adolescence*, *35*, 1527–1536.

Foehr, U. G. (2006). *Media multitasking among American youth*: *Prevalence*, *predictors and pairings*. Menlo Park, CA: Kaiser Family Foundation.

Gupta, N., & Irwin, J. D. (2016). In-class distractions: The role of Facebook and the primary learning task. *Computers in Human Behavior*, *55*, 1165–1178.

Hembrooke, H., & Gay, G. (2003). The laptop and the lecture: The effects of multitasking in learning environments. *Journal of Computing in Higher Education*, *15*, 46–64.

Howard, P. J. (2006). *The owner's manual for the brain*: *Everyday applications from mind-brain research*. Austin, TX: Bard Press.

Junco, R. (2012). In-class multitasking and academic performance. *Computers in Human Behavior*, *28*, 2236–2243.

Junco, R., & Cotton, S. R. (2012). No A for U: The relationship between multitasking and academic performance. *Computers and Education*, *59*, 505–514.

Langford, J. (Writer), & Sheridan, C. (Director). (2014). Brian's a bad father [Television episode]. In S. McFarland (Producer), *Family Guy*. Los Angeles, CA: 20th Century Fox.

Levine, L. E., Waite, B. M., & Bowman, L. L. (2012). Mobile media use, multitasking and distractibility. *International Journal of Cyber Behavior*, *Psychology*, *and Learning*, *2*, 15–29.

McCoy, B. R. (2016). Digital distractions in the classroom phase II: Student classroom use of digital devices for non-class related purposes. *Journal of Media Education*, *7*, 5–32.

Medina, J. (2008). *Brain rules*: *12 principles for surviving and thriving at work*, *home*, *and school*. Seattle, WA: Pear Press.

Moisala, M., Salmela, V., Hietajarvi, L., Salo, E., Carlson, S., Salonen, O., ... Alho, K. (2016). Media multitasking is associated with distractibility and increased prefrontal activity in adolescents and young adults. *NeuroImage*, *134*, 113–121.

Moran, J., Ferdig, R. E., Pearson, P. D., Wardrop, J., & Blomeyer, R. L. (2008). Technology and reading performance in middle school grades: A meta-analysis with recommendations for policy and practice. *Journal of Literacy Research*, *40*, 6–58.

Ophir, E., Nass, C., & Wagner, A. D. (2009). Cognitive control in medial multitasking. *Psychological and Cognitive Sciences*, *106*, 15583–15587.

Quast, L. (2017, February 6). *Want to be more productive*? *Stop multi-tasking*. Forbes.com. Retrieved from https://www.forbes.com/sites/lisaquast/2017/02/06/want-to-be-more-productive-stop-multi-tasking/#528c52455a64.

Rideout, V. J., Foehr, U. G., & Roberts, D. F. (2010). *Generation M2*: *Media in* 46
the lives of 8-to 18-year-olds. Menlo Park, CA: Kaiser Family Foundation.

Roberts, A., Yaya, L. H. P., & Manolis, C. (2014). The invisible addition: Cellphone activities and addiction among male and female college students. *Journal of Behavioral Addictions*, *3*, 254–265.

Rose, E. (2010). Continuous partial attention: Reconsidering the role of online learning in the age of interruption. *Educational Technology*, *50*, 41–46.

da Salvia, J. (2015, June). *Children and electronic media: How much is too much?* Retrieved from http: //www.apa.org/pi/about/newsletter/2015/06/electronic-media.aspx.

Salvucci, D. D., Taatgen, N. A., & Borst, J. P. (2009). Toward a unified theory of the multitasking continuum: From concurrent performance to task switching, interruption, and resumption. In D. R. Olsen, Jr. & R. B. Arthur (General Chairs), K. Hinckley, M. R. Morris, S. Hudson & S. Greenberg (Program Chairs), *Proceedings of the SIGCHI Conference on Human Factors in Computing Systems* (pp.1819–1828). Boston, MA: Association for Computing Machinery.

Sanbonmatsu, D. M., Strayer, D. L., Medeiros-Ward, N., & Watson, J. M. (2013). Who multi-tasks and why? Multi-tasking ability, perceived multi-tasking ability, impulsivity, and sensation seeking. *PLoS ONE*, *8*, e54402.

Strayer, D. L., & Watson, J. M. (2012). Supertaskers and the multitasking brain. *Scientific American Mind*, *23*, 22–29.

Underwood, M. K., Ehrenreich, S. E., More, D., Solis, J. S., & Brinkley, D. Y. (2015). The BlackBerry Project: The hidden world of adolescents' text messaging and relations with internalizing symptoms. *Journal of Research on Adolescence*, *25*, 101–117.

Wallis, C. (2006, March 27). The multitasking generation. *Time Magazine*. New York, NY: Time.

Wallis, C. (2010). *The impacts of media multitasking on children's learning and development: Report from a research seminar*. New York, NY: The Joan Ganz Cooney Center at Sesame Workshop.

身体、大脑与心智发展的小迷思

迷思 6　青春期早熟者比晚熟者发展得更好

一群 10 岁的男孩正在打少年棒球联赛，一个球不受控制地被扔出去很远很远，落在本垒板后面远远的地方。这时，一个看起来成熟得多的男孩骑着脚踏车经过凉亭。他突然停了下来，下车捡起球，并把球扔到外场。

“他是谁？”教练问道。 47

“他是我们年级的。”孩子们告诉他。“我听说他在少管所待了两年。”一个孩子说道。“我听说有个孩子欠了他钱，他就把人家的胳膊打断了。”教练惊叹道：“谁在乎那些废话？他会打棒球吗？”

这是新版经典电影《少棒闯天下》(*The Bad News Bears*, Linklater, 2005）中的一幕。这一幕既例证了迷思，也例证了迷思背后的真相，即一些孩子或许因在球场上比其他人发展得更快而令人羡慕，但他们在场外的行为可能令人头疼。

尽管许多父母都对孩子早熟持一种乐观的态度，但如果他们渴望自己的孩子成为下一个伟大的运动员，这些早熟者身上往往会出现一些意想不到的负面结果。这个观点让心理学家十分担忧。许多人提出，这会导致科学家所说的“生物心理社会的不同步性”

（biopsychosocial asynchrony），即儿童的身体似乎已经准备好开始性生活了，因此，仅仅根据他们的外表，他人就会对他们抱以与其实际年龄不相称（即比其实际年龄大得多）的期望，希望他们取得与其实际年龄不相称（即比其实际年龄大得多）的进步，或对他们作出与其实际年龄不相称（即比其实际年龄大得多）的假设。但是，由于他们的大脑发育、生活经验以及获得社会支持之机会反映的依然是典型的儿童的状态（即比他们看起来的样子要小得多的儿童的状态），因此，这是一种不匹配，可能会带来严重的风险，即导致一系列心理问题（Rudolph，2014）。

现在，有很多研究表明，青春期早发育会导致个体更有可能出现一些外在症状，如攻击行为、更早偷尝禁果、物质滥用等（Negriff & Susman，2011）。在女孩子当中，青春期早熟也与抑郁、对身体不满（body-dissatisfaction）显著相关（Ge，Conger，& Elder，1996）。

研究还表明，预测负面结果的最有力因素可能与这样一种倾向有关，即那些早发育的人倾向与那些和其表观年龄（apparent age）而不是实际年龄更接近的同龄人厮混。在女孩子当中，这种倾向可能尤其成问题（Negriff & Susman，2011）。研究表明，早熟的女孩与同龄女孩相比，往往身体最为成熟，她们常常会吸引年龄较大的男孩的注意。在这个年龄较大的同伴群体中，这些女孩有机会接触与同龄人在一起时接触不到的性行为、物质滥用、偏差行为等，而这会以一种与其心理准备（psychological readiness）不匹配的速度加快这些女孩社会成熟的进程（Negriff & Susman，2011）。研究证实，这种过早与危险青少年建立联系的状况在很大程度上解释了青春期早熟与负面结果之间的关联（Negriff & Susman，2011）。

早熟者常常会迷惑我们。他们的同伴、父母，甚至有时候连他们自己都有可能基于其身体的成熟度觉得他们已经准备好在周围的世界里体验与成年人一样的挑战。但我们不应该上当受骗，因为早熟者其实就是一群身着青少年服饰的孩子，他们与所有同龄孩子一样，依然需要我们的保护和支持。 48

参考文献

Ge, X., Conger, R. D., & Elder, G. H. (1996). Coming of age too early: Pubertal influences on girls' vulnerability to psychological distress. *Child Development*, *67* (6), 3386–3400.

Linklater, R. (Director). (2005). *The Bad News Bears*. Los Angeles, CA: Paramount Pictures.

Negriff, S., & Susman, E. J. (2011). Pubertal timing, depression, and externalizing problems: A framework, review, and examination of gender differences. *Journal of Research on Adolescence*, *21* (3), 717–746.

Rudolph, K. D. (2014). Puberty as a developmental context of risk for psychopathology. In M. Lewis & K. D. Rudolph (Eds.), *Handbook of developmental psychopathology: Third Edition.* Boston, MA: Springer.

迷思 7　青少年一边听音乐一边学习，可以学得更好

人们常常要求大学教授到校园里走走，这样他们就可以成为研究大学生行为习惯的顶级专家。虽然大学生穿着睡衣在校园里走来走去确实是较普遍的现象，但还有一种时尚潮流更为普遍——耳机。耳机有各种各样的大小和颜色。学生在去上课的路上会戴着耳机，不上课躺着的时候会戴着耳机，上课的时候有时也会戴着耳机。不幸的是，研究发现，“使用耳机”越来越多地成为一些人的死亡原因。2004 年至 2011 年，与“使用耳机”有关的行人死亡人数增加了一倍多（Lichensetin，Smith，Ambrose，& Moody，2012）。

但最常见的情况是，学生在学习和阅读的时候常戴着耳机听音乐。事实上，研究表明，边听音乐边学习确实成了一种常态。例如，约翰逊及其同事（Johansson，Holmqvist，Mossberg，& Lindgren，2012）研究发现，他们的大学生样本中有 81% 的人有时会在学习时听音乐。同样，弗恩海姆、特鲁和斯尼德（Furnham，Trew，& Sneade，1999）研究发现，90% 的学生报告他们会在学习时听音乐。因此，青少年（很可能还有许多成年人）认为听音乐有助于学习，这一点都不奇怪。事实上，我们自己的研究数据表明（Jewell &
49 Hupp，2018），绝大多数大学生（85%）都听说过这个迷思，而且大多数人也相信这个迷思（44%—62%）。在约翰逊等人的大学生样本中（Johansson，Holmqvist，Mossberg，& Lindgren，2012），相信这个迷思的比例甚至更高，达 77%。

因此，在审视这项研究之前，让我们先来弄清楚这个迷思说的到

底是什么——相比于音乐以外的其他情况（很可能是安静的背景），听音乐有助于个体更好地学习。为了阐明这个问题，多布斯、弗恩海姆和麦克莱兰（Dobbs, Furnham, & McClelland, 2011）的一项研究测试了11—18岁女孩在以下三种情况下的认知表现：安静、播放流行音乐、办公室典型的背景噪声。他们通过测试这些学生的三种认知能力（抽象推理能力、逻辑推理能力和言语推理能力）来评估她们的认知表现。结果发现，在这三项任务中，学生在“安静”背景下的认知表现均好于“噪声”背景下的认知表现，在其中的两项任务中，学生在“安静”背景下的认知表现好于“音乐”背景下的认知表现。事实上，学生在完成任何一项任务时，只要是边听音乐边做任务，其表现都不如“安静”背景下的表现。不过，研究者并没有就此止步，他们进一步研究了内倾者（introverts）与外倾者（extraverts）之间的差异。1967年，汉斯·艾森克（Hans Eysenck）提出理论认为，外倾者基本上生活在一种刺激不足（understimulation）的状态中，因此他们会寻求外在的刺激，而内倾者在社交场合中常常感到刺激过度（overstimulated），因此他们会寻求独处（Eysenck, 1967）。有趣的是，许多研究者分析了“外倾程度何以能够预测听音乐是否会损害一个人的认知能力”。回到多布斯等人的研究（Dobbs, Furnham, & McClelland, 2011），事实上，他们发现，随着学生外倾程度的增加，噪声的有害影响确实会逐渐消失。那么，对于这个迷思，简单的答案到底是什么呢？好吧，如果你是一个极端外倾的人，你边听音乐边学习与在安静的环境中学习的效果是一样的。但如果你不是一个外倾的人，听音乐就会妨碍你的学习，因此你可以戴着耳机，但不要打开音乐。

参考文献

Dobbs, S., Furnham, A., & McClelland, A. (2011). The effect of background music and noise on the cognitive test performance of introverts and extraverts. *Applied Cognitive Psychology*, *25* (2), 307–313.

Eysenck, H. J. (1967). *The biological basis of personality*. Piscataway, NJ: Transaction Publishers.

Furnham, A., Trew, S., & Sneade, I. (1999). The distracting effects of vocal and instrumental music on the cognitive test performance of introverts and extraverts. *Personality and Individual Differences*, *27* (2), 381–392.

50 Jewell, J. D., & Hupp, S. D. A. (2018). *Prevalence of myths about adolescence* [Manuscript in preparation].

Johansson, R., Holmqvist, K., Mossberg, F., & Lindgren, M. (2012). Eye movements and reading comprehension while listening to preferred and non-preferred study music. *Psychology of Music*, *40* (3), 339–356.

Lichenstein, R., Smith, D., Ambrose, J., & Moody, L. (2012). Headphone use and pedestrian injury and death in the United States: 2004–2011. *Injury Prevention*, *18* (5), 287–290.

迷思 8 “大一胖 15 磅”：学生在大学一年级时的体重会增加 15 磅

虽然大多数人都认为适应大学生活可能是一件充满压力的事情，但“大一胖 15 磅”（约 7 千克）（Freshman 15）这个迷思无疑加重了这种压力。“大一胖 15 磅”这种说法最初是沃特金斯（Watkins，一位大学生作者）在发表于流行青少年杂志《17》（*Seventeen*，1989）上的一篇文章中提出的。在这篇文章中，沃特金斯提到“……‘大一胖 15 磅’综合征（freshman fifteen syndrome），即学生的体重在大一这一年会增加 15 磅”（Watkins，1989，p.162）。不过，这篇文章好像提到霍维尔、梅伯恩、兰德尔和福勒–约翰逊（Hovell，Mewborn，Randle，& Fowler-Johnson，1985）的研究，他们发现，女生的体重在大一这一年会平均增加约 9 磅（约 4 千克）。这些研究者推测，导致体重增加的原因与大学宿舍普遍提供的高脂肪和高热量食物有关。到 1990 年（距离杂志《17》上首次出现“大一胖 15 磅”这个词仅仅 1 年），这个词便爆炸式地出现在媒体上——出现在近 300 份报纸和大学校报的文章中（Brown，2008）。这个迷思甚至进入了流行文化。在《行尸走肉》（*The Walking Dead*）中，当一群坏人接管了“王国”，领头的人说，“我们会提供足够的食物让你们继续工作，但你们很可能很快就会失去大一时增加的 15 磅体重”（Johnson，Kang，& Satrazemis，2017）。这个迷思似乎已被赋予属于它自己的生命，因为在我们自己的研究样本中，71%—72% 的大学生相信这个迷思是真实的（Jewell & Hupp，2018）。

虽然这种对“大一胖15磅”的恐惧已在美国乃至其他地区蔓延开来，但这种恐惧其实是毫无根据的。扎戈尔斯基和史密斯（Zagorsky & Smith，2011）回顾了有关“大学生平均体重增加”的文献，发现在当时可获得的20项研究中，大学生的体重平均仅增加了约1.7千克。这两位研究者进一步分析了“全国青年纵向调查”（National Longitudinal Survey of Youth）对近9 000名被试的调查数
51 据。结果发现，大一学生体重增加的平均量相对较小（女生约1.4千克，男生约1.6千克）。那么，有关宿舍食物导致肥胖的假设是否成立呢？研究结果不一。住宿舍的男生比不住宿舍的男生体重大约多增加了0.45千克，但住宿舍的女生体重实际上大约少增加了0.45千克（Zagorsky & Smith，2011）。对我们所有人来说，保持健康的饮食和经常锻炼都是两个良好的习惯。大一学生似乎没有理由担心体重剧增的问题，所以大一学生可以松口气了。而如果你们觉得没有必要为任何事情感到有压力，那就试试学习吧！

参考文献

Brown，C.（2008）. The information trail of the “Freshman 15”：A systematic review of a health myth within the research and popular literature. *Health Information and Libraries Journal*，*25*（1），1–12.

Hovell，M. F.，Mewborn，C. R.，Randle，Y.，& Fowler-Johnson，S.（1985）. Risk of excess weight gain in university women：A three-year community controlled analysis. *Addictive Behaviors*，*10*（1），15–28.

Jewell，J. D.，& Hupp，S. D. A.（2018）. *Prevalence of myths about adolescence*［Manuscript in Preparation］.

Johnson，D. L.，Kang，A.（Writers），& Satrazemis，M. E.（Director）.（2017）. How it’s gotta be［Television series episode］. In F. Darabont，G. A. Hurd，D. Alpert，R. Kirkman，C. H. Eglee，G. Mazzara，... D. Huth（Executive Producers），*The Walking Dead*. New York，NY：AMC Studios.

Watkins，T.（1989，August）. Fight the Freshman 15. *Seventeen*，*48*，162.

Zagorsky，J. L.，& Smith，P. K.（2011）. The Freshman 15：A critical time for obesity intervention or media myth? *Social Science Quarterly*，*92*（5），1389–1407.

迷思 9　马有助于治疗进食障碍、自闭症等

奥兹医生认为，马辅助治疗（equine-assisted therapy，EAP）是最“热门”的另类疗法之一（Rader & Chiaro，2010）。马辅助治疗是以治疗的方式使用马，从而为心理治疗提供干预。奥兹医生进一步指出：“这些美丽的动物可以揭示心理问题。你知道为什么吗？因为根据患者投射到它们身上的东西，你便可以帮助患者了解他们自己的情况。我们常常用马来治疗抑郁症、焦虑症和自闭症，因为它们可以激发出我们身上的诚实品质。”（Rader & Chiaro，2010）马辅助治疗还可以治疗其他问题，如进食障碍、物质滥用、遭遇创伤等。有一个网站 52
指出，“82% 的青少年在仅仅接受五次马辅助治疗”后表现出来的改善比他们接受多年传统治疗后的改善还要大（Corcoran，n. d.）。

有一篇综述文章总结了 14 项研究结果，这些研究都将马作为对上述问题的治疗的一部分，文章作者得出如下结论：这项研究不支持使用这种干预措施（Anestis，Anestis，Zawilinski，& Lilienfeld，2014）。具体而言，“这些研究未能提供一致的证据证明（在治疗中使用马）对任何一种精神障碍的治疗优于单纯的时间流逝”（p.1115）。也就是说，研究中取得的任何积极结果都有可能是尝试新事物［即新奇效应（novelty effects）］、实验者预期和设计缺陷等最初的短暂积极经验带来的结果。我们找不到证据表明奥兹医生已改变他对马辅助治疗的看法，不过，他积极推广其他无效干预措施的做法最终遭到消费者保护委员会（consumer protection committee）的谴责（Christensen & Wilson，2014），而这似乎是在朝着正确的方向小跑。

参考文献

Anestis, M. D., Anestis, J. C., Zawilinski, L. L., Hopkins, T. A., & Lilienfeld, S. O. (2014). Equine-related treatments for mental disorders lack empirical support: A systematic review of empirical investigations. *Journal of Clinical Psychology*, *70* (12), 1115–1132.

Christensen, J., & Wilson, J. (2014). *Congressional hearing investigates Dr.Oz "miracle" weight loss claims*. Retrieved from http://www.cnn.com.

Corcoran, L. (n. d.). *Straight from the horse's mouth: Equine assisted psychotherapy*. Retrieved from http://www.bestselfatlanta.com.

Rader, S., & Chiaro, A. (Executive Producer). (2010). The top 2 alternative treatments [Television talk show segment]. In *Dr.Oz Show*. Chicago, IL: Harpo Productions.

迷思 10 “开始发育”会让大多数青少年非常不安

发育（puberty，指第二性征开始出现，性器官逐渐发育成熟的过程）是青春期最为重要的生物学里程碑之一。事实上，许多文化都将发育视为开始进入成年期的社会性标志。不过，由于种种原因，发育在历史上一直被视为一种生活事件，而且这种生活事件会让那些第一次经历某部分发育（如女性的月经初潮）的青少年非常不安。事实上， 53
在我们自己对大学生样本的研究中，46%—50% 的学生赞成这种观点，即“开始发育”对大多数青少年来说都是一件令人非常不安的事情（Jewell & Hupp，2018）。推动这个迷思的最令人震惊且最令人不安的媒体例子很可能是电影《魔女嘉莉》（*Carrie*）（De Palma & Cohen，1976）开头的一幕：天真无知的主角嘉莉［由茜茜·斯派塞克（Sissy Spacek）扮演］是一位高中女生，她刚上完体育课正在洗澡，当她发现自己来了月经时，非常震惊。2013 年对这部 1976 年的电影进行了翻拍（Peirce，Cohen，& Aguirre-Sacasa，2013），有趣的是，新版电影重现了这一场景。

事实上，研究表明，对大多数青少年来说，月经初潮并不是一件普遍令人痛苦和不安的事情。在美国，关于这个主题的早期研究与这个迷思是矛盾的。例如，鲁布尔和布鲁克斯-冈恩（Ruble & Brooks-Gunn，1982）发现，虽然他们的研究样本中有一些青少年（46%）指出，月经初潮确实带来了一些烦恼，因为必须携带一些月经用品，但月经初潮也有很多积极的方面，如它代表了身体正逐渐成熟的事实（研究样本中有 76% 的人都提到这一点）。这些研究者的研究结论是，“虽然月经初潮一开始可能具有破坏性，特别是对那些早熟的和没有准备好的女孩而言，但它通常并不是一种创伤性经历”（Ruble & Brooks-Gunn，1982，p.1565）。事实上，研究普遍发现，当文化强调月经初潮的积极方面，避免污蔑该事件，并在真正出现月经初潮之前提供相关信息时，月经初潮的体验大多是积极的（要查阅综述，可参见 Arnett，2014）。此外，鲁布尔和布鲁克斯-冈恩最初的研究中还提到教育和为月经初潮作准备的重要性。因此，虽然有一些因素可能会导致女孩在月经初潮时感到痛苦，但女性青少年的体验无疑会受到多种因素的影响，包括为月经初潮所作的准备，以及社会上其他人对这一事件的看法等。

参考文献

Arnett, J. J. (2014). *Adolescence and emerging adulthood*. Boston, MA: Pearson.

De Palma, B. (Director), & Cohen, L. (Writer). (1976). *Carrie* [Motion picture on DVD]. USA: Red Bank Films.

Jewell, J. D., & Hupp, S. D. A. (2018). *Prevalence of myths about adolescence*. [Manuscript in preparation].

Peirce, K. (Director), Cohen, L., & Aguirre-Sacasa, R. (Writers). (2013). *Carrie* [Motion picture]. USA: Metro Goldwyn Mayer.

Ruble, D. N., & Brooks-Gunn, J. (1982). The experience of menarche. *Child Development*, *53* (6), 1557–1566.

迷思 11　女性青少年比男性青少年更专注于自己的外表 54

想一想这些话题："女性对外表的关注"（University of Michigan，1998），"消除对身体形象的不健康认知：为什么女性会痴迷于外表"（Valton，2017），"为什么迪士尼公主和'公主文化'对女孩有害"（Hains，2016）。诸如此类的标题其实代表了一种刻板印象，即相比于男性，专注于外貌微小缺陷（或想象出来的缺陷）的女性要多得多。这种刻板印象在青少年时期尤为明显。例如，媒体经常播放青少年对着镜子挑剔自己的面部特征或身体的画面。当这种专注引发严重的情绪困扰或障碍时，青少年就可能符合躯体变形障碍（body dysmorphic disorder，BDD）的诊断标准（American Psychiatric Association，2013）。因此，躯体变形障碍的比例是一个很好的指标，可以说明这个刻板印象到底有多准确。男性青少年患上这种障碍的可能性真的比女性青少年低吗？有一项以社区为基础的青少年大样本患病率研究（首次）显示，1.7% 的女性青少年可能符合躯体变形障碍标准，1.8% 的男性青少年可能符合躯体变形障碍标准，二者之间没有显著差异（Schneider，Turner，Mond，& Hudson，2017）。此外，还有一篇综述总结了其他 8 项研究，这些研究调查了青少年（包括大学生）的躯体变形障碍患病率（Veale，Gledhill，Christodoulou，& Hodsoll，2016）。这 8 项研究中有 4 项确实显示女性的躯体变形障碍患病率略高于男性；不过，另外 4 项研究显示男性的躯体变形障碍患病率略高于女性。总而言之，女性和男性的躯体变形障碍患病率极为相似。值得注意的是，有一种类型的躯体变形障碍在男性中更为常见——肌肉变形障碍（muscle dysphoria），它指的是个体专注于对自己较小肌肉的感知（American Psychiatric Association，2013；Campagna & Bowsher，2016）。

参考文献

American Psychiatric Association（2013）. *Diagnostic and statistical manual of mental disorders*（*DSM-5*）. Arlington，VA：Author.

Campagna，J. D.，& Bowsher，B.（2016）. Prevalence of body dysmorphic disorder and muscle dysmorphia among entry-level military personnel. *Military Medicine*，*181*（5），494–501.

Hains，R.（2016）. *Why Disney princesses and 'princess culture' are bad for girls*. Retrieved from http://www.washingtonpost.com.

55 Schneider，S. C.，Turner，C. M.，Mond，J.，& Hudson，J. L.（2017）. Prevalence and correlates of body dysmorphic disorder in a community sample of adolescents. *Australian and New Zealand Journal of Psychiatry*，*51*（6），595–603.

University of Michigan（1998）. *Female preoccupation with physical appearance*. Retrieved from http://www.newswise.com.

Valton，M. J.（2017）. *Fighting unhealthy perceptions of body image*：*Why women obsess over appearance*. Retrieved from http://www.motherforlife.com.

Veale，D.，Gledhill，L. J.，Christodoulou，P.，& Hodsoll，J.（2016）. Body dysmorphic disorder in different settings：A systematic review and estimated weighted prevalence. *Body Image*，*18*，168–186.

迷思 12　大多数青少年很少在闲暇时阅读

的确，现在的青少年花在屏幕前的时间越来越多了（Common Sense Media，2013）。电视、电脑、平板电脑、手机竞相吸引青少年的注意。是不是青少年已经完全放弃闲暇阅读（leisure reading）等其他活动？可能不是。研究表明，13 岁的儿童中，仅有 22% 的儿童表示很少在闲暇时阅读（即“从不”或“很少”），他们当中有 53% 的儿童每周至少有一次闲暇阅读（National Center for Education Statistics，2013）。年龄大一点的青少年报告的阅读量比 13 岁儿童要少一些。也就是说，17 岁的青少年中，有 27% 的人很少在闲暇时阅读，他们当中每周至少有一次闲暇阅读的占 40%。因此，尽管同一项研究还指出，1984 年至 2012 年，每天阅读的青少年数量在逐渐减少，但青少年为休闲而阅读的比例依然相当高。虽然“花在屏幕前的时间增多了”这一点或许有助于解释青少年阅读量减少的原因，但导致这种现象的另一个原因或许在父母身上。在一项对近 8 900 名家长（4 岁儿童的家长）的全国抽样调查中，49% 的家长表示他们每周只给孩子读两次或更少次数的书（Kahn，Purtell，Logan，Ansari，& Justice，2017）。所以说，有很大一部分家长没有按照美国儿科学会的建议每天和幼儿一起阅读（Council on Early Childhood，2014）。事实上，有 23% 的家长说他们从未给 4 岁的孩子读过书。好消息是，现在依然有相当数量的青少年在闲暇时阅读。不过，“青少年很少在闲暇时阅读”或许是本书中会在将来某一天成为现实的迷思之一。因此，父母要想提高青少年在闲暇时阅读的可能性，可以采取的一种方法是，在孩子小的时候就和他们一起阅读。

56 参考文献

Common Sense Media.（2013）. *Zero to eight: Children's media use in America 2013*. Retrieved from http://www.commonsensemedia.org.

Council on Early Childhood（2014）. Literacy promotion: An essential component of primary care pediatric practice. *Pediatrics*. doi: 10.1542/peds.2014-1384.

Khan, K. S., Purtell, K. M., Logan, J., Ansari, A., & Justice, L. M.（2017）. Association between television viewing and parent-child reading in the early home environment. *Journal of Developmental and Behavioral Pediatrics*, *38*（7）, 521-527.

National Center for Education Statistics（2013）. *Trends in academic progress*. Retrieved from https://nces.ed.gov.

迷思 13 “希腊生活”对大学生学业有负面影响

在电视和电影中，大学里的“希腊生活”（Greek Life，即参加兄弟会和姐妹会）经常遭到诽谤。《动物屋》（*Animal House*）（Reitman，Simmons，& Landis，1978）、《留级之王》（*Van Wilder*）（D'Amico，Foster，von Alvensleben，& Becker，2002）等集中体现了这类电影中描绘的“先派对，后上课”。但是，在大学里参加兄弟会和姐妹会的学生真的学业成绩很差吗？多年来，很多研究者对此进行了研究，得到的结果不一。尽管这些研究大多存在方法上的缺陷（如依赖自我报告的成绩）或研究样本太小，但这些研究者都在试图回答这个问题（DeBard，Lake，& Binder，2006；Pike，1996，2000）。不过，一项关于该主题的大规模研究得出的结果让很多人大吃一惊（DeBard & Sacks，2011）。这项研究对来自 17 所大学的 45 000 名学生进行了比较，比较了参加兄弟会、姐妹会的学生和不参与“希腊生活”的同性同龄人在实际平均成绩、保有率（retention rate）、学时方面的差异。他们在分析中还控制了高中平均分和美国大学入学测试（American College Testing，ACT）分数。这些研究者发现，“大学第一年参加希腊字母组织（Greek letter organization）的学生比不参加这些组织的学生的平均成绩要高得多”（DeBard & Sacks，2011，p.114）。此外，参加“希腊生活”的学生的保有率也高于不参加“希腊生活”的学生。因此，虽然那些关于放荡的兄弟会男孩和姐妹会女孩的电影可能会大卖，但真相实际上要复杂得多。

57 ## 参考文献

D'Amico, K., Foster, L., von Alvensleben, P. (Producers), & Becker, W. (Director). (2002). *Van Wilder* [Motion picture]. United States: Myriad Pictures.

DeBard, R., & Sacks, C. (2011). Greek membership: The relationship with first-year academic performance. *Journal of College Student Retention: Research, Theory and Practice*, *13* (1), 109–126.

DeBard, R., Lake, T., & Binder, R. S. (2006). Greeks and grades: The first-year experience. *NASPA Journal*, *43* (1), 56–58.

Pike, G. R. (1996). Limitations of using students' self-reports of academic development as proxies for traditional achievement measures. *Research in Higher Education*, *37* (1), 89–114.

Pike, G. R. (2000). The influence of fraternity or sorority membership on students' college experiences and cognitive development. *Research in Higher Education*, *41* (1), 117–139.

Reitman, I., Simmons, M. (Producers), & Landis, J. (Director). (1978). *Animal House* [Motion picture]. United States: Universal Studios.

迷思 14　购买预科课程是取得 SAT 考试优异成绩的最好方法

“心理迷思系列”中的另一本《教学中的迷思：学生、学习与技术》（*Great Myths of Education and Learning*）揭开了“辅导可以让学生在大学入学测试中取得优异成绩”的迷思（Holmes，2016，p.174）。学院和大学通常要求学生参加大学入学测试，每年仅学术能力水平测试（Scholastic Assessment Test，SAT）就有 100 多万学生参加（College Board，2016）。高中生通常要支付超过 1 000 美元的费用购买预科课程（prep course），以期在大学入学测试中取得优异成绩（Carrins，2014）。不过，研究表明，凭此取得优异成绩的可能性不大。一项元分析（即对许多研究的数学综合分析）仅对那些具有良好研究设计的研究进行了分析，发现学生通过购买预科课程而获得的收益很小（Kulik，Bangert-Drowns，& Kulik，1984），其他综述也一致报告了类似的结果（Becker，1990）。评估发现，购买预科课程会对学生大学入学测试产生一定影响，但依然可以得出结论：学生因购买预科课程而获得的收益远低于提供预科课程公司承诺的收益（Montgomery & Lilly，2012）。总而言之，这些研究表明，预科课程可以在一定程度上提高 SAT 成绩，但它们并不能始终如一地帮助学生取得优异成绩。不过，即使是小小的收益，可能也足以让一些学生在进入自己选择的大学时优于其他人，而这也导致一些人认为只有较为富裕的学生 58
才能负担得起该课程，从而质疑其公平性。有趣的是，美国大学理事会（College Board，一个非营利组织）与可汗学院（Khan Academy®）

合作在线发布了一个免费的线上 SAT 实践资源（online SAT practice resource），其中包括实践测试、学习提示和实践提示（College Board，2016）。研究者尚未对这一免费项目和付费项目进行比较研究，但它有可能在大学入学测试方面创造更多的公平性。

参考文献

Becker，B. J.（1990）. Coaching for the scholastic aptitude test：Further synthesis and appraisal. *Review of Educational Research*，*60*（3），373–417.

Carrins，A.（2014）. *Another college expense：Preparing for the SAT and ACT*. Retrieved from http://www.nytimes.com.

College Board.（2016）. *The College Board announces surge of students taking new SAT® suite of assessments，creating an opportunity pathway for more than six million students*. Retrieved from http://www.collegeboard.org.

Holmes，J.（2016）. *Great myths of education and learning*. Malden，MA：Wiley-Blackwell.

Kulik，J. A.，Bangert-Drowns，R. L.，& Kulik，C. L. C.（1984）. Effectiveness of coaching for aptitude tests. *Psychological Bulletin*，*95*（2），179–188.

Montgomery，P.，& Lilly，J.（2012）. Systematic reviews of the effects of preparatory courses on university entrance examinations in high school-age students. *International Journal of Social Welfare*，*21*（1），3–12.

MYTHS

第二章

自我的发展*

迷思 15　重大情绪困扰是每个青少年都无法避免的

迷思 16　青少年应该在上高中时找一份工作来塑造性格

迷思 17　青少年不可避免会做出冒险行为

迷思 18　照顾一个婴儿仿真娃娃可以减少性行为

迷思 19　大学入学测试不能预测学生在大学期间的学业成就

自我发展的小迷思

迷思 20　大学生的生活中有很多随意勾搭的现象

迷思 21　教青少年避孕方法会让他们更有可能发生性行为

迷思 22　唯禁欲性教育可以有效地使青少年保持禁欲

迷思 23　HPV 疫苗增加了青少年性行为

迷思 24　千禧一代是懒惰的一代

迷思 25　高中橄榄球运动员比拉拉队队员更有可能受重伤

迷思 26　罪犯利用互联网对青少年实施性侵犯时会隐藏其性兴趣

迷思 27　性取向转化疗法可以有效地将同性恋青少年转变为异性恋青少年

迷思 28　青少年常常会低估冒险行为的后果，而成年人不会

---

* *Great Myths of Adolescence*, First Edition. Jeremy D. Jewell, Michael I. Axelrod, Mitchell J. Prinstein, and Stephen Hupp.

迷思 15　重大情绪困扰是每个青少年都无法避免的

如果让你想象一个学步孩童或一个年幼的学龄儿童与朋友在一起的场景，你很可能会想到他们在一起跑啊，蹦啊，唱啊，跳啊，笑啊。而如果让你想象一下青少年与同伴在一起鬼混的场景，你脑中的画面往往就不一样了。画面确实不同。你想象的画面很可能是：一群头发蓬乱的青少年低头盯着手机，背景是嘈杂的音乐声，如果有人说话，说的内容则很可能反映某种嘲讽挖苦、反乌托邦、愤世嫉俗的世界观。这是许多电影、电视节目和音乐视频以漫画形式描绘的青少年的样子。你可以想象一下《早餐俱乐部》(*The Breakfast Club*)(Hughes，1985)中艾丽·西蒂(Ally Sheedy)饰演的角色——寡言少语，一身黑衣，对任何对她感兴趣的人都怀有敌意。或者，你也可以想象一下电视连续剧《公园与游憩》(*Parks and Recreation*)(Daniels，2009—2015)中的阿普丽尔(April)——总是喜怒无常、不受约束、懒惰且和人对着干。因此，大多数人都认为青少年总是喜怒无常也就没什么好奇怪的了。

公平而言，媒体并不需要为这个“青少年喜怒无常”的迷思负全部责任。这是一种刻板印象，已被学者延续了几十年甚至上千年。100 多年前，美国心理学家 G. 斯坦利·霍尔(G. Stanley Hall)将青春期描述为“情绪快速波动”的时期。他还提出，我们最好把这一发展阶段描述为“充满暴风骤雨”的时期(Hall，1904)。多年后，安娜·弗洛伊德[Anna Freud，西格蒙德·弗洛伊德(Sigmund Freud)的女儿]写道：“在青春期维持正常，这本身就是不正常的。”(Freud，

1958）甚至亚里士多德在谈到青少年时也说：“年轻人天性易怒，就如醉汉天生爱酒一样。”（引自 Arnett，1999）因此，科学家对“这个迷思是否真实”特别感兴趣也就不足为奇了。青少年真的比其他年龄段的人更喜怒无常吗？他们的情绪波动真的不可避免吗？这个假设的含义令人很是担忧。如果家长、教师，甚至是青少年自己都认为这个发展时期的特点是霍尔、安娜·弗洛伊德和亚里士多德所说的情绪会发生戏剧性变化，那么它就可能会影响青少年的成长方式，以及他们开始承担成年人责任的时间。

一些研究者发现，这些刻板印象确实非常普遍。在一项研究中，研究者要求教师和家长确认一些用来描述青少年时期的词。令人吃惊的是，很大一部分成年人都认为最好用“难缠的”（awkward）、“焦虑的”（anxious）、“抑郁的”（depressed）、“易冲动的”（emotional）这类词来描述青少年。研究证明，这种刻板印象是有原因的——家长最有可能相信青春期的特点就是喜怒无常，因为这样他们便可以不用对孩子的需要作出反应（Hines & Paulson，2007）。同样值得关注的是， 61
一些研究者担心，“青少年喜怒无常”的刻板印象可能会阻碍成年人和青少年自身解决有时确实会出现的严重情绪障碍（Hollenstein & Lougheed，2013）。

当然，一些大型研究机构已开始尝试寻找这个问题的答案，即青少年是否真的不可避免地会抑郁沮丧、“荷尔蒙旺盛”或“失控”。结果表明，这些刻板印象至少可以说是言过其实。一些调查青少年抑郁症患病率的研究表明，青少年时期特有的一些东西与高患病风险有关。13 岁之前，每 20 个儿童中只有不到 1 个符合重度抑郁症（major depressive disorder）的诊断标准。然而，在青少年时期，这一比率显著上升。到 25 岁时，五分之一的年轻女性和十分之一的年轻男性患有抑郁症（Hankin et al.，1998）。

重要的是，抑郁症的诊断与许多人认为的青春期特有的那种喜怒无常有很大区别。要确诊，一个人必须在至少两周的大多数日子里持续体验到悲伤或易怒。此外，抑郁症通常伴有许多其他症状，如丧失对娱乐活动的兴趣、睡眠障碍、食欲减退、性冲动障碍、绝望或自杀的念头等，这些症状使得患者很难在与朋友相处、学习或工作时正常发挥功能（American Psychiatric Association，2013）。

的确，青少年患抑郁症的风险比儿童大。自杀（suicide）也反映了青少年面临的一个严重问题——自杀目前是15—24岁青少年死亡的主要原因之一（Nock et al.，2013）。不过，必须指出的是，抑郁症和自杀代表的是极端状况，这种状况对大多数青少年都没有影响，更不用说所有青少年了。事实上，绝大多数青少年很少或根本没有抑郁症的症状，也从未有过自杀的念头。然而，许多人错误地认为所有青少年都会经历显著的喜怒无常，这些人可能因“一些青少年更容易患上这些严重疾病”而对这种状况作出过分概括的陈述。

很多情况下，成年人可能认为，青少年的生理发育使得他们的情绪更加不稳定或“荷尔蒙旺盛”。这也是研究者深入研究的一个主题。在一些研究中，科学家分析了青少年睾酮水平的个体差异是否与他们在攻击行为方面的差异有关。另一些研究者分析了去甲肾上腺素（norepinephrine）水平的不同是否可以预测哪些青少年会有某种程度的焦虑（Hollenstein & Lougheed，2013）。令人吃惊的是，结果发现，荷尔蒙水平差异与青少年行为差异之间的关系远没有人们想象的那
62 么密切。研究者现在估计，荷尔蒙水平只解释了一些青少年的行为之所以与其他青少年行为不同的原因中的6%（Hollenstein & Lougheed，2013）。

如果你认为荷尔蒙的作用与青少年生活的环境有很大关系，那么，这个令人吃惊的结果就说得通了。换句话说，影响我们行为的不

仅仅是我们的生物性因素，我们的生物性因素与周围环境之间的相互作用也会对我们产生同样大的影响。例如，那些睾酮水平高的人或许更有可能做出攻击行为，但只有在受到威胁、需要竞争或需要自卫的情况下，他们才会这样做。这一点很重要，因为在这个世界上，大多数青少年发现自己的典型特征是，在一个若干年后才能获得独立的社会里，他们独立行动的能力正在不断增强。此外，青少年也生活在同伴世界中，随着社会规则越来越复杂，这些同伴世界也会变得越来越不简单。因此，荷尔蒙的作用可能尤其取决于青少年在日常生活中的行为，只有当生物性因素与环境中的风险因素完美结合时，才会引发更为严重的情绪波动（Hollenstein & Lougheed, 2013）。

除了“喜怒无常”、情绪不稳定或“荷尔蒙旺盛”导致的行为，科学家还研究了青少年是否真的会情绪“失控”。心理学家在研究情绪调节（emotional regulation）时抓住了这个问题的要点。那些对“青少年行为表面上的失调性和情绪的波动性”感兴趣的研究者，在研究大脑发育时找到了一些支持该观点的证据。研究结果表明，大脑的各个区域并不是同时成熟的。相反，大脑皮层之下的神经网络——或“思考的大脑”（thinking brain）最先发育，它包括与情绪表达相关的区域，以及与想要获得快乐的愿望相关的区域（Casey & Caudle, 2013）。晚几年发育的是前额叶皮层，从而使个体可以对压力或冲动作出更为谨慎、周到、深思熟虑的反应。从表面上看，这些发现似乎支持这样一种观点，即青少年充满不受控制的情绪，却不具备充分的能力去调节这些情绪。

你需要知道的

事实上，研究表明，许多青少年体验到的情绪确实比儿童和成年人更为强烈（Aldao, 2013）。不过，研究数据也表明，青少年善于调

63 节自己的情绪，绝大多数青少年在进入青春期之前便已掌握各种应对情绪的技巧，而且这些技巧在整个青少年时期依然有效。心理学文献中有大量研究描述了青少年如何运用各种各样的技巧成功应对各种各样的生活压力和日常烦恼，这让那些临床上确诊患有抑郁症的青少年看到了希望。一篇研究综述表明，认知行为疗法（cognitive-behavioral therapy，CBT）和人际关系心理治疗（interpersonal psychotherapy）都符合美国心理学会制定的干预标准（Weersing，Jeffreys，Do，Schwartz，& Bolano，2017），可以帮助青少年了解，他们以前的经历将如何改变他们对一整天的社会经验的解释与回应。

参考文献

Aldao，A.（2013）. The future of emotion regulation research：Capturing context. *Perspectives on Psychological Science*，*8*（2），155–172.

American Psychiatric Association（2013）. *Diagnostic and statistical manual of mental disorders*（*DSM-5*）. Arlington，VA：Author.

Arnett，J. J.（1999）. Adolescent storm and stress，reconsidered. *American Psychologist*，*54*，317–326.

Casey，B. J.，& Caudle，K.（2013）. The teenage brain：Self control. *Current Directions in Psychological Science*，*22*（2），82–87.

Daniels，G.（2009–2015）. *Parks and recreation* [Television series]. Hollywood，CA：National Broadcasting Company.

Freud，A.（1958）. Adolescence. In A. Freud，H. Hartmann，& E. Kris（Eds.），*Psychoanalytic study of the child*（pp.255–278）. New York，NY：International Universities Press.

Hall，G. S.（1904）. *Adolescence*：*Its psychology and its relation to physiology*，*anthropology*，*sociology*，*sex*，*crime*，*religion*，*and education.* Englewood Cliffs，NJ：Prentice-Hall.

Hankin，B. L.，Abramson，L. Y.，Moffitt，T. E.，Silva，P. A.，McGee，R.，& Angell，K. E.（1998）. Development of depression from preadolescence to young adulthood：Emerging gender differences in a 10-year longitudinal study. *Journal of Abnormal Psychology*，*107*（1），128–140.

Hines，A. R.，& Paulson，S. E.（2007）. Parents' and teachers' perceptions of adolescent storm and stress：Relations with parenting and teaching styles. *Family Therapy*，*34*（2），63–80.

Hollenstein，T.，& Lougheed，J. P.（2013）. Beyond storm and stress：Typicality，transactions，timing，and temperament to account for adolescent change.

American Psychologist, *68* (6), 444–454.

Hughes, J. (Director). (1985). *The Breakfast Club*. [Motion picture]. Los Angeles, CA: Universal Pictures.

Nock, M. K., Green, J. G., Hwang, I., McLaughlin, K. A., Sampson, N. 64
A., Zaslavsky, A. M., & Kessler, R. C. (2013). Prevalence, correlates, and treatment of lifetime suicidal behavior among adolescents: Results from the National Comorbidity Survey Replication Adolescent Supplement. *JAMA Psychiatry*, *70* (3), 300–310.

Weersing, V. R., Jeffreys, M., Do, M. C. T., Schwartz, K. T., & Bolano, C. (2017). Evidence base update of psychosocial treatments for child and adolescent depression. *Journal of Clinical Child and Adolescent Psychology*, *46* (1), 11–43.

迷思 16　青少年应该在上高中时找一份工作来塑造性格

去理个发，然后找份真正的工作

改掉你的行为，别再懒惰

像你大哥鲍勃一样沉着冷静

你为什么不去理个发，然后找份真正的工作

——摘自乔治·索罗古德（George Thorogood）和“摧毁者”合唱团的歌曲《理发》(*Get a Haircut*)(Avery & Birch，1993)

这个迷思似乎在各个年龄段的人群中都很流行。我们对大学生的研究发现，81% 的学生听说过这个迷思，68%—81% 的学生同意这种说法，这使得这一迷思成为本书中最受认可的迷思之一（Jewell & Hupp，2018）。遗憾的是，很少有研究调查父母对他们正处于青春期的孩子出去工作的真实感受。在最初的一项研究中，菲利普斯和桑德斯特罗姆（Phillips & Sandstrom，1990）随机选取了 1 500 名家长（九年级学生的家长），得到了一些可能会让读者感到惊讶的结果：只有 27% 的家长表示在上学期间从事兼职工作的青少年太多了，绝大多数家长认为目前的情况“大体上正好”，或者应该有更多的青少年从事兼职工作。父母们一致认为，青少年平均应在 13 岁左右工作赚钱。这个年龄可能看起来相对较小，但是当被问及自己处于青春期的孩子从事兼职工作对他们的家庭环境有何影响时，这些家长几乎没有提到任何负面影响。例如，研究样本中超过 75% 的家长回答，他们的孩子与家人相处的时间并没有减少。大多数家长还认为，青少年从事兼职工作会产生积极影响，如他们的孩子在经济和其他方面更独立了。此外，绝大多数父母认为，他们的孩子从事兼职工作对学业成绩没有任何影响，而且从事兼职工作对这些孩子对教育的态度也没有任何负面影响。只有 15% 的父亲和 18% 的母亲认为应该改变孩子的工作时间。令人震惊的是，虽然有 9%—16% 的父母希望他们的孩子少工作 65
几小时，但 29%—44% 的父母竟希望孩子多工作几小时！此外，仅有 5%—8% 的父母希望孩子在周一至周五的晚上可以早点下班。因此，这项研究表明，在父母看来，他们处于青春期的孩子从事兼职工作可以说是完全积极的，几乎没有任何负面影响，而且事实上，许多父母希望他们的孩子可以工作更长的时间（Phillips & Sandstrom，1990）。

鲁尼恩、舒尔曼、达尔·桑托、鲍林和阿甘斯（Runyan，Shulman，Dal Santo，Bowling，& Agans，2009）电话访谈了 1 000 多名家长（从事兼职工作的 14—18 岁青少年的家长）。这些被访谈的家长还表示，他们的孩子从事兼职工作几乎没有任何有害的影响。例如，超过 99% 的父母认为他们的孩子正在学习有价值的工作技能，而超过 90% 的父母认为他们的孩子“比那些不从事兼职工作的孩子陷入麻烦的可能性要小些”。此外，绝大多数家长认为，工作和学习两方面的要求并没有让他们的孩子感到疲惫不堪，而且，大多数家长认为，他们的孩子依然有大量时间与家人在一起。绝大多数家长还认为，他们处于青春期的孩子从事兼职工作并不妨碍完成学校作业，也不妨碍参加课外活动。最后，只有 7% 的家长认为，孩子从事兼职工作使得他们“更有可能吸毒和酗酒”。关于“应该允许青少年工作多长时间”这个问题，大约 45% 的家长报告，青少年每周工作的时间应少于 16 个小时，但有 16% 的家长认为，应允许青少年每周工作 20 个小时以上。沿着这样的思路，超过 75% 的家长认为，应该允许 16 岁及以上的青少年在周一至周五晚上 9 点或 10 点以后工作（Runyan et al., 2009）。

虽然这项研究表明，父母普遍支持他们处于青春期的孩子边上学边兼职工作，但高中生兼职工作的比率实际上多年以来一直在缓慢下降。美国劳工统计局（United States Bureau of Labor Statistics）在每年的人口调查中调查了大约 60 000 户家庭，其中 2016 年的最新数据表明，16—17 岁的青少年中，大约有 19% 的青少年就业，18—19 岁的青少年中，约有 42% 的青少年就业（Bureau of Labor Statistics, 2017）。美国劳工统计局追踪了 1985 年至 2007 年的就业趋势，并透彻分析了青少年的就业情况（Morisi，2008）。该报告指出，1985 年，有 26% 的青少年在进入高中时从事兼职工作，这一比率在整个 20 世纪 90 年代都呈持续上升趋势，之后开始下降，到 2007 年，这一比率下降至 24%。该报告还发现，入学而未就业的青少年人数就总体趋势而言不断上升，1985 年，这些青少年占 47%，到了 2007 年，这一比率上升至 59%。

66 美国劳工统计局的另一份报告确定了这些青少年实际上从事的是哪些类型的工作。正如你所料，这些上高中的青少年最常从事的职业并不那么令人向往。排名前五的职业依次为厨师、收银员、装卸工、售货员和餐厅服务员（Bureau of Labor Statistics，2004）。有趣的是，即使美国的青少年就业率有所下降，也依然是工业化国家中最高的。例如，欧洲和亚洲工业化国家（如日本）的青少年就业率远远低于美国（Steinberg，1996）。20 世纪 70 年代，美国总统科学顾问委员会（President’s Science Advisory Committee，该委员会旨在探索公共政策的变化）提出这样一个观点：高中生从事兼职工作会让他们形成理想的性格特征。该委员会最后建议，所有青少年都应该在上高中时找一份工作以获得各种收益，如更顺利地进入成年期，塑造重要的性格特征（动机增强、组织技能）等（要查阅综述，可参见 Marsh &

Kleitman，2005）。然而几年后，研究者发现，有一些证据竟显示出相反的关系。具体而言，研究者开发出他们所说的阈值模型（threshold model），发现高中生每周从事兼职工作的小时数增加会导致一些负面结果（要查阅综述，可参见 Marsh & Kleitman，2005）。这个阈值模型发现，每周工作少几小时可能会对青少年产生一些积极影响，而一旦超过每周工作小时数的阈值，就将造成显著的负面影响（Marsh & Kleitman，2005）。

因此，这个迷思的核心依然存在。青少年需要在上高中时找一份工作来塑造性格吗？当然，与这个迷思相反的观点认为，上高中时从事兼职工作对青少年有害。事实上，后一种观点在大多数情况下似乎都是正确的，因为上高中时从事兼职工作带来的负面影响似乎远远大于正面影响。在一项关于该主题的最为广泛的研究中，马什和克莱特曼（Marsh & Kleitman，2005）分析了一个总样本量超过 12 000 名高中生的纵向数据集，以弄清高中从事兼职工作对青少年的影响。这项研究的发现可能会令人们感到吃惊，尤其是会让父母大吃一惊。例如，这项研究发现，学生在十年级和十二年级时工作的小时数越多，十二年级及以后出现一些负面结果的可能性越大。这些负面结果包括：成绩更低，出勤率更低，教育抱负和职业抱负更低，上大学的可能性更小。这些研究者还进一步检验了前面提到的阈值模型，该模型假设，如果每周的工作时间保持在一个特定的阈值以下（通常为每 67
周 5—20 个小时），那么青少年从事兼职工作便很少有负面影响，甚至没有任何负面影响。不过，这项大型研究的数据没有发现支持阈值效应（threshold effect）的明显证据。马什和克莱特曼指出，“就十二年级学生的大多数结果而言，与八年级、十年级和十二年级学生工作时间相关的负面效应主要是线性的”（p.349）。最后，马什和克莱特曼指出，与青少年从事兼职工作和工作时数相关的负面结果对不同种族、父母不同收入水平、不同性别甚至不同工作类型的青少年而言都是一致的。这一点特别重要，因为一些研究者和政策制定者指出，让青少年从事兼职工作或许是缓解少数青少年贫困问题的可行措施。不过，其他研究也指出，青少年从事兼职工作带来的负面结果对不同社会经济地位（socioeconomic status，SES）的青少年来说都是相似的。换句话说，工作对贫困青少年的影响和对中产阶级青少年的影响是相似的（Kingston & Rose，2015）。其他研究也表明，工作时间与物质滥用之间存在关联。例如，巴赫曼及其同事（Bachman，Staff，O'Malley，& Freedman-Doan，2013）对60多万名被试进行的一项大规模研究发现，工作强度与较高的吸烟、吸食大麻、酗酒比率有关。

你需要知道的

虽然大量研究表明，青少年从事兼职工作会带来一些负面结果，但有一点值得一提，那就是很少有研究（如果有的话）直接检验“找一份工作是否真的能塑造性格”。不过，有可能是这种说法以及“性格”（character）概念的模糊性阻碍了对这一主题的研究。如果父母真的希望塑造孩子的性格，那么，这个问题似乎应该在家庭中解决，而不是送孩子去做一份与未来职业关系不大且往往带来一些负面结果的工作。相比之下，如果家长有意让自己的孩子为将来的职业作准备，那么就会感叹高中职业培训的衰落，并指出学徒制（apprenticeships，类似于一些欧洲国家的做法）是一种有可能解决该问题的办法（要查阅综述，可参见Aivazova，2013）。事实上，一些知名人士讨论了高中开设相关职业培训的重要性，如热门电视节目《行行出状元》（*Dirty Jobs*）的主持人迈克·罗伊［Mike Rowe，他创立了迈克·罗伊工作基金会（Mike Row Works Foundation）］。

参考文献

68

Aivazova, N. (2013, August). Role of apprenticeships in combating youth unemployment in Europe and the United States. *Peterson Institute for International Economics Policy Brief.*

Avery, D., & Birch, B. (1993). Get a haircut. [Recorded by George Thorogood and the Destroyers). On *Haircut* [CD]. Los Angeles, CA: Capital Records.

Bachman, J. G., Staff, J., O'Malley, P. M., & Freedman-Doan, P. (2013). Adolescent work intensity, school performance, and substance use: Links vary by race/ethnicity and socioeconomic status. *Developmental Psychology*, *49* (11), 2125.

Bureau of Labor Statistics. (2004, February 18). *Employment of teenagers during the school year and summer* [Press release]. Retrieved from https://www.bls.gov/nls/nlsy97r5.pdf.

Bureau of Labor Statistics. (2017, February 8). *Labor force statistics from the Current Population Survey* [Data table]. Retrieved from https://www.bls.gov/cps/tables. htm.

Jewell, J. D., & Hupp, S. D. A. (2018). *Prevalence of myths about adolescence.* [Manuscript in preparation].

Kingston, S., & Rose, A. (2015). Do the effects of adolescent employment differ by employment intensity and neighborhood context? *American Journal of Community Psychology*, *55* (1–2), 37–47.

Marsh, H. W., & Kleitman, S. (2005). Consequences of employment during high school: Character building, subversion of academic goals, or a threshold? *American Educational Research Journal*, *42* (2), 331–369.

Morisi, T. L. (2008). Your enrollment and employment during the school year. *Monthly Labor Review*, *131*, 51–63.

Phillips, S., & Sandstrom, K. L. (1990). Parental attitudes toward youth work. *Youth and Society*, *22* (2), 160–183.

Runyan, C. W., Schulman, M., Dal Santo, J., Bowling, J. M., & Agans, R. (2009). Attitudes and beliefs about adolescent work and workplace safety among parents of working adolescents. *Journal of Adolescent Health*, *44* (4), 349–355.

Steinberg, L. (1996). *Beyond the classroom.* New York, NY: Simon & Schuster.

迷思 17　青少年不可避免会做出冒险行为

看过 MTV 吗？每年三月都会推出一个主打节目，包括一系列重点讲述青少年春假活动的节目。这个热点频道决定每天推出几十个人物特写和聚光灯故事（spotlight story），介绍来自美国各地富有特色的青少年娱乐活动（无论是佛罗里达州南部的活动，还是墨西哥州的活动）。这些春假活动很少包括学习，对于这一点你可能不会太过惊讶。这些活动也不包括棋类游戏、各科目知识竞赛，以及阅读比赛。不
69 过，当我们想到正在度春假的青少年，脑海里会浮现出不同的形象，那是因为大多数人都认为青少年不可避免会做出冒险行为。不是仅在春假期间，而是一直都是如此。

一提到青少年，我们想到的常常是酗酒、吸毒、危险性行为、鲁莽冒失的行为等。我们猜想，青少年会卷入他们朋友发出的任何挑衅或挑战，而且他们很容易受到电影里看到的一切危险趋势的影响。就像布拉德·皮特（Brad Pitt）、爱德华·诺顿（Edward Norton）主演的电影《搏击俱乐部》（*Fight Club*）播出后，同名的俱乐部在全国各地如雨后春笋般出现（Fincher，1999）。又如，MTV 以前播放的《蠢蛋搞怪秀》（*Jackass*）系列中约翰尼·诺克斯维尔（Johnny Knoxville）表演的各种高风险特技（Jonze，2000—2007）。描绘青少年无限制饮酒和吸毒的电影实在是太多了。

当然，很多青少年确实比大多数成年人更爱冒险（Casey & Caudle，2013）。为什么会这样呢？来自发展神经科学领域的最新数据提供了一些可能的线索。其中一个关键因素与荷尔蒙有关——荷尔蒙

的分泌量在青春期有所增加。早在我们观察到身体、声音或皮肤等方面的变化之前很久，性腺激素就已经开始在我们的整个身体内循环，其浓度远远高于我们发育过程中的其他任何阶段。这个过程会导致我们大脑的运作方式发生巨大变化（Casey & Caudle，2013；Somerville，2013）。事实上，我们的大脑在青春期发生的变化比周岁之后的任何时候都要显著（Somerville，Jones，& Casey，2010）。

大脑的这些变化中，有一些有助于我们进行更为复杂的思考。髓鞘（一种包围神经元的脂肪组织）的发育有助于提高神经化学信号传递的速度，加快我们思考的速度，并提升我们思考的复杂性（更多关于青少年大脑发育的内容，可参见本书第三章）。此外，更多神经递质（neurotransmitters）受体的发育使得我们的大脑接收信号的能力比儿童时期更强了（Somerville et al.，2010）。不过，大脑中有一个区域——前额叶皮层，要在青春期之后很久才能成熟。一些研究表明，前额叶皮层要到 25 岁才完全成熟（Casey & Caudle，2013）。这一发现非常重要，因为前额叶皮层——人类特有的发育良好的大脑区域——的作用就好比是大脑的刹车。除其他诸多功能外，前额叶皮层还有助于我们抑制最强烈的冲动（Casey & Caudle，2013）。例如，青少年可能会被无安全措施的蹦极吸引，而成年人发育成熟的前额叶皮层会阻止个体，并让个体考虑冲动、危险的行为可能造成的问题。此外，研究人员还发现，青少年在做出冒险行为时，会获得基于神经的奖励——让青少年感觉良好的神经化学反应——而当有同龄人在附近时，他们尤其可能这样 70
做（Chein，Albert，O'Brien，Uckert，& Steinberg，2011）。

因此，青少年确实比年幼的儿童和成年人更有可能做出冒险行为。同样，青少年似乎也确实特别喜欢和朋友们待在一起，这些朋友会进一步增强他们的冒险倾向。然而，青少年对冒险行为的生物敏感性（biological susceptibility）仍不能表明冒险行为是不可避免的。事实上，不管调查的是轻微的冒险行为还是严重的冒险行为，流行病学数据都表明，大多数青少年均会避免非常危险的行为。美国疾病控制与预防中心每两年左右会对来自美国大多数州、城市中心区及部落社区的 10 000—15 000 名高中生进行一次全国性的调查。所有学生均匿名完成调查。调查者向这些学生保证他们的回答将受到严格保密，由此产生的数据集成了世界上最为全面的对冒险行为流行率的评估之一。

与认为“青少年不可避免会做出冒险行为”的迷思相反，美国疾病控制与预防中心发现，大多数青少年根本不参与冒险行为。2015 年，调查结果显示，吸烟的青少年所占比例不到 11%——1995 年，吸烟的青少年占 35%，自那以后，这一比例稳步下降。目前，只有 24% 的青少年吸电子烟。只有 20% 的学生报告他们正吸食大麻，5.2% 的青少年使用可卡因，5% 的青少年使用摇头丸，3% 的青少年使用冰毒，2.1% 的青少年使用海洛因。自 1995 年以来，每 4 个青少年中不超过 1 个会狂饮（binge drinking），即在几个小时内喝 5 杯或更多的酒（Centers for Disease Control and Prevention，2015）。

其他类型的冒险行为的发生率也比流行电影可能会使你相信的比率要低得多。每 3 个青少年中只有 1 个在性方面很活跃，大约 10%—15% 的青少年与 4 个或更多的人发生过性关系，不到 50% 的学生在不使用安全套的情况下发生过性关系。事实上，有充分的证据表明，大多数青少年的行为其实大大降低了风险。约 94% 的青少年报告，他们在开车时一定要系好安全带，80% 的青少年不坐酒后驾驶的司机开的车，近 60% 的青少年从未在开车时发过短信（Centers for Disease Control and Prevention，2015）。

你需要知道的

在谈论冒险行为时，相当重要的一点是把迷思与现实区分开来，因为研究表明，不管是青少年还是成年人，大多数人都倾向遵循心理学家所说的社会规范（social norms）（Prentice，2008）。不管我们意 71
识到与否，我们都会不断审视周围的环境，确定什么是正常的，并做出与我们感知到的规范相匹配的行为。在某些情况下，这种从众（conformity）的倾向没有害处。想象一下，你走进一间会议室，发现其他人都拿出笔记本电脑安静地开始工作。在我们当中的很多人看来，这意味着我们也可以这样做，而且我们确实也很有可能会拿出我们的电脑。如果没有人打开笔记本电脑，我们也不太可能打开。

不过，当涉及冒险行为时，这些社会规范可能会导致更严重甚至毁灭性的后果。这是因为很多冒险行为都难以观察到。因此，我们只能估计我们周围有多少同龄人喝酒、吸烟或在发生性行为时使用避孕套（Prentice，2008）。而大量研究表明，我们非常不善于估计他人行为的普遍性。因此，我们遵循的是一种基于错误信息的社会规范。

如果青少年认为，青少年不可避免会做出冒险行为，那么他们自己便尤其有可能做出冒险行为，因为他们有可能认为，冒险行为符合青少年“不可避免的行为”这一社会规范。或许正是出于这个原因，一些高中和大学已经采取措施，通过发布其校园中实际发生的冒险行为的数据来明确反驳这个迷思。有一所学校的海报上就写着：“83%的学生一周内喝5杯或更少的酒。”另一所学校的横幅上则写着：“一晚上喝5杯是一件多么疯狂的事……我们大多数人都认识到这一点，拒绝疯狂的聚会。恭喜你，欢迎你成为大多数中的一员。”（Prentice，2008）

青少年并不总在做冒险的事，但很多人并未认识到青少年其实与所有人一样。这很可能是因为关于青少年冒险倾向的节目在春季和其他季节的播出时间过多。

参考文献

Casey, B. J., & Caudle, K. (2013). The teenage brain: Self control. *Current Directions in Psychological Science*, *22* (2), 82–87.

Centers for Disease Control and Prevention (2015). *Youth risk behavior survey data*. Retrieved from http://www.cdc.gov/yrbs.

Chein, J., Albert, D., O'Brien, L., Uckert, K., & Steinberg, L. (2011). Peers increase adolescent risk taking by enhancing activity in the brain's reward circuitry. *Developmental Science*, *14* (2), F1–F10.

72 Fincher, D. (Director). (1999). *Fight Club* [Motion picture]. Los Angeles, CA: Fox 2000 Pictures.

Jonze, S. (2000–2007). *Jackass*. Hollywood, CA: MTV.

Prentice, D. A. (2008). Mobilizing and weakening peer influence as mechanisms for changing behavior. In M. J. Prinstein & K. A. Dodge (Eds.), *Understanding peer influence in children and adolescents*. New York, NY: Guilford Press.

Somerville, L. (2013). The teenage brain: Sensitivity to social evaluation. *Current Directions in Psychological Science*, *22* (2), 121–127.

Somerville, L. H., Jones, R. M., & Casey, B. J. (2010). A time of change: Behavioral and neural correlates of adolescent sensitivity to appetitive and aversive environmental cues. *Brain and Cognition*, *72* (1), 124–133.

迷思 18　照顾一个婴儿仿真娃娃可以减少性行为

2014 年，美国每 1 000 名女性青少年（15—17 岁）中有 11 人生育（Hamilton，Martin，Osterman，Curtin，& Matthews，2015），英国同龄女性生育的比率大约是千分之七（Office for National Statistics，2016）。尽管这些比例相当低，但如果加上所有怀孕的人数，而不仅仅是成功分娩的人数，那么这些比例将会高很多。事实上，美国“青少年冒险行为监测研究”（youth risk behavior surveillance study）（Center for Disease Control，2016）询问了高中生是否发生过性行为，高四（58%）、高三（50%）、高二（35%）甚至是高一（24%）的发生率都很高。事实上，这些学生中大约有 4% 的人表示，他们在 13 岁之前就有了第一次性经历。

考虑到报告有过性经历的青少年数量惊人，学校开始对预防青少年怀孕产生兴趣也就不足为奇了。“三年前开始‘宝贝，好好想想’课程（Baby Think It Over program）时，我们学校平均每年有 3 例怀孕事件，”一位初中教师说，“上一学年没有发生怀孕事件。”（Realityworks，2004）这位教师提到的“宝贝，好好想想”课程已改名为“仿真娃娃”课程（Realcare Baby® program），它类似另一个被称为“互动婴儿模型”（Ready-Or-Not Tot®）的竞争产品。通常情况下，这些产品都被称为“婴儿仿真娃娃”（infant simulator dolls）。

这些产品看起来与其他娃娃相似，但它们的技术水平有了很大提升。例如，当一个仿真娃娃哭的时候，里面的电脑会记录下学生尝试喂娃娃或给娃娃换尿布的行为。这些仿真娃娃还可以检测学生是否

73 太过粗暴地搬动它们（如摇晃它们），或者是否将其置于不安全的环境（如低温环境）。此外，教师还可以根据仿真娃娃的性情设定难度等级。学生通常需要连续几天照顾仿真娃娃，教师可以访问仿真娃娃保存的数据，以便给学生反馈，或许还会给学生打分。除此之外，这些仿真娃娃中通常还嵌入各种程序，包括课程（如有关婴儿护理的信息）、练习（如了解尿布的价格）等。

在学校里没有接触过婴儿仿真娃娃的学生也可以在电视上看到。在《救命下课铃》（*Saved By the Bell*，一部关于高中生活的电视剧）的某一集中，贝尔丁校长（Principle Belding）因担心青少年怀孕（teenage pregnancies）而协调了一个项目（Eberhard & Barnhart, 1996）。“不幸的是，很多与你们同龄的孩子都在生孩子，”他还补充道，“我想让你们知道为人父母需要付出多少时间，需要承担多大责任。”然后，他让他的助理斯克雷奇（Screech）用车子推了几个婴儿仿真娃娃进来。在接下来的一个星期，学生们努力照顾这些仿真娃娃。他们很快便意识到，他们还没有准备好承担起为人父母的责任。一个叫凯蒂的学生说：“经过这一周，我们都意识到我们还没有准备好做一个好家长。”其他学生也立马纷纷点头称是。

其他电视节目也有类似的描述：让青少年去照顾一些技术上不如仿真娃娃那么先进的替代品，也可以起到预防青少年怀孕的效果。例如，《汉娜·蒙塔娜》（*Hannah Montana*）中的学生照顾一个面粉袋，以找出他们可以从中学到些什么（Green, Lapiduss, & Christiansen, 2007）。同样，《南方公园》中的学生照顾易碎的鸡蛋，这样他们便可懂得负责任的父母应该怎么做（Hotz & Parker, 2005）。总而言之，媒体提供了大量此类描述：学生拥有照顾一个仿真娃娃的经历后，便能意识到照顾一个真正的婴儿是一件多么困难的事。

或许是受电视节目上播放的一些例子的影响，公众对婴儿仿真娃娃有着相当积极的印象。在我们的研究中，50%—53% 的学生认为“照顾一个婴儿仿真娃娃可以减少性行为”(Jewell & Hupp，2018)。在一项关于“父母如何看待使用仿真娃娃的课程”的研究中，90% 的被试表示，他们会建议朋友给他们正处于青春期的孩子使用婴儿仿真娃娃(Price，Robinson，Thompson，& Schmalzried，1999)。公众支持使用婴儿仿真娃娃的另一个迹象是，生产婴儿仿真娃娃的公司称，美国三分之二的学区目前都开设了“仿真娃娃”课程(Realityworks，2016)。但是，如此广泛地使用这种预防方法是否有必要呢?

已有几项关于婴儿仿真娃娃的研究，其中研究设计最优的一项已 74
发表(Brinkman et al.，2016)。澳大利亚的研究人员随机抽取了 56 所高中，其中一半学校作为预防组(prevention group)，让他们的学生学习以婴儿仿真娃娃为中心的“婴儿抚养模拟”课程(Virtual Infant Program，VIP)，另一半学校作为对照组(comparison group)，他们的学生学习标准的健康教育课程。两组都有 1 000 多名女性被试(年龄在 13—15 岁)，几年后，也就是在这些被试 20 岁时，研究者再次联系了她们。研究者发现，在后面这几年的时间里，学习过“婴儿抚养模拟”课程的预防组中有 8% 的人已经分娩，而对照组中仅有 4% 的人已经分娩。预防组的流产率(9%)也高于对照组(6%)。综上所述，这个项目中使用婴儿仿真娃娃的学生显然更有可能怀孕。

销售“仿真娃娃”课程的“Realityworks”公司迅速对这项研究作出了回应，他们试图表明他们的产品有别于研究中使用的仿真娃娃和课程(Realityworks，2016)。他们还批判了这项研究的设计。这是一个合理的做法，因为没有哪项研究是完美的。不过，他们还发布了一份《Realityworks“白皮书”》(*Realityworks White Paper*，Wang，n. d.)，他们在这份“白皮书”中列出其他声称支持使用婴儿仿真娃娃的研究。相比于澳大利亚的研究，“Realityworks”报告中提到的那些研究在方法上的缺陷要大得多（如 Barnett & Hurst，2004；Out & Lafreniere，2001；Somers & Fahlman，2001；Strachan & Gorey，1997；Tingle，2002）。这些研究中有一些是尚未发表的研究，而且这些研究很少使用随机对照组。这些研究有时确实显示出一种态度方面的变化（如对怀孕的易感性），但没有显示出研究中其他大多数方面的变化。

最重要的是，没有哪项研究表明性行为或怀孕结果的实际变化朝着支持使用婴儿仿真娃娃的方向发展。事实上，除了澳大利亚的研究表明青春期女孩如果照顾婴儿仿真娃娃则更可能怀孕，其他研究也表明照顾婴儿仿真娃娃有可能产生有害的影响。例如，在一项研究中，12% 的学生报告，他们在照顾婴儿仿真娃娃之前想在青春期就成为父母，而在照顾婴儿仿真娃娃之后，想在青春期就成为父母的青少年比例提高到 15%。因此，婴儿仿真娃娃实际上可能没有益处，反而会产生有害的影响。除了一些青少年可能会遭受潜在的伤害，这些仿真娃娃还消耗了学校很多本可以用于更为有效的课程的经费。

75 这项研究表明婴儿仿真娃娃毫无效果，很多人得知这一结果时都大吃一惊。教师和家长之所以认为仿真娃娃有用，很可能是出于这样几个原因。首先，各个公司出于销售其产品的动机，在明显没有证据支持的情况下仍声称他们的产品是循证的（evidence-based）（Wang，n. d.）。“Realityworks”公司甚至说他们的仿真娃娃是“教青少年抚养婴儿最为有效的方法”（Realityworks，2004）。这种做法是成问题的，它不仅在推广一门无效的课程，而且这种做法冲淡了循证的概念，损害了公众对科学的信任。与此相关的是，使用婴儿仿真娃娃不需要教师和家长付出太多的努力，因此仿真娃娃似乎成了解决青少年怀孕这一实际问题的好选择。因为真怀孕的青少年数量相对较少，很多父母都是根据事后归因和事后推理，从而将此归结于仿真娃娃。在这种类型的思维谬误中，人们常常仅仅因为一个事件（如照顾一个婴儿仿真娃娃）发生在另一个事件（如选择不发生性关系）之前，而认为先发生事件是引发后发生事件的原因。

人们被说服去使用婴儿仿真娃娃的另一个原因可能是，角色扮演通常是一种改变行为的有效方法。不幸的是，婴儿仿真娃娃并没有给青少年机会以角色扮演的方式获得保持禁欲所需的实际技能［如坚定（assertiveness）］，或练习更为安全的性行为（如有效地使用避孕套）。最后，婴儿仿真娃娃有可能让抚养婴儿看起来像是一件非常有趣的事情，因为当青少年抱着一个婴儿仿真娃娃在社区里走来走去时，他们可能会觉得，“有一个孩子”是一种稳妥的与他人进行积极互动的方法。此外，我们在此还需提前予以警告：青少年也许会认为养育孩子真的是一种愉快的经历！

你需要知道的

与婴儿仿真娃娃不同，综合性教育课程（comprehensive sex education programs）可以有效降低青少年性行为的发生率，提高避孕套的使用率（Bennett & Assefi, 2005）。综合性教育课程（也称“禁欲+”课程［abstinence-plus programs］）公开鼓励禁欲，但它们也教青少年一些更为安全的性行为。不过，唯禁欲性教育课程（abstinence-only programs）并不教青少年那些更为安全的性行为。2005 年，美国 76
心理学会发布了一项支持综合性教育的决议（American Psychological Association, 2005）。美国儿科学会也支持综合性教育（Breuner, Mattson, & Committee on Psychosocial Aspects of Child and Family Health, 2016）。除了减少性行为，这些组织还提到，综合性教育课程能减少性传播疾病（sexually transmitted infections, STIs）的发生。

参考文献

American Psychological Association. (2005). *Resolution in favor of empirically supported sex education and HIV prevention programs for adolescents*. Retrieved from http://www.apa.org.

Barnett, J. E., & Hurst, C. S. (2004). Do adolescents take "baby think it over" seriously? *Adolescence*, *39* (153), 65–75.

Bennett, S. E., & Assefi, N. P. (2005). School-based teenage pregnancy prevention programs: A systematic review of randomized controlled trials. *Journal of Adolescent Health*, *36* (1), 72–81.

Breuner, C. C., Mattson, G., & Committee on Psychosocial Aspects of Child and Family Health (2016). Sexuality education for children and adolescents. *Pediatrics*, *138* (2), el-e12. doi: 10.1542/peds.2016-1348.

Brinkman, S. A., Johnson, S. E., Codde, J. P., Hart, M. B., Straton, J. A., Mittinty, M. N., & Silburn, S. R. (2016). Efficacy of infant simulator programmes to prevent teenage pregnancy: A school-based cluster randomised controlled trial in Western Australia. *The Lancet*, *388* (10057), 2264–2271.

Center for Disease Control (2016). *Youth risk behavior surveillance study—United States*, *2015*. Retrieved from http://www.cdc.gov.

Eberhard, L. (Writer), & D. Barnhart (Director). (1996). Baby care [Television series episode]. In P. Engel (Executive producer), *Saved By the Bell*: *The New Class*. Universal City, CA: NBC Productions.

Green, A., Lapiduss, S. (Writers), & Christiansen, R. S. (Director). (2007). My boyfriend's Jackson and there's gonna be trouble. [Television series episode]. In S. Peterman & M. Poryes (Executive producer) . *Hannah Montana*. Studio City, CA: It's a Laugh Productions.

Hamilton, B. E., Martin, J. A., Osterman, M. J. K., Curtin, S. C., & Matthews, T. J. (2015). Births: Final data for 2014. *National Vital Statistics Reports*, *64* (12), 1–64.

Hotz, K. (Writer), & Parker, T. (Director). (2005). Follow that egg ! [Television series episode]. In T. Parker & M. Stone (Executive producers), *South Park*. Braniff Productions.

Jewell, J. D., & Hupp, S. D. A. (2018). *Prevalence of myths about adolescence* [Manuscript in preparation].

Office for National Statistics (2016). *Conceptions in England and Wales*. Retrieved from http://www.ons.gov.uk.

77 Out, J. W., & Lafreniere, K. D. (2001). Baby think it over (R): Using role-play to prevent teen pregnancy. *Adolescence*, *36* (143), 571–582.

Price, J. H., Robinson, K. L., Thompson, C., & Schmalzried, H. (1999). Rural parents' perceptions of the baby think it over program. *American Journal of Health Studies*, *15* (3), 149–155.

Realityworks (2004). *Meet your new teaching assistant*. [Print advertisement.]

Realityworks (2016). *Our response to a recent study*. Retrieved from http: //www.

realityworks.com/products/realcare-baby.
Roberts, S. W., & McCowan, R. J. (2004). The effectiveness of infant simulators. *Adolescence*, *39* (155), 475–487.
Somers, C. L., & Fahlman, M. M. (2001). Effectiveness of the "baby think it over" teen pregnancy prevention program. *Journal of School Health*, *71* (5), 188–195.
Strachan, W., & Gorey, K. M. (1997). Infant simulator lifespace intervention: Pilot investigation of an adolescent pregnancy prevention program. *Child and Adolescent Social Work Journal*, *14* (3), 171–180. doi: 10.1023/A: 1024565502423.
Tingle, L. R. (2002). Evaluation of the North Carolina "baby think it over" project. *Journal of School Health*, *72* (5), 178–183.
Wang, M. Q. (n. d.). *The Real Care baby program: Evidence of efficacy* (A Realityworks White Paper). Retrieved from http://www.realityworks.com.

迷思 19　大学入学测试不能预测学生在大学期间的学业成就

每年春天，全国大多数家庭都会上演同样的场景。高四的学生每天下午都会迫不及待地奔向邮箱（或登录邮箱），等待他们最心仪的大学招生部门的决定函（或电子邮件）。但是，在电影《橘子郡男孩》（*Orange County*）（Gains，Schroeder，& Kasdan，2002）中，当主角肖恩［Shawn，由科林·汉克斯（Colin Hanks）饰演］打开他申请的唯一一所学校的信时，这些青少年眼中的噩梦就上演了。"'我们很遗憾地通知你，你的斯坦福大学申请没有通过。'等等，什么？我没通过？我竟然没通过？我不明白这是为什么。我不明白。"另一部重点关注学术能力水平测试的重要性的电影是克里斯·埃文斯（Chris Evans）和斯嘉丽·约翰逊（Scarlett Johansson）主演的《超完美夺分》（*The Perfect Score*）（Lee & Robbins，2004）。这部电影的预告片总结了学术能力水平测试的重要性："三个小小的字母（SAT），能定义你的身份地位。它能改变你的生活，而且它会让你'压力山大'。"这部电影的整个情节围绕六个高中生展开，这六个高中生屡次试图窃取
78 学术能力水平测试的答案，但都以失败告终。类似这样的电影清楚传达了为什么家长和青少年会认为诸如美国大学入学测试和学术能力水平测试这类大学安置测试是高利害测试（high stakes testing）的代表。或许是因为这些测试具有让人倍感压力和令人焦虑的性质，因此高利害测试的总体思路遭到人们的强烈抵制。例如，2014 年，伊利诺伊州和芝加哥公立学校要求的标准化考试（standardized testing）

遭到抵制，教师和家长都支持这一抵制行动（Ahmed-Ullah & Black，2014）。与此类似，有 400 名高中生组织了一次游行，以抗议学校的标准化考试（Micucci，2013）。西雅图高中教师杰西·哈戈皮安（Jesse Hagopian）撰写的《不只是一个分数：反对高利害测试的新起义》（*More than a Score*：*The New Uprising against High Stakes Testing*）（Hagopian，2014）一书清楚概括了许多教师、家长，特别是学生对标准化测试的主要关注点。“一次考试的分数能反映一个人的学业潜能”，这个观点令我们中的大多数人都很反感。许多学生认为，大学入学测试试图以某种方式将他们简化为一个分数。他们回应说，“我不只是一个分数”。因此，这种对高利害大学入学测试的蔑视态度往往会导致类似的想法，从而削弱这类考试的有效性。正如我们所说，迷思在于：大学入学测试不能预测学生在大学期间的学业成就。考虑到这些大学入学测试的目的只有一个，即预测学生大学期间的学业成就，这确实是一个非常混账的说法。这一信念似乎也很盛行和普遍。在我们自己对大学生的调查中，绝大多数（84%）学生表示听说过这个迷思，而 78%—87% 的学生表示赞同这个迷思（Jewell & Hupp，2018）。事实上，在本书讨论的所有迷思中，这是我们的大学生样本最为赞同的一个迷思。

所以，让我们从一个相当简单的任务开始，揭穿当前所说的“大学入学测试不能预测学生在大学期间的学业成就”的迷思。如果我们孤立地考虑大学入学测试，那么很明显，它们与大学平均绩点之间确实存在相对较强的相关性。例如，肖及其同事的一项研究（Shaw，Kobrin，Patterson，& Mattern，2012）分析了美国 39 所四年制大学的数据，研究总样本有近 40 000 名学生。这项研究不仅考察了学术能力水平测试成绩与大学绩点之间的相关性，而且按专业、性别和种族分别分析了这些学生。学术能力水平测试成绩与大学二年级绩点之间的相

关系数在 0.42—0.63（具体的相关系数取决于学生的专业），平均相关
79 系数为 0.57。鉴于人们通常认为 0.5 的相关系数就是“大的”（Cohen, 1988），很明显，学术能力水平测试成绩与大学绩点之间存在很强的相关性，而且这种关系在不同的学术专业中都相当一致。在不同性别、不同种族的学生之间，这种相关性也相对一致（Shaw et al., 2012）。

在进一步讨论之前，让我们先确切地解释清楚我们相信的这个迷思到底是什么。如前所述，这个迷思是，大学入学测试基本上没什么用，因为它们不能预测学生大学期间的学业成就。虽然我们相信有关这个主题的最好研究表明大学入学测试事实上确实能够预测学生大学期间的学业成就，但我们并不一定会说它是唯一能够预测学生大学期间的学业成就的因素或最佳因素。正如我们下面将要解释的，其实有很多种因素都可以预测学生大学期间的学业成就，其中有些因素的预测效果可能比这些测试更好。

讨论到目前为止，肖的研究结果可以回答这样一个简单的问题，即大学入学测试仅凭其自身能否预测大学绩点。不过，在这个迷思之外，还有一个更为微妙的问题，即大学入学测试是不是大学绩点唯一的主要预测因素。答案是：事实上，还有一个很大的“重量级因素”可以很好地预测大学绩点，毫不奇怪，那就是学生高中时的绩点。与“预测未来行为的最好指标是过去的行为”这条公理一样，高中绩点毫无疑问也能预测大学期间的学业成就。如果我们回过头去看一下肖等人的研究（Shaw, Kobrin, Patterson, & Mattern, 2012），就会发现，他们也将高中绩点视为大学绩点的一个预测因素，并进行了研究。一个奇怪的巧合是，高中绩点与大学绩点之间的平均相关系数是 0.57——与学术能力水平测试成绩和大学绩点之间的相关系数一模一样！

因此，很明显，高中绩点和大学入学测试都能很好地预测大学绩点。但如果招生负责人看到了这两个成绩（当然，他们肯定会看到）

会怎么办呢？这两个成绩能否“带来一些有价值的”独特的东西？在大多数情况下，答案似乎是肯定的：它们都有贡献。为了回答这个问题，索耶（Sawyer，2013）对192所学院和大学进行了一次大规模研究，获得了60多万名学生的数据。这项研究最基本的结论之一是，“在大多数情况下，综合使用高中成绩和大学入学测试成绩比单独使用其中一个成绩要好”（Sawyer，2013, p.108）。布里奇曼、波拉克和伯顿（Bridgeman，Pollack，& Burton，2008）的研究则提供了另一个例子，说明如何使用这两个成绩才是最佳策略。在这项研究中，研究者以一种独特的方式审视这个问题。他们希望超越那些有时难以解释的较为复杂的统计数字，找到一种更有意义的看待这个问题的方法。为了实现这一点，他们在研究中考虑了一组独特的数据——这组数据中的高 80
中生绩点成绩非常相似，但学术能力水平测试成绩有很大差异。具体而言，他们对两组学生进行了比较。所有学生的高中绩点成绩都在3.7或以上，但一组学生的学术能力水平测试成绩相对较低，而另一组学生的学术能力水平测试成绩非常高。结果表明，学术能力水平测试成绩较低的一组学生中，只有16%的学生大学绩点达到3.5或以上，而学术能力水平测试成绩非常高的一组学生中，有73%的学生大学绩点达到3.5或以上。别忘了，在这个样本中，所有学生的高中绩点都非常高。因此，这两组学生的大学绩点的巨大差异说明，要想最准确地预测大学绩点，通常需要综合考虑高中绩点和大学入学测试成绩。

但这个迷思究竟有什么危害呢？首先，让我们来谈谈这个迷思之所以存在的根本原因。归根结底，人类讨厌别人用一个数字来“概括”自己。我们喜欢认为自己是多面的、复杂的个体（人类当然是这样）。我们通常也不愿意认为自己只是“普通人”，我们往往会高估自己在多个方面的能力。有趣的是，尽管学生认为他们的大学入学测试成绩并不能很好地代表他们的潜力，但他们在回忆时也往往会高估自己的成绩。具体来说，迈耶等人（Mayer et al.，2007）发现，近 40% 的大学生在回忆时高估了他们的学术能力水平测试成绩，而且他们的实际成绩与报告的成绩之间平均相差 25 分。此外，研究者还发现，学业成就较低的学生明显比学业成就高的学生更倾向于高估他们的学术能力水平测试成绩。

你需要知道的

接下来，回到一开始的问题——这个迷思到底有什么危害？自我决定理论（Self-Determination Theory，一种关于人类动机的主流理论）提出，我们对实现已内化为自身一部分的目标往往有更为强烈的动机（Deci & Ryan，2008）。因此，简言之，如果我们不相信考试是有效的，那么我们在考试前就不太可能学习，而且在参加考试时也没有那么强烈的动机想尽力考好。现在可以看出，这一点特别重要，因为很多研究都已发现，一个能够预测大学期间学业成就的重要因素与学术能力水平测试成绩没有多大关系。这个神奇的预测因素是一种叫作自觉性（conscientiousness）的人格特质。事实上，波罗帕特
81 （Poropat，2009）对 80 项不同研究进行的元分析发现，自觉性［包括可靠性（dependability）和追求成就的努力（achievement striving）］在预测大学绩点方面与智力一样重要。因此，如果你担心自己在学业水平测试中的表现不尽如人意，或者你的成绩没有达到自己的期望，那么，请记住，保持你的动机并“努力学习”，它和你与生俱来的能力一样重要。

参考文献

Ahmed-Ullah，N. S.，& Black，L.（2014）. *Kids caught in tug of war over ISAT*. Retrieved from http://articles.chicagotribune.com/2014-03-04/news/ct-chicago-testing-isat-met-20140303_1_isat-selective-schools-spokesman-joel-hood.

Bridgeman, B., Pollack, J., & Burton, N. (2008). Predicting grades in college courses: A comparison of multiple regression and percent succeeding approaches. *Journal of College Admission*, *199*, 19–25.

Cohen, J. (1988). *Statistical power analysis for the behavior sciences*. Hillsdale, NJ: Erlbaum.

Deci, E. L., & Ryan, R. M. (2008). Self-determination theory: A macrotheory of human motivation, development, and health. *Canadian Psychology*, *49* (3), 182–185.

Gains, H. W., & Schroeder, A. (Producers), & Kasdan, J. (Director). (2002). *Orange County* [Motion picture]. United States: Paramount Pictures.

Hagopian, J. (2014). *More than a score: The new uprising against high-stakes testing*. Chicago, IL: Haymarket Books.

Jewell, J. D., & Hupp, S. D. A. (2018). *Prevalence of myths about adolescence* [Manuscript in preparation].

Lee Jr., D. J. (Producer), & Robbins, B. (Director). (2004). *The Perfect Score* [Motion picture]. Hollywood, CA: Paramount Pictures.

Mayer, R. E., Stull, A. T., Campbell, J., Almeroth, K., Bimber, B., Chun, D., & Knight, A. (2007). Overestimation bias in self-reported SAT scores. *Educational Psychology Review*, *19* (4), 443–454.

Micucci, J. (2013). *How Garfield High defeated the MAP test*. Retrieved from http://www.seattlemag.com/article/how-garfield-high-defeated-map-test.

Poropat, A. E. (2009). A meta-analysis of the five-factor model of personality and academic performance. *Psychological Bulletin*, *135* (2), 322–338.

Sawyer, R. (2013). Beyond correlations: Usefulness of high school GPA and test scores in making college admissions decisions. *Applied Measurement in Education*, *26* (2), 89–112.

Shaw, E. J., Kobrin, J. L., Patterson, B. F., & Mattern, K. D. (2012). *The validity of the SAT® for predicting cumulative grade point average by college major.* Research Report 2012–2016. United States: College Board.

迷思 20 大学生的生活中有很多随意勾搭的现象

在 2007 年热映的电影《太坏了》(Apatow et al., 2007)中，高四学生塞斯和埃文［由乔纳·希尔（Jonah Hill）和迈克尔·塞拉（Michael Cera）饰演］抱怨自己还是处男，他们对自己的大学生活充满期待和恐惧——下面的对话概括了他们的想法：

> 埃文："嗯，你将会在大学里跟人发生性关系。每个人都这样。"
>
> 塞斯："是的，但关键是你在上大学前就要对性生活很擅长。"

这段对话向青少年和社会传达了一个非常真实的信息，那就是，在大学里，性行为很普遍、很频繁，通常也很随意。在众多以大学派对为题材的电影中，最著名的一部可能是约翰·贝鲁西（John Belushi）和凯文·培根（Kevin Bacon）主演的《动物屋》(Reitman, Simmons, & Landis, 1978)。类似的电影，如《X 计划》(Budnick et al., 2012)等，将这个观点推向全新的高度，随意发生性行为的现象比以往任何时候都更为常见。大学生自己似乎也相信这个迷思，因为在我们自己的研究样本中，有 38% 的大学生支持这个迷思（Jewell & Hupp，2018）。而新的智能手机应用（如“Tinder”“Pure”等社交应用）放大了人们认为大学生活中有很多随意勾搭现象的看法。这些应用程序可以让你与附近对“一夜情”感兴趣的其他用户取得联系，你只需向左或向右滑动附近的人的照片，就可以决定联系谁。用“Pure”网站上的话说，“这是自发的行为。找一个能点燃你火花的人，然后你们马上就能一起玩了”。

但是，“大学生经常随意与人发生性关系”这种说法的真实性有多大？据研究人员苏珊·卡伦（Susan Caron）在 2015 年出版的《大学生的性生活：25 年来的态度与行为》（*The Sex Lives of College Students：A Quarter Century of Attitudes and Behavior*）一书中所述，这种说法的真实性可能相当惊人。这本书基本上总结了作者 25 年研究的成果——该书作者收集了美国东北地区一所大学的数据。虽然这些数据在全美范围内不具代表性，但其研究结果是基于近 6 000 名大学生的数据得出的。这项研究最基本的结果之一是，87% 的研究样本报告曾有过性行为。因此，虽然我们知道多数大学生都不是处男处女，但当看到只有 13% 的大学生是处男处女（男性与女性之间没有差异）时，一些人还是会感到很吃惊。研究还发现，大学生第一次性交的平均年龄为 16—17 岁，男性失去童贞的平均年龄比女性晚几个月。就这一迷思而言，最为重要的是，这些大学生还报告了他们的性伴侣数量（不限于性交，也包括口交），研究发现，他们的性伴侣数量平均为 3—4 个。此外， 83
这个数字在过去两年半中始终保持稳定，从而打破了“今天的大学生比过去的大学生有更多性行为”的迷思（Caron，2015）。

“青少年冒险行为调查”（youth risk behavior survey）的最新数据显示，事实上，报告在 13 岁之前发生性行为的高中生比例已从 1991 年的 10.2% 下降到 2015 年的 3.9%（Centers for Disease Control and

Prevention，2017）。与此相关，报告与 4 个或更多伴侣发生过性关系的高中生比例也出现显著下降，从 1991 年的 18.7% 下降到 2015 年的 11.5%。另一个有趣的结果是，卡伦的研究中有 55% 的大学生样本认为他们的性伴侣数量比大多数同龄人少，那些实际报告平均性伴侣数量的大学生也表现出相似的趋势。这一结果证实先前提出的观点，即媒体和社会普遍将青少年和年轻人描绘成“性狂热者”。但正如本书开头提到的，这显然不是一个新观点，亚里士多德就曾写道：“年轻人有着强烈的激情，他们往往会不加选择地去获得满足。”（Aristotle，*Rhetoric Book II*，Chapter 12）此外，还有一点也值得一提，那就是任何年龄段的人都可能拥有多个不同的性伴侣，从而有活跃的性生活，如 40 岁左右的成年人中就有大约 11% 的人报告，他们在上一年有过 2 个或更多的性伴侣（Johnston et al.，2016）。

参考文献

Apatow，J.，Goldberg，E.，Robertson，S.，Rogen，S.，& Weintraub，D.（Producers），& Mottola，G.（Director）.（2007）. *Superbad*［Motion picture］. Hollywood，CA：Sony Pictures.

Budnick，S.，Ewing，M. P.，Heineman，A.，Phillips，T.，Richards，S.，Rona，A.，... Nourizadeh，N.（Director）.（2012）. *Project X*［Motion picture］. Hollywood，CA：Warner Bros.

Caron，S. L.（2015）. *The sex lives of college students：A quarter century of attitudes and behaviors.* Orono，ME：Maine College Press.

Centers for Disease Control and Prevention（2017）. *Trends in the prevalence of sexual behaviors and HIV testing National YRBS：1991–2015.* Retrieved from https：//www.cdc.gov/healthyyouth/data/yrbs/pdf/trends/2015_us_sexual_trend_yrbs. pdf.

Jewell，J. D.，& Hupp，S. D. A.（2018）. *Prevalence of myths about adolescence*［Manuscript in preparation］.

Johnston，L. D.，O'Malley，P. M.，Bachman，J. G.，Schulenberg，J. E.，Patrick，M. E.，& Miech，R. A.（2016）. *HIV/AIDS risk and protective behaviors among adults ages 21 to 40 in the U.S.：2004–2015.* Ann Arbor（MI）：Institute for Social Research，University of Michigan，for National Institute on Drug Abuse National Institutes of Health.

Reitman，I.，Simmons，M.（Producers），& Landis，J.（Director）.（1978）. *Animal House*［Motion picture］. Hollywood，CA：Universal Studios.

迷思 21　教青少年避孕方法会让他们更有可能发生性行为

有些人之所以担心教青少年避孕方法会让他们更有可能发生性行为，或许是因为认为青少年因此便摆脱了怀孕或性传播疾病的困扰。不过，一项涉及 1 719 名青少年的研究提供了一些证据，证明这种观点是一个迷思（Kohler，Manhart，& Lafferty，2008）。在这项研究中，研究者将青少年分成三组：接受综合性教育组，接受唯禁欲性教育组，不接受性教育组。特别值得一提的是，接受综合性教育组的青少年受到教导，了解到禁欲是预防怀孕和性传播疾病最安全的方法，但同时他们也在教师的教导下学会使用避孕套等避孕方法。结果发现，与其他两组相比，接受综合性教育的青少年随后进行阴道性交的可能性更小——这个发现直接反驳了这一迷思。与其他两组相比，接受综合性教育的青少年在青春期怀孕的可能性也更低。这项研究的一个主要局限在于，它没有进行随机分配（要想得出符合因果关系的结论，研究者通常需要进行随机分配）。不过，有一篇综述回顾总结了 13 项采用随机分配的研究，发现了相似的结果（Bennett & Assefi，2005）。而且，这 13 项研究中，有 8 项询问了青少年过去三个月的性行为频率。这 8 项研究中有 5 项发现，接受综合性教育的青少年发生性行为的频率低于另外两组（研究表明，另外两组的结果没有差异）。简而言之，这篇综述得出的结论是，综合性教育与过早发生性行为或性行为频率增加无关。这样的研究最终促使美国心理学会发布一项决议，明确指出，“讨论如何恰当使用避孕套的综合性教育课程并不会加快性行为的出现……”（American Psychological Association，2005）总之，综合性教育对许多青少年来说是有效的方法，它不会提高青少年发生性行为的可能性。

85 参考文献

American Psychological Association（2005）. *Resolution in favor of empirically supported sex education and HIV prevention programs for adolescents*. Retrieved from http://www.apa.org.

Bennett，S. E.，& Assefi，N. P.（2005）. School-based teenage pregnancy prevention programs：A systematic review of randomized controlled trials. *Journal of Adolescent Health*，*36*（1），72–81.

Kohler，P. K.，Manhart，L. E.，& Lafferty，W. E.（2008）. Abstinence-only and comprehensive sex education and the initiation of sexual activity and teen pregnancy. *Journal of Adolescent Health*，*42*（4），344–351.

迷思 22 唯禁欲性教育可以有效地使青少年保持禁欲

有许多调查综合性教育的研究也调查了唯禁欲性教育。唯禁欲性教育主要强调为什么要对性说“不”，以及如何对性说“不”。如果提到避孕方法，那也是为了强调一点，即避孕方法不能保证完全有效。在同一项研究中，研究者发现，综合性教育比“不提供性教育”和唯禁欲性教育都更有效，研究结果还表明，唯禁欲性教育并不比“完全不提供性教育”更有效（Kohler, Manhart, & Lafferty, 2008）。一篇对唯禁欲性教育研究的综述表明，在报告的研究中，没有哪项研究表明唯禁欲性教育能有效降低青少年发生性行为的频率（Bennett & Assefi, 2005）。此外，美国心理学会支持循证性教育的决议指出，“已发表的与唯禁欲性教育课程相关的研究……未发现性行为的减少”，决议还指出，“研究已证明，保持童贞的承诺、唯禁欲性教育课程和婚前禁欲课程都产生了意料之外的后果，提高了青少年初次性交时发生无保护性交的可能性”（American Psychological Association, 2005）。因此，唯禁欲性教育不仅无效，而且可能是有害的。

参考文献 86

American Psychological Association（2005）. *Resolution in favor of empirically supported sex education and HIV prevention programs for adolescents*. Retrieved from http://www.apa.org.

Bennett, S. E., & Assefi, N. P.（2005）. School-based teenage pregnancy prevention programs: A systematic review of randomized controlled trials. *Journal of*

Adolescent Health, *36* (1), 72–81.

Kohler, P. K., Manhart, L. E., & Lafferty, W. E. (2008). Abstinence-only and comprehensive sex education and the initiation of sexual activity and teen pregnancy. *Journal of Adolescent Health*, *42* (4), 344–351.

迷思 23 HPV 疫苗增加了青少年性行为

人乳头瘤病毒（human papillomavirus，HPV）是宫颈癌的主要致病因素，美国疾病控制与预防中心建议十一二岁的男孩和女孩都接种 HPV 疫苗（Center for Disease Control，n. d.-a）。这种疫苗是为数不多的能有效预防癌症的方法之一。一些家长不让孩子接种这种疫苗，因为他们担心，如果孩子知道自己感染人乳头瘤病毒的风险较低，那么他们发生性行为的可能性就会提高。同样，一项大规模的全国调查显示，61% 的儿科医生表示，“青少年的父母担心接种预防性传播感染疾病的疫苗可能会导致青少年更有可能做出危险性行为”，甚至 11% 的儿科医生也有此类担心（Daley et al.，2006）。不过，一些研究表明，儿童一旦接种这种疫苗，发生性行为的可能性就会降低。例如，一项长达 3 年的追踪研究比较了 493 名接种过疫苗的女孩的性行为客观指标与 905 名未接种过 HPV 疫苗的女孩的性行为客观指标（Bednarczyk，Davis，Ault，Orenstein，& Omer，2012）。性行为客观指标包括怀孕和性传播疾病感染。结果发现，两组女孩的性行为发生率都很低（不到 1%）。其他研究也表明，接种过疫苗的青少年，其性行为增加的可能性并不比未接种疫苗的青少年大（Mayhew et al.，2014；Mullins et al.，2018）。类似这样的研究已让美国疾病控制与预防中心发表声明称，“HPV 疫苗接种与性行为的发生、危险性行为的发生，以及对性传播疾病的认知均无关”（Center for Disease Control，n. d.-b）。

87 ## 参考文献

Bednarczyk, R. A., Davis, R., Ault, K., Orenstein, W., & Omer, S. B. (2012). Sexual activity-related outcomes after human papillomavirus vaccination of 11-to 12-year-olds. *Pediatrics*, *130* (5), 798–805.

Center for Disease Control. (n. d.-a). *HPV vaccine recommendations*. Retrieved from http://www.cdc.gov.

Center for Disease Control. (n. d.-b). *Human papillomavirus (HPV) infection*. Retrieved from http://www.cdc.gov.

Daley, M. F., Liddon, N., Crane, L. A., Beaty, B. L., Barrow, J., Babbel, C., ... Berman, S. (2006). A national survey of pediatrician knowledge and attitudes regarding human papillomavirus vaccination. *Pediatrics*, *118* (6), 2280–2289.

Mayhew, A., Mullins, T. L. K., Ding, L., Rosenthal, S. L., Zimet, G. D., Morrow, C., & Kahn, J. A. (2014). Risk perceptions and subsequent sexual behaviors after HPV vaccination in adolescents. *Pediatrics*, *133* (3), 404–411.

Mullins, T. L. K., Rosenthal, S. L., Zimet, G. D., Ding, L., Morrow, C., Huang, B., & Kahn, J. A. (2018). Human papillomavirus vaccine-related risk perceptions do not predict sexual initiation among young women over 30 months following vaccination. *Journal of Adolescent Health*, *62* (2), 164–169.

迷思 24 千禧一代是懒惰的一代

人们通常将1982—2004年间出生的孩子称为“千禧一代”（millennial generation），据说这个时期的父母更关注自己的育儿行为（Horovitz，2012）。一些人担心，“每一个孩子都能赢得奖赏”（every child wins a prize）这一转变后的育儿观念已经让千禧一代成了“自以为是、自恋且懒惰的”一代（Cleary，2017）。除此之外，电视节目《幸存者》（*Survivor*）的粉丝还会认识到，在“老少对决”（Millennials vs. Gen X）这一季中，老一代的参与者对新一代的参与者有成见，认为千禧一代确实是懒惰的一代（Parsons，Burnett，& Probst，2016）。这样的描述对目前占美国人口最大比例的一代人来说公平吗？皮尤研究中心收集了一代又一代人的数据，揭示了这个问题的答案。这些数据表明，千禧一代获得大学本科学位的可能性（40%）高于老一代（32%），而千禧一代女性与老一代女性之间的差异甚至更大（Graf，2017）。另一项研究未发现职业道德（work ethic）方面的代际差异（Zabel，Biermeier-Hanson，Baltes，Early，& Shepard，2017）。不过，皮尤研究中心的数据很可能为这个迷思增加了一丝可信度。也就是说，皮尤研究中心的数据显示，相比于老一代（10%）和之前的几代，千禧一代更可能住在家里（15%）（Fry，2017）。但这一点很难证 88
明整个千禧一代都是懒惰的一代，事实上，这或许与他们的大学毕业率的提升有关。事实上，据报告，学生贷款债务的上升是千禧一代选择住在父母家的地下室而不是自己买房的最大原因之一（Nasiripour，2017）。顺便说一下，《幸存者》中，在岛上生存时间最长的最后三位参赛者里有两位是千禧一代。你得自己去看看最后的赢家到底是谁。

参考文献

Cleary, B. (2017). *Millennials are entitled, narcissistic and lazy—but it's not their fault: Expert claims "every child wins a prize" and social media has left Gen Y unable to deal with the real world*. Retrieved from http://www.dailymail.co.uk.

Fry, R. (2017). *It's becoming more common for young adults to live at home—and for longer stretches*. Retrieved from http://www.pewresearch.org.

Graf, N. (2017). *Today's young workers are more likely than ever to have a bachelor's degree*. Retrieved from http://www.pewresearch.org.

Horovitz, B. (2012). *After Gen X, Millennials, what should next generation be?* Retrieved from http://usatoday30.usatoday.com.

Nasiripour, S. (2017, July 17). *Student debt is a major reason millennials aren't buying homes*. Bloomberg. Retrieved from https://www.bloomberg.com/news/articles/2017-07-17/student-debt-is-hurting-millennial-homeownership.

Parsons, C., Burnett, M., & Probst, J. (Executive Producers). (2016). *Survivor: Millennials vs. Gen X* [Television series]. Beverly Hills, CA: MGM Television.

Zabel, K. L., Biermeier-Hanson, B. B., Baltes, B. B., Early, B. J., & Shepard, A. (2017). Generational differences in work ethic: Fact or fiction? *Journal of Business and Psychology*, *32* (3), 301–315.

迷思 25　高中橄榄球运动员比拉拉队队员更有可能受重伤

我们只要看一看媒体节目，就可以了解社会对橄榄球运动员和拉拉队队员的不同看法。一些以橄榄球运动员为主题的知名电影的片名，如《重振雄风》(*The Gridiron Gang*)、《最长的一码》(*The Longest Yard*)等，就说明了橄榄球运动员的坚韧和勇敢。在2015年上映的电影《震荡效应》(*Concussion*)(Landesman，2015)中，这种运动的暴力性和受伤的可能性是情节的核心。最激动人心的一幕发生在电影《震荡效应》中，班奈特·奥玛鲁医生[Dr. Bennet Ormalu，威尔·史密斯(Will Smith)饰演]在讨论国家橄榄球联盟掩盖球员脑震荡的行为时，向匹兹堡钢人队(Pittsburgh Steelers team)的神经外科医生约瑟夫·马隆[Dr. Joseph Maroon，艾利斯·霍华德(Arliss Howard)饰演]喊出电影的口号“说出真相!”(Tell the truth!)。相比之下，拉拉队队员主 89
题的知名电影则通常是喜剧，很少展现运动中的危险，常常把拉拉队队员描绘成自我中心、自私自利且通常十分性感的形象。例如，在拉拉队体裁的电影《美少女拉拉队》(*Bring It On*)(Reed，2000)的一个梦境片段中，拉拉队队员唱着关于她们自己的歌：“我性感，我可爱，我很受欢迎；我邪恶，我头发飘逸，男孩子们都喜欢盯着……恨我们，因为我们很漂亮，哼，我们也不喜欢你，我们是拉拉队队员。”

但是，拉拉队运动的真相及其有可能导致的损伤或许令人震惊。国家灾难性运动损伤研究中心(National Center for Catastrophic Sports Injury Research)对高中和大学体育运动中发生的严重损伤进行了一次最为全面的研究（Kucera，Yau，Thomas，Wolff，& Cantu，2015）。这份报告收集了 1982 年至 2014 年与各种运动有关的严重损伤、非致命性致残损伤和死亡的数据。报告指出，如果考虑灾难性损伤的绝对人数，那么，高中橄榄球运动员受伤的人数肯定更多，1982 年至 2014 年间，有 1 086 名运动员受伤，而高中拉拉队女队员中只有 74 人受伤。不过，有一点很重要，那就是，橄榄球运动员的人数比拉拉队队员要多得多（前者大约是后者的 12 倍之多；Mueller & Cantu，2011），因此要计算风险，我们需要关注受伤的比率（即受伤的概率是多少），而不仅仅是关注受伤的绝对人数。研究人员发现，每 10 万名高中拉拉队女队员中有 4.2 人遭受灾难性损伤，每 10 万名高中橄榄球运动员中有 3.4 人遭受灾难性损伤（参见 Kucera et al.，2015，figure 2）——这个发现很可能会令许多人大吃一惊。拉拉队队员的损伤很大可能是特技表演造成的，如搭人肉金字塔，被抛到空中，从高处跳下等。因此，尽管拉拉队队员可能“很受欢迎”，但拉拉队表演实际上是一项相当危险的运动。

参考文献

Kucera，K. L.，Yau，R.，Thomas，L. C.，Wolff，C.，& Cantu，R.（2015）. *Catastrophic Sports Injury Research 32nd Annual Report Fall 1982 Spring 2014*. Retrieved from https：//nccsir.unc.edu/files/2013/10/NCCSIR-32nd-Annual-All-Sport-Report-1982_2014. pdf.

Landesman，P.（2015）. *Concussion.* [Motion picture]. Hollywood，CA：Sony Pictures Entertainment.

90 Mueller，F. O.，& Cantu，R.（2011）. *Catastrophic Sports Injury Research 29th Annual Report Fall 1982 Spring 2011*. Retrieved from http：//nccsir.unc.edu/files/2014/05/2011Allsport. pdf.

Reed，P.（2000）. *Bring It On* [Motion picture]. Hollywood，CA：Beacon Communications.

迷思 26 罪犯利用互联网对青少年实施性侵犯时会隐藏其性兴趣

研究人员与执法机构联系，收集了试图利用互联网与青少年发生性关系者的信息。研究者在一项研究中发现，99% 的罪犯是男性，而且 99% 的罪犯年龄超过 18 岁（Wolak，Finkelhor，& Mitchell，2004）。这项研究还显示，90% 的受害者年龄为 13—16 岁，75% 的受害者是女性。虽然这些统计数字让人不安，但并不会令人吃惊。不过，对那些认为大多数对青少年实施性侵犯的成年人在网络互动中会隐藏其性兴趣的人来说，该研究中的一项统计数据可能会令他们更为吃惊。也就是说，该研究发现，这些成年人仅在 26% 的时间里隐藏其性兴趣。其他研究也表明，成年人的性意图往往是公开的。例如，他们常常会发送或索要色情图片（Wolak & Finkelhor，2013）。性侵者确实会在年龄和外貌方面欺骗青少年，但认为他们通常会隐藏其性兴趣的看法是媒体经常宣传的一个迷思（Wolak，Finkelhor，Mitchell，& Ybarra，2008）。总之，研究性犯罪者的行为对网络犯罪预防工作的开展具有重要意义。

参考文献

Wolak，J.，& Finkelhor，D.（2013）. Are crimes by online predators different from crimes by sex offenders who know youth in-person? *Journal of Adolescent Health*，*53*（6），736–741.

Wolak，J.，Finkelhor，D.，& Mitchell，K.（2004）. Internet-initiated sex crimes against minors：Implications for prevention based on findings from a national study. *Journal of Adolescent Health*，*35*（5），11–20.

Wolak，J.，Finkelhor，D.，Mitchell，K. J.，& Ybarra，M. L.（2008）. Online "predators" and their victims：Myths，realities，and implications for prevention and treatment. *American Psychologist*，*63*（2），111–128.

91 # 迷思 27　性取向转化疗法可以有效地将同性恋青少年转变为异性恋青少年

《纽约时报》(*New York Times*)上的一篇文章讲述了罗伯特·L. 斯皮策医生(Dr. Robert L. Spitzer，在许多人眼中，他是精神病学领域最有影响的人物之一)的有趣故事(Carey，2012)。在许多被确定为 LGBT(“lesbian，gay，bisexual，or transgender”的首字母缩写，即女同性恋者、男同性恋者、双性恋者或跨性别者)的人看来，斯皮策是对抗其对手，如查尔斯·W. 索卡利德斯医生(Dr. Charles W. Socarides)等的英雄。斯皮策协助领导了一场运动，从而在 20 世纪 70 年代《精神障碍诊断与统计手册(第二版)》(*Diagnostic and Statistical Manual of Mental Disorders*，DSM-II)(American Psychiatric Association，1968)重印时，删除了其中的“同性恋”诊断。虽然斯皮策一方最终赢得了论战的胜利，但索卡利德斯一方迫使美国精神病学会接受了“性取向困扰”(sexual orientation disturbance)这一折中的诊断。这一诊断仅适用于那些经历过与同性恋有关的重大痛苦的个体。尽管这依然是一个有争议的诊断，但相比于它取代的诊断，“性取向困扰”不那么令人觉得耻辱，而且这一改变帮助斯皮策升任特别工作组负责人，该工作组编制了新一版的手册，即《精神障碍诊断与统计手册(第三版)》，出版于 1980 年(American Psychiatric Association，1980)。新一版手册在表面上把“性取向困扰”的名称改为“自我认同困难的同性恋”(ego-dystonic homosexuality，即表现出来的取向与理想取向不匹配)。争议一直持续到 1987 年修订手册

（American Psychiatric Association，1987）才最终将其完全删去。

斯皮策的对手索卡利德斯也继续发挥着影响力，成立了一个名为“同性恋研究及治疗全国协会”（National Association for Research and Therapy of Homosexuality，NARTH）的组织，推广一种旨在帮助同性恋个体转变为异性恋的治疗方法——修复疗法（reparative therapy）[又称“性取向转化疗法”（conversion therapy）]（Carey，2012；Nicolosi，1991）。修复疗法植根于精神分析，在治疗过程中将咨询（既可以是个体咨询，也可以是团体咨询）、祈祷等结合在一起使用。研究者还尝试了其他更具侵入性的“改变性取向”（sexual reorientation）的技术，如重建手淫条件反射（masturbatory reconditioning，如对着异性照片手淫）、休克疗法（shock therapy）等（Cramer，Golom，LoPresto，& Kirkley，2008；Serovich et al.，2008）。

受修复疗法的积极个案报告和对手论点的影响，斯皮策进行了一项研究，以确定修复疗法是否真的有效。他对 200 名报告接受修复疗法后自身感觉和行为方面的异性恋取向都有所增强的被试进行了访谈（Spitzer，2003）。这项研究很快就遭到批评，因为它仅仅以自我报告
为基础，而且忽略了良好研究设计的关键方面。不过，斯皮策的名字 92
有助于让这种治疗方法合理化。

有一个研究团队综述了修复疗法的已有研究（Cramer et al.，2008）。这些研究者提出以下几点：（1）修复疗法虽然已经使用几十年，但对这种疗法的研究少之又少；（2）现存的研究都是回顾性的，研究设计薄弱；（3）现存研究都是仅仅依靠自我报告的轶事研究。更为糟糕的是，许多接受修复疗法的被试表示，这种疗法给他们带来了伤害。例如，被试通常将抑郁症和自杀意念的增加归因于这种疗法（Shidlo & Schroeder，2002）。

综上所述，这项有问题的研究使得“事实真相联盟”（Just the

Facts Coalition）发布了一份文件，指出旨在改变性取向的治疗方法“有严重伤害年轻人的潜在危险，因为它们将女同性恋者、男同性恋者和双性恋者的性取向视为一种精神疾病或精神障碍，而且它们常常认为个体无法改变其性取向的表现是一种个人的和道德上的失败”（American Psychological Association，2008，p.5）。这份文件已经得到13个重要组织的认可，包括美国心理学会、全国学校心理学家协会（National Association of School Psychologists）、美国儿科学会、多信仰联盟基金会（Interfaith Alliance Foundation）等。此外，美国一些州和其他国家的一些地区现已禁止使用修复疗法。

斯皮策因之前有关修复疗法的正面报告而发表了一份道歉信——他之所以这么做，部分原因在于有一个人报告了因青少年时期接受这种疗法而遭遇的种种负面结果（Arana，2012）。斯皮策在道歉信中说：

> 我觉得我应该为我们的研究向同性恋群体道歉，因为我们的研究提出了一些未经证实的有关修复疗法疗效的观点。我还要向那些浪费了时间和精力去接受某种形式的治疗或修复疗法的同性恋者道歉，因为他们相信我已证明修复疗法可以有效地治疗一些“动机水平高的”个体。（Spitzer，2012，p.757）

我们很少看到一个研究者会作出如此诚恳的道歉，这表明心理学正朝着循证的方向发展。即便如此，美国和其他国家仍在使用修复疗法。最后一点，我们可以将同性恋诊断的演变和当前版本的《精神障碍诊断与统计手册（第五版）》（American Psychiatric Association，2013）中“性别焦虑”（gender dysphoria）的诊断作一比较。与《精神障碍诊断与统计手册（第三版）》中“自我认同困难的同性恋”的
93 诊断一样，“性别焦虑”的诊断也只适用于那些经历过痛苦的年轻人。

"性别焦虑"以前称为"性别认同障碍"(gender identity disorder),指青少年因与生俱来的性别与其当前体验到的性别不一致而产生的痛苦。"性别焦虑"是否会像"自我认同困难的同性恋"那样最终从《精神障碍诊断与统计手册》中消失呢?只有时间能回答这个问题。

参考文献

American Psychiatric Association (1968). *Diagnostic and statistical manual of mental disorders: DSM-II.* Washington, DC: Author.

American Psychiatric Association (1980). *Diagnostic and statistical manual of mental disorders: DSM-III.* Washington, DC: Author.

American Psychiatric Association (1987). *Diagnostic and statistical manual of mental disorders: DSM-III-R.* Washington, DC: Author.

American Psychiatric Association (2013). *Diagnostic and statistical manual of mental disorders: DSM-5.* Washington, DC: Author.

American Psychological Association (2008). *Just the facts about sexual orientation and youth: A primer for principals, educators, and school personnel.* Retrieved from http://www.apa.org.

Arana, G. (2012). *My so-called ex-gay life: A deep look at the fringe movement that just lost its only shred of scientific support.* Retrieved from http://www.prospect.org.

Carey, B. (2012). *Psychiatry giant sorry for backing gay "cure"* . Retrieved from http://www.newyorktimes.com.

Cramer, R. J., Golom, F. D., LoPresto, C. T., & Kirkley, S. M. (2008). Weighing the evidence: Empirical assessment and ethical implications of conversion therapy. *Ethics and Behavior*, *18* (1), 93–114. doi: 10.1080/10508420701713014.

Nicolosi, J. (1991). *Reparative therapy of male homosexuality: A new clinical approach.* Lanham, MD: Jason Aronson.

Serovich, J. M., Craft, S. M., Toviessi, P., Gangamma, R., McDowell, T., & Grafsky, E. L. (2008). A systematic review of the research base on sexual reorientation therapies. *Journal of Marital and Family Therapy*, *34* (2), 227–238. doi: 10.1111/j.1752-0606.2008.00065.x.

Shidlo, A., & Schroeder, M. (2002). Changing sexual orientation: A consumers' report. *Professional Psychology: Research and Practice*, *33* (3), 249–259. doi: 10.1037/0735-7028.33.3.249.

Spitzer, R. L. (2003). Can some gay men and lesbians change their sexual orientation? 200 participants reporting a change from homosexual to heterosexual orientation. *Archives of Sexual Behavior*, *32* (5), 403–417. doi: 10.1023/A: 1025647527010.

Spitzer, R. L. (2012). Spitzer reassesses his 2003 study of reparative therapy of 94
homosexuality. *Archives of Sexual Behavior*, *41* (4), 757. doi: 10.1007/s10508-012-9966-y.

迷思 28　青少年常常会低估冒险行为的后果，而成年人不会

研究者已对“青少年大脑”进行了大量研究，本书中的许多迷思描述的正是其中的一些。从本质上讲，青少年的大脑似乎要到 20 岁出头，甚至是 25 岁左右才发育成熟，这就意味着青少年上高中时，他们的大脑还未发育完全。这个发现使得一些研究者得出结论，青少年做出冒险行为的比例之所以更高，是因为他们的大脑还未发育完全。不过，如果认为青少年常常会低估冒险行为的后果，从而做出冒险行为，而成年人不会，那就不准确了。不幸的是，我们自己的研究表明，我们研究样本中的大多数大学生（54%—63%）确实相信这个迷思（Jewell & Hupp，2018）。

虽然青少年做出冒险行为的比例确实高于成年人，但当发现其他年龄段的成年人做出冒险行为的比例几乎与青少年相同时，许多成年人可能会感到非常吃惊。例如，2008 年，国家公路交通安全管理局（National Highway Traffic Safety Administration，NHTSA）报告了美国司机醉酒驾驶导致致命交通事故的当事人年龄（Pickrell，Li，& KC，2016）。他们发现，在这些司机中，16—20 岁的占 16%，21—24 岁的占 28%，25—34 岁的占 27%，35—44 岁的占 23%。由此看来，拥有完全成熟的大脑并不能使个体免于不负责任的行为，因为在这些因醉酒驾驶而导致的致命车祸中，有一半是 25—44 岁的人所为。同样，国家公路交通安全管理局对开车时使用手机的情况进行了研究，发现开车时使用手机会显著提高车祸发生的风险（Pickrell et al.，

2016）。研究观察到，虽然16—24岁的群体中有4.6%的人使用手机，但25—69岁的群体中有同样行为的人也有4.0%。毒品的使用也有一些有趣的趋势。例如，美国疾病控制与预防中心2014年发现，7.4%的青少年（12—17岁）和19.6%的大学生（18—25岁）在最近一个月吸食过大麻（Azofeifa et al.，2016）。但同一份报告也发现，年龄在
35—44岁的成年人中有8%在最近一个月也吸食过大麻。《华盛顿邮 95
报》（*Washington Post*）就这一发现发表了头条新闻《中年父母比他们十几岁的孩子更有可能吸食大麻》（Ingraham，2016）。虽然“成年人的行为总是比青少年更负责任”的迷思依然存在，但你可以看到，基于一些媒体的例子，有关这个主题的真相可能会变得越来越为人所知。例如，2016年上映的电影《坏妈妈》（*Bad Moms*）聚焦于三位中年母亲的故事，她们一心想打破人们对完美妈妈的刻板印象（Lucas & Moore，2016）。因此，成年人虽然可能拥有一个完全发育的大脑，但他们有时候也会做出一些与平时不太一样的行为。

参考文献

Azofeifa，A.，Mattson，M. E.，Schauer，G.，McAfee，T.，Grant，A.，& Lyerla，R.（2016，December）. National estimates of marijuana use and related indicators—National survey on drug use and national center for statistics and analysis. Alcohol impaired driving：2015 data. *Traffic Safety Facts. DOT HS 812 350*. Washington，DC：National Highway Traffic Safety Administration.

Ingraham，C.（2016，September）. Middle-aged parents are now more likely to smoke weed than their teenage kids. Washington Post，Retrieved from https：//www.washingtonpost.com/news/wonk/wp/2016/09/02/middle-aged-parents-are-now-more-likely-to-smoke-weed-than-their-teenaged-kids/?utmterm=.2796e78ac918.

Jewell，J. D.，& Hupp，S. D. A.（2018）. *Prevalence of myths about adolescence* [Manuscript in preparation].

Lucas，J.，& Moore，S.（Directors & Writers）.（2016）. *Bad Moms* [Motion picture on DVD]. Hollywood，CA：STX Entertainment.

Pickrell，T. M.，Li，R.，& KC，S.（2016，September）. Driver electronic device use in 2015. *Traffic Safety Facts Research Note* [Report No.DOT HS 812 326]. Washington，DC：National Highway Traffic Safety Administration.

MYTHS

第三章

社会环境*

迷思 29　高质量的陪伴可以弥补陪伴时间少的缺陷

迷思 30　要想成功地从青春期过渡到成年期，青少年需要先脱离父母

迷思 31　受欢迎的青少年通常很刁蛮

迷思 32　同伴压力只会导致青少年作出错误的决定

迷思 33　男孩子只用棍棒和石头伤害他人，女孩子则用言语

社会环境的小迷思

迷思 34　大多数青少年与父母关系紧张

迷思 35　询问青少年是否有过自杀的想法往往会“播下种子”，使他们更有可能真的尝试自杀

迷思 36　青少年只听同伴的

迷思 37　性侵女孩的通常是陌生人

迷思 38　大部分大学生在 4 年内毕业

迷思 39　大学是一生中最快乐的时光

* *Great Myths of Adolescence*, First Edition. Jeremy D. Jewell, Michael I. Axelrod, Mitchell J. Prinstein, and Stephen Hupp.

迷思 29　高质量的陪伴可以弥补陪伴时间少的缺陷

弗兰基·赫克（Frankie Heck）是美国 ABC 电视台节目《左右不逢源》（该节目讲述了美国中部一个中产家庭发生的故事）中三个孩子的母亲，她希望开学前家人能在一起度过一段高质量的时光。赫克一家人在夏天都各忙各的——艾克索（Axl）是镇上一名颇为专横的
97 游泳池救生员，休（Sue）逛商场，布瑞克（Brick）则沉浸在图书馆志愿者工作中。赫克一家唯一能负担得起的高质量时光是露营，结果却成了一场灾难：睡袋忘在了家里，兄弟姐妹打架，还有一只熊入侵了营地。不过，这家人之间的关系最后变得越来越亲密，而且“高质量的陪伴可以弥补陪伴时间少的缺陷”这个迷思也变得越来越流行。事实上，我们自己的研究样本中也有 62%—69% 的大学生认可这个迷思（Jewell & Hupp，2018）。

父母与孩子之间的高质量时间（quality time）这一概念可能诞生于 20 世纪 70 年代，当时，双职工家庭的数量越来越多，很多父母产生了一种集体内疚感（collective guilt）（Kropp，2001）。1977 年，《商业周刊》（*Business Week*）上一篇题为《当母亲也是管理者》（*When Mothers are also Managers*）的文章指出，母亲在与子女的关系中强调陪伴的质量而非数量的趋势虽小，但这一趋势正在不断加强（The Corporate Woman，1977）。在这篇文章中，“上班族妈妈”（working mothers）一词回应了几十年以来“上班族爸爸”（working fathers）的说法，上班族妈妈认为，高质量陪伴孩子比陪伴孩子的总时长更重要。不过，关于该主题的研究并不支持这样一种观点，即父母在与孩

子互动时，陪伴的质量比数量更重要。例如，研究发现，父母的陪伴数量本身就是保护青少年免于抑郁症的一个因素（Desha，Micholson，& Ziviani，2011），是保护青春期女孩免于酗酒的一个因素（Dickson，Laursen，Stattin，& Kerr，2015）。研究还发现，家人在一起吃晚餐的频率越高，青少年做出高风险行为的次数就越少（Fulkerson et al.，2005）。

不过，研究也表明，父母与孩子相处时的陪伴质量也很重要。一项对 800 名青少年的纵向研究发现，父母与青少年相处时的参与时间（engaged time）越多，青少年的行为问题越少，如吸毒、犯罪行为等（Milkie，Nomaguchi，& Denny，2015）。在这项研究中，“参与时间”（高质量时间的一个指标）指的是父母关注青少年的时间总量。参与时间不同于“可获得的时间”（accessible time），也不同于父母花在青少年身上但没有直接参与其活动的时间量。这种区分很重要，因为学者在文献中也试图将时间的质量与时间的数量区别开来（Snyder，2007）。不过，这两个概念通常很难区分，我们最好将时间的质量与时间的数量这两个概念界定为相互联系的。时间的质量取决于父母陪伴孩子的时间数量。此外，研究表明，孩子“既需要父母陪伴的聚焦时间（focused time），也需要父母陪伴的消磨时间（hang-around time）”（Galinsky，1999，p.92）。

你需要知道的 98

对父母来说，重要的是要知道，一些高质量时间并不足以替代陪伴时间的数量，父母陪伴孩子的时间质量和数量是建立牢固亲子关系（parent-adolescent relationship）的基础。青春期是青少年将要面临许多与建立同一性、社交网络、未来学业和职业规划有关的压力的时期。青少年需要父母定期陪伴他们，并表现出对他们生活的兴趣。有关如何与青少年建立积极关系的更多信息，可浏览美国国立卫生研究院（U.S. National Institutes of Health）的网站。

参考文献

Desha, L. N., Nicholson, J. M., & Ziviani, J. M. (2011). Adolescent depression and time spent with parents and siblings. *Social Indicators Research*, *101*, 233–238.

Dickson, D. J., Laursen, B., Stattin, H., & Kerr, M. (2015). *Pediatrics*, *136*, 617–624.

Fulkerson, J. A., Story, M., Mellin, A., Leffert, N., Neumark-Sztainer, D., & French, S. A. (2005). Family dinner meal frequency and adolescent development: Relationships with developmental asserts and high-risk behaviors. *Journal of Adolescent Health*, *39*, 337–345.

Galinsky, E. (1999). *Ask the children*. New York, NY: William Morrow.

Jewell, J. D., & Hupp, S. D. A. (2018). *Prevalence of myths about adolescence* [Manuscript in preparation].

Kropp, P. (2001). *I'll be the parent, you be the child: Encourage excellence, set limits and lighten up*. New York, NY: Fisher Books.

Milkie, M. A., Nomaguchi, K. M., & Denny, K. E. (2015). Does the amount of time mothers spend with children or adolescents matter? *Journal of Marriage and Family*, *77*, 355–372.

Snyder, K. A. (2007). A vocabulary of motives: Understanding how parents define quality time. *Journal of Marriage and Family*, *69*, 320–340.

The Corporate Woman. (1977, April 18). When mothers are also managers. *Business Week*, 155–158.

迷思 30　要想成功地从青春期过渡到成年期，青少年需要先脱离父母

“在独自生活多年后，她离开了家”（Lennon & McCartney，1967）。披头士乐队（The Beatles）的《她要离家出走》（*She Leaving Home*）中这句辛酸的歌词反映了一个离家出走的少女的经历。不过，这句歌 99
词或许也正好描述了一个十几岁女孩正脱离父母的经历。虽然青少年应在情感上、身体上与父母分离，但像约翰·列侬（John Lennon）和保罗·麦卡特尼（Paul McCartney）歌中描述的那种青少年与父母断绝依恋关系，则并不常见。

长期以来，发展理论家和研究者一直在争论，脱离父母（detachment from one’s parents）在多大程度上是个体成功地从青春期过渡到成年期的必要组成部分（Silverberg & Gondoli，1996）。虽然一些学者提出，父母与青春期孩子之间的关系在考虑长期发展结果时并不重要（参见 Harris，1995），但实证研究结果表明，父母与青春期孩子之间牢固的依恋关系对青少年心理社会的健康发展非常重要（Moretti & Peled，2004）。研究还表明，至少在健康的家庭中，父母与青春期孩子的关系会随着个体化过程，或个体意识到自己是一个独立的人（即独立于父母的人）而发生改变（McElhaney，Allen，Stephenson，& Hare，2009）。有学者指出，个体化发生在青少年与父母相分离，而不是脱离父母的时候（Steinberg & Silk，2002）。然而，有一些研究者依然认为，脱离父母是一个重要的发展结果，可以减少青少年对父母的心理依赖。

人们相信，要想成功地从青春期过渡到成年期，需要在一定程度上脱离父母，这并不奇怪。从概念上讲，“脱离父母和家人”很容易被误解为独立和情感自主（emotional autonomy），这就要求我们必须理解这些术语的定义，这一点尤为重要。“青春期脱离父母”常被界定为有限的父母支持和接纳，并导致父母与青春期孩子之间关系的断裂，其中包括青少年“退出家庭”（withdrawing from the family）的过程（Ryan & Lynch，1989，p.340）。“退出家庭”意味着一种心理上的退出，有可能逆转青少年在婴儿期、幼儿期和儿童期建立起来的积极关系。独立和情感自主显然不同于脱离父母。独立指的是自力更生和个体化，而情感自主指的是“与家庭成员和同龄人建立起更像成年人的而不那么孩子气的亲密关系”（Steinberg，2011，p.280）。将脱离父母、独立、情感自主这几个概念区分开来非常重要，这几个术语不能互换使用（McElhaney et al.，2009）。

100 “脱离”（detachment）也很容易与“脱身”（disengagement）相混淆——发展研究者已广泛研究脱身这一概念。“青春期的脱身”意味着青少年与父母、家人相处时间的减少。研究已发现，10—18岁期间，青少年在清醒状态下与父母相处的时间大大减少（参见Larson，Richards，Moneta，Holmbeck，& Duckett，1996）。所以，青少年与父母相处的时间确实有所减少。不过，脱离和脱身是两个截然不同的概念。脱离往往涉及父母与青春期孩子之间关系的断裂，而且可能包括脱身。脱身本身不一定是坏事。相反，它是一个重要的发展过程，有助于个体化和情感自主的发展。例如，研究还发现，虽然青少年与父母相处的总时间有所减少，但青少年与父母沟通的时间没有减少，而且，对女孩来说，她们与父母的沟通更多涉及人际关系问题，这是关系质量的一个标志（参见Larson et al.，1996）。术语混乱（terminological confusion，如脱离—自主，脱离—脱身）是心理学中迷思出现的常见根源，它或许有助于解释为什么一些人依然把脱离父母的概念视为青少年发展的一个重要结果。

专业人士对这些术语的误用或许也有助于解释这个迷思持续存在的原因。例如，临床心理学家、青春期与育儿问题研究者卡尔·皮克哈特（Carl Pickhardt）医生在他的博客“今日心理学”（*Psychology Today*）中提出，青少年脱离家庭是青春期的一个重要特征（Pickhardt，2013，2014，2015）。虽然皮克哈特医生使用了“脱离”一词，但这些专栏关注的是自立、情感自主以及同一性的发展。在一篇专栏文章中，他建议父母给青春期孩子更多独立自主的空间，同时要与孩子保持紧密的依恋关系，从而让青少年脱离父母（Pickhardt，2013）。皮克哈特医生明确提到有助于青少年个体化，以及与父母分离（而不是如上所述的脱离父母）这一过程的发展里程碑。同样，心理学家、《超然育儿：33 种方法让你在孩子大吵大闹时保持冷静》(*Detachment Parenting*：*33 Ways to Keep Your Cool When Kids Melt Down*，）一书的作者海蒂·史密斯·吕特克（Heidi Smith Luedtke）也大量使用了“超然育儿”（detachment parenting）一词来描述各种应对孩子情绪的策略（Luedtke，2012）。具体而言，她建议，在孩子发脾气或失控时，父母应让自己的情绪脱离当时的情境，努力保持冷静。不过，吕特克明确指出，超然育儿并不意味着要切断父母与孩子之间的依恋关系。

历史可以帮助我们理解这个迷思的根源。“要想成功地从青春期 101
过渡到成年期，青少年需要先脱离父母”——这个观点最初由精神分析理论家提出。例如，安娜·弗洛伊德坚持认为，青春期会给整个家庭系统造成一种严重干扰（Anna Freud，1958）。具体而言，她认为，在青春早期这一发展时期，被压抑的内心冲突会唤醒儿童早期的性冲动。这些冲突（包括对异性父母的无意识情感和对同性父母的矛盾情感）“表现为家庭成员之间紧张关系的加剧，争吵的增多，以及待在家里时产生的一定程度的不适感”（Steinberg，2011，p.281）。安娜·弗洛伊德认为，由于这种紧张关系，青少年被迫在情感上与父母分离，她称这个过程为“脱离”。这个过程包括逐渐打破亲子之间的依恋关系（这种亲子依恋关系最初是在幼儿期建立起来的，并在整个儿童期得到发展）。安娜·弗洛伊德及其他精神分析理论家认为，“情感上脱离父母”（emotional detachment）是一个正常的青少年发展过程（Steinberg，2011）。事实上，人们常常将“情感上脱离父母”视为安娜·弗洛伊德所说的青春期特有的“暴风骤雨”（the storm and stress）的一部分。

安娜·弗洛伊德有关脱离的假设未能经得起严格科学研究的检验。对青春期和成人初显期期间家庭关系的调查研究发现，很少有证据表明与父母的高水平冲突是正常现象，也很少有证据表明脱离家庭在青少年中很常见（McElhaney et al.，2009）。事实上，虽然与父母的争吵有所增多，但大多数青少年与父母相处融洽，而且大多数青少年和刚成年的个体均报告，随着时间的推移，他们与父母建立了更为亲密的关系（McElhaney et al.，2009）。例如，一项对刚进入成年期且刚上大学的个体的调查研究发现，亲子关系的质量发生了积极的变化（参见 Lefkowitz，2005）。具体而言，大学生报告，他们与父母的沟通更开放了，而且他们对父母也有了更多的尊重和理解。此外，大学生在何种程度上将这种变化视为积极的变化，与上大学的时间长短存在统计学上的相关。例如，大四学生报告的与父母的关系比大一学生报告的更为积极。这项研究的作者指出，虽然大学生正变得越来越独立，但“他们对自己与父母之间越来越亲密的关系有着积极的看法”（Lefkowitz，2005，p.58）。在大多数青少年和刚成年的个体看来，独立和自主会让亲子关系变得更为牢固，而不是更加薄弱。

不仅亲子关系在青春期会得到改善，而且与安娜·弗洛伊德的观点（1958，安娜·弗洛伊德认为，青春期的发展性作用在于让青少年脱离自己的父母）相反，研究发现，高中生和大学生常将父母视为“依恋的对象”（即与之建立信任关系的个体）（McElhaney et al., 2009, p.372）。例如，一项研究发现，青少年、大学生和年轻人在被问到“是谁为你提供了最为安全的基础”（即“这个人是你可以信赖的人，他或她将始终如一地支持你，愿意为你做任何事”）时，他们的回答大多是“母亲”（超过密友和爱人）（Markiewicz, Lawford, & Doyle, 2006）。一项对约400名青少年和刚成年的个体（年龄在14—23岁）的研究发现，对高中生和大学生来说，亲生父母（主要是母亲）通常是其主要或次要的依恋对象（即“你生命中最重要的人”）（Rosenthal & Kobak, 2010）。有趣的是，这项研究还发现，自我报告的内在问题（如焦虑、抑郁）和外在问题（如反抗行为、行为问题）与高水平的同伴依恋、低水平的父母依恋（尤其是对父亲的依恋）有关。这些研究强调了一点，即青少年和年轻人都重视自己与父母的关系。此外，依恋模型在儿童早期和青少年时期一直保持稳定。具体而言，虽然青春期发生了一些变化［如与父母相处时间的减少、同伴群体重要性的增强、恋爱关系的建立、自主性（autonomy）的增强等］，但青少年通常仍依恋他们的主要照看者，特别是母亲。 102

研究还发现，脱离家庭可能并不会像安娜·弗洛伊德的假设所预测的那样给青少年带来有利的结果。事实上，青少年脱离父母常常预示着诸多不利的结果，包括自杀、吸毒、犯罪等（Moretti & Peled, 2004）。在一项针对13岁和14岁儿童的研究中，其自我报告的脱离水平与自我报告的内在问题和外在问题呈正相关（Pace & Zappulla, 2012）。此外，低水平的脱离通常会带来积极的结果。在针对九年级和十年级危险群体的研究中，研究人员发现，安全型依恋（attachment security，即感觉自己与父母有情感上的联系）的青少年，其自我报告的内在问题、母亲报告的外在问题、同伴报告的社
103 会排斥和犯罪行为的总体水平都较低（Allen，Moore，Kuperminc，& Bell，1998）。一项研究发现，当 14 岁的孩子对父母有高水平的依恋时，更有可能报告积极的同伴关系（Jager，Yuen，Putnick，Hendricks，& Bornstein，2015）。与其他研究一样，这项研究的作者也发现，父母依恋与自我报告的低水平内在问题和外在问题呈正相关。这三项研究的作者均得出相似的结论：亲子关系的质量很重要，与父母的情感分离并不会促进适应性的或健康的调整，也不会给青少年带来积极的结果。此外，在澳大利亚、东亚和欧洲也有类似的研究表明，“虽然家庭和社会习俗存在文化的差异”，但牢固的亲子关系在包括适应（adjustment）的发展结果中均发挥着重要作用（D’Angela & Omar，2010，p.158）。

“要想成功地从青春期过渡到成年期，青少年需要先脱离父母”这个观点至今仍没有得到研究的支持。青少年通常与父母相处融洽，而且青少年与父母之间的牢固情感联系会带来有利的结果。此外，脱离父母往往会导致不良的结果，包括犯罪、吸毒、心理健康问题等。

有趣的是，青少年专题的电视节目通常将与父母的分离描绘成一件以身体方面为主的事。例如，《脱线家族》（*The Brady Bunch*，20 世纪 70 年代的情景喜剧，讲述了一个有六个孩子的大家庭的故事）中的高中生格雷格·布拉迪（Greg Brady）闹独立，为了避开兄弟姐妹，搬进了阁楼。《摩登家庭》（一部当代情景喜剧，讲述了三个有亲属关系的家庭的故事）中的海莉·邓菲（Haley Dunphy）为了从父母那里获得一些自主权，搬进了地下室。虽然电视里的青少年都在身体上与其父母分离了开来，但尽管身体分离了，他们之间依然保持着积极的亲子关系。格雷格继续寻求父母的指导，海莉与她的父母随着时间的

推移也发展出一种更像成年人的关系。从这两个电视节目中及其他的流行文化参照［参见《饥饿游戏》中的卡特尼斯和《左右不逢源》中的休］身上，我们可以清楚地看到，青少年虽然身体上离开了父母，变得更加自主，但在分离之后，他们通常继续保持着牢固的亲子依恋关系。这很可能是好莱坞想要打破的一个迷思。

104

你需要知道的

家长们说，青春期是最让他们焦虑的发展时期（Pasley & Gecas，1984）。其中的一部分原因是我们的文化常常将青少年描绘成“难相处的、叛逆的、喜怒无常的”（Steinberg & Silk，2002，p.103）。此外，还很可能是因为人们长期以来持有的信念，即亲子冲突在青少年时期会加剧。与前文一样，精神分析理论家也假设，只有切断青少年与其父母的关系，或者只有当青少年脱离其父母，才能解决这种冲突。不过，在研究的支持之下，更为现代的观点指出，在维持青少年与其父母之间牢固的依恋关系的同时，让青少年发展出适当水平的自主、自立也很重要。

学者们提出，我们不应将获得自主性和保持与父母的亲密关系“放在两个相反的极端”（Allen，Hauser，Bell，& O’Connor，1994，p.179），而应将二者都视为能够给青少年带来积极结果的重要特征（Moretti & Peled，2004；Steinberg，2011）。研究表明，牢固的亲子依恋关系加上健康的分离和个体化能够促使青少年积极地发展。具体而言，研究结果表明，牢固的亲子依恋、适当的分离和自主性的发展可以预测青少年能在学业、社会和情感方面积极地适应高中和大学生活（Jager et al.，2015；Mattanah，Hancock，& Brand，2004）。此外，研究还支持这样一种观点，即青少年与其父母之间牢固的依恋关系有助于自主性和自立的发展（McElhaney et al.，2009）。只有当父母在与其青春期孩子保持亲密、积极的关系的同时，允许他们的孩子参与健康的分离过程，个体化才能发生。事实上，研究表明，牢固的亲子依恋关系能够促进（而不是阻碍）个体化（Mattanah et al., 2004）。

基于研究的育儿实践强调一种"反应"（responsiveness）与"要求"（demandingness）相结合的方式。这就意味着，当父母提供温暖和无条件的爱，给予接纳，鼓励个性发展，允许孩子在情感和身体方面保持自主，但同时坚持要求孩子在成就和行为方面达到高标准，并保持高度的监督时，最有可能产生积极的发展结果（Steinberg,
105 2011）。这种育儿方式很可能适合青少年，因为它"在限制青少年和给青少年自主性之间取得平衡，在为青少年提供发展自立的机会的同时，提供了发展中的个体所需的标准、限制和指导"（Steinberg & Silk, 2002, p.123）。这种育儿方式也被称为"权威型育儿方式"（authoritative parenting），它能让孩子在学业、行为、心理和社会功能等方面取得积极的结果（Steinberg & Silk, 2002）。而且，权威型父母更有可能养育出有责任心且自给自足的青少年（Steinberg & Silk, 2002）。

青春期孩子的父母也应预见到亲子关系的转变。最显著的变化是青少年自主性的确立（Steinberg & Silk, 2002）。学者们指出，最恰当的做法可能是从多个维度来思考自主性：情绪的维度（即不再那么需要父母来帮助调节情绪）、行为的维度（即不再那么需要父母来帮助作决定和执行决定）、认知的维度（即不再那么需要父母来决定自己的想法、价值观和意见）（McElhaney et al., 2009）。研究表明，在合理的范围内允许孩子自主的父母会收获回报，即培养出的孩子通常富有责任心且自立（Steinberg & Silk, 2002）。那些过度控制孩子的父母更有可能培养出适应不良的青少年（Steinberg & Silk, 2002）。如前所述，青少年朝着自主的方向发展并不一定等同于脱离父母。相反，青少年虽然努力地追求自主性，但父母依然是其重要的依恋对象。我们需要提醒父母的是，你们在青少年的生活中依然如以前的发展阶段（如婴儿期、幼儿期、儿童早期、儿童晚期）一样重要。最后，大多数青少年与父母之间的关系可能更类似于一种重整（realignment），而不是脱离（Steinberg & Silk，2002）。

参考文献

Allen，J. P.，Hauser，S. T.，Bell，K. L.，& O'Connor，T.（1994）. Longitudinal assessment of autonomy and relatedness in adolescent-family interactions as predictors of adolescent ego development and self-esteem. *Child Development*，*65*，179–194.

Allen，J. P.，Moore，C.，Kuperminc，G.，& Bell，K.（1998）. Attachment and adolescent psychosocial functioning. *Child Development*，*69*，1406–1419.

Anna Freud（1958）. Adolescence. *Psychoanalytic Study of the Child*，*13*，255–278. 106

D'Angelo，S.，& Omar，H. A.（2010）. Parenting adolescents. In E. Bell & J. Merrick（Eds.），*Rural child health*：*International aspects*（pp.157–165）. Hauppauge，NY：Nova Science.

Harris，J. R.（1995）. Where is the child's environment? A group socialization theory of development. *Psychology Review*，*102*，458–489.

Jager，J.，Yuen，C. X.，Putnick，D. L.，Hendricks，C.，& Bornstein，M. H.（2015）. Adolescent-peer relationships，separation and detachment from parents，and internalizing and externalizing behaviors：Linkages and interactions. *Journal of Early Adolescence*，*35*，511–537.

Larson，R. W.，Richards，M. H.，Moneta，G.，Holmbeck，G.，& Duckett，E.（1996）. Changes in adolescents' daily interactions with their families from ages 10 to 18：Disengagement and transformation. *Developmental Psychology*，*32*，744–754.

Lefkowitz，E. S.（n. d.）. "Things have gotten better"：Developmental changes among emerging adults after the transition to university. *Journal of Adolescent Research*，*20*，40–63.

Lennon，J.，& McCartney，P.（1967）. She's leaving home. On *Sgt. Pepper's Lonely Hearts Club*，*Band*. New York，NY：Capitol Records.

Luedtke，H. S.（2012）. *Detachment parenting*：*33 ways to keep your cool when kids melt down*（Vol.1）. Pennsauken，NJ：Bookbaby.

Markiewicz，D.，Lawford，H.，& Doyle，A. B.（2006）. Developmental differences in adolescents' and young adults' use of mothers，fathers，best friends，and romantic partners to fulfill attachment needs. *Journal of Youth and Adolescence*，*35*，127–140.

Mattanah，J. F.，Hancock，G. R.，& Brand，B. L.（2004）. Parental attachment， separation-individuation, and college student adjustment: A structural equation analysis of mediational effects. *Journal of Counseling Psychology*, *51*, 213–225.

McElhaney, K. B., Allen, J. P., Stephenson, J. C., & Hare, A. L. (2009). Attachment and autonomy during adolescence. In R. M. Lerner & L. Steinberg (Eds.), *Handbook of adolescent psychology* (3rd ed., Vol.1)(pp.358–403). New York, NY: Wiley.

Moretti, M. M., & Peled, M. (2004). Adolescent-parent attachment: Bonds that support healthy development. *Pediatrics and Child Health*, *9*, 551–555.

Pace, U., & Zappulla, C. (2012). Detachment from parents, problem behaviors, and the moderating role of parental support among Italian adolescents. *Journal of Family Issues*, *34*, 768–783.

Pasley, K., & Gecas, V. (1984). Stresses and satisfactions of the parental role. *Personnel and Guidance Journal*, *2*, 400–404.

Pickhardt, C. E. (2013, December 9). A detachment theory of parenting adolescents. *Psychology Today*. Retrieved from https: //www.psychologytoday.com/blog/surviving-your-childs-adolescence/201312/detachment-theory-parenting-adolescents.

Pickhardt, C. E. (2014, June 30). How detachment ends dependence between parent and adolescent. *Psychology Today*. Retrieved from https: //www.psychologytoday.com/blog/surviving-your-childs-adolescence/201406/how-detachment-ends-dependence-between-parent-and.

107 Pickhardt, C. E. (2015, August 10). How detachment changes both adolescent and parents. *Psychology Today*. Retrieved from https: //www.psychologytoday.com/blog/surviving-your-childs-adolescence/201508/how-detachment-changes-both-adolescent-and-parents.

Rosenthal, N. L., & Kobak, R. (2010). Assessing adolescents' attachment hierarchies: Differences across developmental periods and associations with individual adaptation. *Journal of Research on Adolescence*, *20*, 678–706.

Ryan, R. M., & Lynch, J. H. (1989). Emotional autonomy versus detachment: Revisiting the vicissitudes of adolescence and young adulthood. *Child Development*, *60*, 340–356.

Silverberg, S. B., & Gondoli, D. M. (1996). Autonomy in adolescence: A contextualized perspective. In G. R. Adams, R. Montemayor & T. P. Gullotta (Eds.), *Psychosocial development during adolescence: Progress in developmental contextualism* (pp.12–61). Thousand Oaks, CA: Sage.

Steinberg, L. (2011). *Adolescence* (9th ed.). New York, NY: McGraw-Hill.

Steinberg, L., & Silk, J. S. (2002). Parenting adolescents. In M. H. Bornstein (Ed.), *Handbook of parenting, vol.1: Children and parenting* (pp.103–133). Mahwah, NJ: Erlbaum.

迷思 31　受欢迎的青少年通常很刁蛮

我们经常看到，放学后，四个受欢迎的女生碰到一起，开始谈论她们的同学。她们说一个同学太胖，另一个同学不可信，她们还给其他同学起一些太过无礼以至于我在这里都无法写出来的绰号。她们将每一次欺辱同学的过程都记录在一本“焚书”（burn book）里，每个受害者一页，每次碰到一起，她们都会不断往书里添加极具侮辱性的内容和破坏名誉的谣言。简直野蛮至极。

在电影《刁蛮女孩》（Waters，2004）中，我们了解到什么是“塑料姐妹花”（Plastics）——《刁蛮女孩》是众多描述高中受欢迎学生的影片之一。在《早餐俱乐部》（Hughes，1985）中，受欢迎的运动员总是骚扰一些书呆子，还在更衣室对一个书呆子造成身体伤害，最终被抓捕、监禁。在《龙威小子》（*The Karate Kid*）（Avildsen，1984）中，最受欢迎的学生常常动用非法武术招式，严重伤害一些不那么受欢迎的对手。在《希德姐妹帮》（*Heathers*）（Lehmann，1988）中，受欢迎的帮派竟然真的会谋杀她们不太喜欢的同学。所有这些，再加上其他描述，使得“受欢迎的青少年通常很刁蛮”这个迷思长期存在。事实上，对大学生是否相信这个迷思的研究发现，86% 的大学生听说过这个迷思，而相信这个迷思的大学生占 43%（Jewell & Hupp，2018）。

我们很难追溯这个迷思的起源，因为它广泛存在于不同的世代、
不同的文化。从某种程度上说，它可能起源于某种共同的趋势（至少 108
在美国文化中是如此），即运动能力最强的学生常被选为学校里最受欢迎的学生。这些运动员的身体优势等同于身高和力量，使得他们在

同伴中获得较高的地位，从而不经意间在攻击 / 欺凌（bullying）与受欢迎之间建立起一种联系（Merten，2011）。

此外，人类与其他物种之间的共性也显示出明显的受欢迎等级。对其他动物进行的动物行为学研究表明，那些最显眼的、最容易获得资源、最有可能在一个群体中成为领导者的动物——换句话说，最受欢迎的动物——常常会使用攻击性的策略来获得并维持它们的最高地位。例如，研究黑猩猩的科学家发现，与人类青少年的情况非常相似，“采取攻击行为”有助于保持谁受欢迎与谁不受欢迎之间的界限（Vaughn & Waters，1981）。在这两个物种中，那些挑战并试图越过这个界限的青少年和黑猩猩都会遭到公开羞辱，其他青少年和黑猩猩因此也看到这么做的消极后果，从而具体化了群体的权势等级秩序。

这个迷思之所以长期存在，可能也有科学研究的原因。研究表明，青少年可能出于挫败感或精心策划而做出身体攻击行为或关系攻击行为，以提高自己的地位（Price & Dodge，1989）。研究表明，后一种策略［也称为“主动攻击”（proactive aggression）］似乎有效，至少在短期内有效。长期追踪青少年发展的纵向研究表明，那些采取主动攻击策略的青少年变得更受欢迎（Prinstein & Cillessen，2003）。

那么，这是否意味着受欢迎的青少年真的很刁蛮呢？不完全是。也有研究证据表明，总体上看，受欢迎的青少年一点都不刁蛮。事实上，他们被同龄人评为年级里最讨人喜欢的孩子。该现象反映了这样一个事实，即实际上有两种截然不同的受欢迎类型。一种早在学前期便已确立，它完全不是根据谁“酷”或谁强大确立的。这种类型仅反映谁最“讨人喜欢”。在 20 世纪 70 年代和 80 年代开始进行的研究中，当心理研究人员要求幼儿园及以上的孩子从他们的同学中选出他们“最喜欢”和“最不喜欢”的人时，这些研究人员注意到，“讨人喜欢”的作用是多么强大（Coie，Dodge，& Coppotelli，1982）。研究者根据每一个参与者获得的提名数量，将这些儿童分为五组。研究者将那些经常被选为“最不喜欢”和很少被选为“最喜欢”的儿童归为“被拒绝组”（rejected）；将那些被提名为“最喜欢”和“最不喜欢”的次数大致相当的儿童归为“有争议组”（controversial）；将那些很少 109
被提名的儿童归为“被忽视组”（neglected）；还有大约占总人数一半的儿童属于“普通组”（average）（Coie et al.，1982）。最后一组包括那些被选为“最喜欢”的次数远远超过同伴，且几乎从未被选为“最不喜欢”的儿童。研究人员称这一组为“受欢迎组”，但他们一点也不刁蛮。事实上，随后的研究表明，这些“受欢迎的儿童”对他人最友善，最善于分享和解决问题，是天生的领导者（Coie & Dodge，1983；Newcomb，Bukowski，& Pattee，1993）。他们很聪明，最有可能解决同伴之间的争端，而且他们常常很安静，不像其他孩子那样总是争先恐后地想获得他人的关注。

研究表明，这些讨人喜欢的受欢迎儿童不仅在整个上学期间很受欢迎，而且直到很多年以后，甚至是成年以后，仍旧非常受欢迎（Almquist & Brännström，2014）。这可能是因为，那些在小时候让他们受其他儿童喜欢的特质会让他们在长大后仍然受人喜欢，即使是刚认识的新同伴群体，也会一眼就非常喜欢他们。在一项研究中，心理学家发现，这些受欢迎的儿童在和不熟悉的同伴一起玩了仅三个小时之后，就再次被评为“最受欢迎的人”（Coie & Kupersmidt，1983）。研究人员发现，这些讨人喜欢的受欢迎儿童长大后生活得更快乐、更健康、更成功。他们更有可能找到工作，并更有可能在工作中获得晋升。与不太讨人喜欢的同龄人相比，他们拥有更令人满意的人际关系，而且他们出现身体健康问题的可能性也较小（Gustafsson，Janlert，Theorell，Westerlund，& Hammarström，2012）。

不过，也有研究表明，青少年的青春期发育往往伴随着大脑的变化，而这些变化会产生第二种受欢迎形式。大脑边缘系统中有一个神经区域叫腹侧纹状体（ventral striatum），它是青少年大脑中最早发育的区域之一，这个区域会提高青少年对获得同龄人关注和认可的兴趣。这很可能就是那些马上就要进入青春期的孩子突然变得对与朋友出去玩更感兴趣，而不再对父母感兴趣的原因。这个时期正是第二种受欢迎形式出现的时期，它反映的不是讨人喜欢的青少年，而是那些最有可能得到同伴关注且对他人影响最大的青少年。拥有这种受欢迎形式的人——通常被认为“很酷的”人——往往是外表最具吸引力的人，而且他们似乎能把所处环境中最有价值的事情做得最好。在西方文化中的许多学校里，受欢迎的往往是那些具有文化理想体型且喜欢运动的青少年，因为这些是西方文化中更为广泛地受人们高度
110 重视的特质。不过，在更笃信宗教的社区中，最受欢迎的可能是那些最虔诚的人。在城市社区中，受欢迎的可能包括那些最独立的人。研究表明，青少年的这种受欢迎形式与终身受益无关。事实上，后续研究表明，那些最“酷”的人长大后往往会遭遇人际关系方面的困境，更容易出现成瘾行为，更容易患上抑郁症和焦虑症（Allen，Schad，Ouderkerk，& Chango，2014）。研究过这两种受欢迎类型——一种是基于讨人喜欢的受欢迎，另一种是由青少年想获得关注和力量的本能促成的受欢迎——的研究者发现，二者存在一定程度的重合之处。那些被认为“最受欢迎的”青少年中，大约有 30% 实际上似乎同时属于这两种受欢迎类型（Parkhurst & Hopmeyer，1998）。他们不仅“很酷”，是学校中最讨人喜欢的学生，而且他们几乎不可能对他人做出刁蛮或攻击的行为（LaFontana & Cillessen，1999）。

你需要知道的

没有人愿意成为刻板印象的受害者，受欢迎的青少年也不例外。

虽然假设任何一个富有魅力、酷、自信且受欢迎的人同时也是傲慢自大或刁蛮的人看起来似乎是一件很容易的事情，但这既不公平，也不是事实。许多非常受欢迎的青少年在成长过程中一直是同龄人群体中最善良、最体贴、最慷慨的孩子。与其他人不喜欢别人对他们所作的假设一样，这些青少年也不应该遭到嘲笑。除了偏见，还有一个原因可以解释为什么我们必须小心，不要让这个关于“受欢迎的青少年通常很刁蛮”的迷思持续存在。这与我们可能在无意之中鼓励其他人做出攻击行为的举动有关。在一项研究中，研究者要求青少年报告他们认为哪些品质与青少年受欢迎有关（LaFontana & Cillessen，1999）。如你所料，许多青少年报告，他们觉得受欢迎的人都极其讨厌，自以为是，不体谅别人，还具有攻击性。这为什么是个问题？因为我们集体信奉的这个迷思从根本上具体化了成为受欢迎的人或让自己一直受欢迎所需遵循的规范。这就好像是我们在告诉那些力求受欢迎的人，他们应该刁蛮，而且我们会让他们变得更受欢迎，从而让他们因这个行为而获得奖赏。换句话说，我们越是延续这一社会规范，就越会促成一个自证预言——这是一个循环：我们相信受欢迎的人都刁蛮，并在无意之中帮助刁蛮的人变得更受欢迎。这不仅对高中生不利，而且对任何年龄段的人来说都是个坏消息。

111

参考文献

Allen, J. P., Schad, M. M., Oudekerk, B., & Chango, J.（2014）. What ever happened to the “cool” kids? Long-term sequelae of early adolescent pseudomature behavior. *Child Development*, *85*（5）, 1866–1880.

Almquist, Y. B., & Brännström, L.（2014）. Childhood peer status and the clustering of social, economic, and health-related circumstances in adulthood. *Social Science and Medicine*, *105*, 67–75.

Avildsen, J. G.（1984）. *The Karate Kid* [Motion picture]. Los Angeles, CA: Columbia Pictures.

Coie, J. D., & Dodge, K. A.（1983）. Continuities and changes in children’s social status: A five-year longitudinal study. *Merrill-Palmer Quarterly*, *29*（3）, 261–282.

Coie, J. D., Dodge, K. A., & Coppotelli, H. (1982). Dimensions and types of social status: A cross-age perspective. *Developmental Psychology*, *18* (4), 557–570.

Coie, J. D., & Kupersmidt, J. B. (1983). A behavioral analysis of emerging social status in boys' groups. *Child Development*, *54*, 1400–1416.

Gustafsson, P. E., Janlert, U., Theorell, T., Westerlund, H., & Hammarström, A. (2012). Do peer relations in adolescence influence health in adulthood? Peer problems in the school setting and the metabolic syndrome in middle-age. *PLoS One*, *7* (6), e39385.

Jewell, J. D., & Hupp, S. D. A. (2018). *Prevalence of myths about adolescence* [Manuscript in preparation].

LaFontana, K. M., & Cillessen, A. H. (1999). Children's interpersonal perceptions as a function of sociometric and peer-perceived popularity. *The Journal of Genetic Psychology*, *160* (2), 225–242.

Lehmann, M. (Director). (1988). *Heathers* [Motion picture]. Los Angeles, CA: New World Pictures.

Merten, D. E. (2011). Being there awhile: An ethnographic perspective on popularity. *Popularity in the Peer System*, 57–78.

Newcomb, A. F., Bukowski, W. M., & Pattee, L. (1993). Children's peer relations: A meta-analytic review of popular, rejected, neglected, controversial, and average sociometric status. *Psychological Bulletin*, *113*, 99–128. doi: 10.1037/0033-2909.113.1.99.

Parkhurst, J. T., & Hopmeyer, A. (1998). Sociometric popularity and peer-perceived popularity: Two distinct dimensions of peer status. *The Journal of Early Adolescence*, *18* (2), 125–144.

Price, J. M., & Dodge, K. A. (1989). Reactive and proactive aggression in childhood: Relations to peer status and social context dimensions. *Journal of Abnormal Child Psychology*, *17*, 455–471.

Prinstein, M. J., & Cillessen, A. H. (2003). Forms and functions of adolescent peer aggression associated with high levels of peer status. *Merrill-Palmer Quarterly*, *49* (3), 310–342.

Tanen, N. (Producer), & Hughes, J. (Producer & Director). (1985). *The Breakfast Club* [Motion picture]. Hollywood, CA: A & M Films.

112 Vaughn, B. E., & Waters, E. (1981). Attention structure, sociometric status, and dominance: Interrelations, behavioral correlates, and relationships to social competence. *Developmental Psychology*, *17*, 275–288.

Waters, M. (Director). (2004). *Mean Girls* [Motion picture]. Los Angeles, CA: Paramount Pictures.

迷思 32　同伴压力只会导致青少年作出错误的决定

电影《寻找尼莫》（*Finding Nemo*，又名《海底总动员》）（Stanton & Unkrich，2003）的开头有这样一幕：这条与片名同名的小鱼正在安全的珊瑚礁边游来游去，他和他的爸爸，还有所有朋友都生活在这里。在他几米之外就是大海——那是一片神秘、诡异、危险的广袤空间。尼莫知道游进大海是一件非常危险的事情，但他新结识的朋友不断给他压力。他们一个比一个游得远，最后，他们叫尼莫游得再远一点，远远超出他们的安全地带。这一幕充满了悬念，因为每个看到这一幕的人凭直觉就知道，要抵抗来自同伴的压力是件多么困难的事情，而且，很多人都认为，同伴总是最希望我们做一些危险或冒险的事情。

在电影《芳龄十三》（*Thirteen*）（Hardwicke，2003）中，特蕾西（Tracy）在她很受欢迎的朋友艾维（Evie）给予的压力下，走向了一个充满性、毒品和犯罪行为的世界。在《刁蛮女孩》（Waters，2004）中，"塑料姐妹花"对凯蒂（Cady）产生了影响，导致她去散布有关她老师的诋毁性谣言。而且，在很多电视节目［如《美少女的谎言》（*Pretty Little Liars*）（King，2009）］中，同伴压力（peer pressure）常常会把一个天真、适应良好的青少年变成你不认识的样子，他们会做出无数危险、非法的行为，甚至是精神错乱的行为——他们这么做，仅仅是为了努力获得他们崇拜对象的青睐。现在，这种预期已非常普遍，即同伴会导致青少年作出可怕的决定；事实上，每个人在进入青春期前都会听到这么一句带着讽刺的问话："你会因为你的朋友而跳下一座桥吗？"事实上，在本书讨论的所有迷思中，这是最流行的迷思之一。对大学生观点的研究发现，97% 的大学生听说过这个迷思，84%—88% 的大学生相信这个迷思是真的（Jewell & Hupp，2018）。

但是，这个迷思的真实性到底如何呢？同伴之间给予彼此的压力只会让青少年作出错误的决定吗？与许多迷思一样，这个迷思也有一些值得关注的真实性。一些青少年确实会做出大量危险的、冒险的行为。在美国，大约 25% 的青少年在 14 岁之前喝过酒，25% 的青少年在高中毕业前连续喝过五杯酒，20% 的青少年在 14 岁之前抽过大
113 麻，而且 40% 的青少年报告他们在上一次发生性行为时没有使用避孕套。超过 10% 的青少年说，他们节食是为了让自己看起来更苗条（Centers for Disease Control and Prevention，2015）。这些都是非常危险的行为，强烈预示着哪些青少年将会在高中毕业前怀孕，哪些青少年长大后会出现物质滥用问题，哪些青少年会患上严重的进食障碍。而预测谁会做出这些冒险行为的首要因素是青少年相信他们最好的朋友参与同一种行为的程度（Brechwald & Prinstein，2011）。换句话说，青少年确实会受到同伴的强烈影响，而其中的许多影响会导致青少年作出错误的决定。

不过，还有更多文献表明，导致青少年受到影响从而作出错误决定的这些过程，也可以引导青少年取得良好的结果。同伴影响的过程对青少年的帮助不亚于对他们的伤害。心理学研究者认为，同伴影响（peer influence）是一种两个同时发生的过程的影响（Kandel，1978）。首先，研究表明，青少年与成年人一样，都极有可能选择与自己非常相似的朋友。在小的时候，我们倾向选择与自己有某种相似性的朋友。例如，我们的朋友可能与自己性别相同，或者种族 / 民族相同。不过，从童年中期开始，我们倾向选择那些拥有相同价值观和兴趣的同伴作为朋友，这就意味着，在许多情况下，我们会选择那些我们相信自己可以认同的同伴作为朋友（Hartup，1996）。其次，研

究表明，朋友之间的社会交往是为了进行更多的共同行为。如果这些行为包括冒险行为，如酗酒等，那么两个青少年在一起则可能相互刺激，从而喝更多的酒——比这两个人单独喝酒时喝得要多（Hawkins，Catalano，& Miller，1992）

在电影中，这个过程通常以同伴压力的形式表现出来——当青少年诱骗对方去做某件事情时（有时候是在社会制裁的威胁下），这个过程表现得非常明显。但在现实生活中，研究人员已经了解到，这样的同伴压力很少发生（Brown，Bakker，Ameringer，& Mahon，2008）。相反，同伴影响会通过各种更为微妙的过程发生。通常情况下，这些过程发生在我们的意识之外，因此我们甚至是在完全不知道的情况下就受到它的影响。

一位研究人员指出，一些同伴影响的产生是因为拥有共同态度的朋友之间的对话具有奖赏性。在这项研究中，研究者要求青少年和他们最好的朋友讨论某些特定的话题，如准备一场派对或者他们最喜 114
欢的活动，并用录音设备将他们的谈话内容录下来。他们发现，与 MTV 播放的《瘪四与大头蛋》（*Beavis and Butthead*）（Judge，1993—2011）非常相似，有些青少年会采用一种非常特定的方式来谈论和回应危险行为。在有些青少年当中，这个影响过程明显偏向冒险行为或非法行为，研究者称朋友之间的这些互动为“偏差行为训练”（deviancy training）（Dishion，Spracklen，Andrews，& Patterson，1996）。它的工作原理是这样的：首先，一个十几岁的孩子提到一些有益的事情，如建议带一些食物到派对上。他的朋友听到但没有给出真正的回应。然后，这个青少年提出一些离经叛道的想法，如偷偷带一些毒品到派对上。在一些朋友中，这个想法会引起更为强烈的反应：“他，他……耶，太棒了（微笑，点头）!”面对这种积极的反馈，这个青少年会更来劲，并把他们的想法推向极端：“耶，比如说带整整一磅的毒品！也许我们可以把整个箱子装满。”这个朋友此时也跟着说：“好，好，小子，到时让我们把每个人都弄嗨起来！”

这看起来似乎证实了一些迷思，以及关于同伴互动和错误决定的说法。但研究表明，同样的过程也能影响青少年做出适应良好的适应性行为。在相同的研究中，研究人员发现，一些青少年会使用同样的话语模式和积极强化来促进善良的、亲社会的行为（Piehler & Dishion，2007）。这也是一个强大的影响因素。例如，在讨论如何准备一场派对时，一些青少年提出可以邀请一些很少受到邀请参加社交活动的同伴。在这些情况下，他们的朋友的反应是微笑、身体前倾，鼓励这些青少年扩展开来说说他们的想法，甚至还会提出一些更具创造性的方法来帮助那些感觉自己在社交上被边缘化了的同伴。与偏差行为训练非常相似，研究结果表明，朋友的强化也会影响和激发青少年有关适宜社交行为的对话，这表明同伴的作用并不仅局限于错误的决定。

另一项心理学研究表明，同伴之间的相互影响不仅通过具有积极强化作用的对话实现，而且通过设定看起来“正常的”标准（至少在合意的同伴小群体中这样做）来实现（Prentice，2008）。有关这些“社会规范”的理论表明，当青少年想让自己看起来更像其他人时，他们会模仿那些最受欢迎的人的行为，这时，他们最有可能受到影响。如果你看过一则广告或一张海报，上面写着“大多数青少年不会在周末喝两杯以上的酒精饮料”，那么你已经看到这项“社会规范”
115 研究的实际效果。成年人希望通过对青少年实施教育，让他们了解大多数青少年的行为特点，从而约束那些认为需要过度饮酒才会被其他人喜欢的青少年的饮酒习惯。

一些研究人员试图利用这些相同的过程来研究是否可以引导青少年做出亲社会行为（prosocial behavior）。在一项研究中，研究人员设计了一个虚拟的在线“聊天室”，从表面上看，这个“聊天室”里都是一些最受欢迎的同学（Choukas-Bradley，Giletta，Cohen，& Prinstein，2015）。研究者引导参与这项研究的青少年相信自己正在和最崇拜的人现场交谈，而且，在这个“聊天室”里，他们还有机会回答一系列的多项选择题。对于每一个题目，青少年在给出自己的答案之前，都会先看到他们很受欢迎的同伴的回答。通过这种方法，研究人员可以分析出青少年何时会按照他们更受欢迎的同伴的回答给出答案，以及哪种行为最容易受到影响。研究结果表明，当那些受欢迎的同伴似乎认可积极、健康的行为时，大多数参与研究的青少年尤其有可能模仿他们的行为。例如，在他们进入这个“聊天室”之前，研究人员询问这些青少年自愿参与社区服务或帮助一个不受欢迎的同学的可能性有多大。青少年独自被问到这个问题时，大多数的回答都只是对这两种利他行为中的一种有点儿兴趣。但在“聊天室”里，当看到他们最受欢迎的同学极有可能做出这两种行为后，这些青少年改变了主意。他们受到了影响，表现出对这两种利他行为的兴趣，甚至在“聊天室”注销后，依然对这些行为感兴趣（Choukas-Bradley et al.，2015）。

你需要知道的

我们很少听说这种社会影响，所以这种影响看起来似乎并不经常发生。但心理学家发现，同伴及其影响在决定青少年成长过程中诸多行为的养成方面起着重要作用。通过与同伴的互动，青少年学会了如何进行社交互动，如何应对最复杂的社交困境，如何发展出适应性的恋爱关系行为，如何理解小工具、社交媒体网站、手机应用等越来越复杂的科技词汇，甚至是如何应对一些严酷的事件（Prinstein & Giletta，2015）。青少年从同伴那里获得了很多东西，在同伴的影响下，他们的生活往往会变得更好。

参考文献

Brechwald, W. A., & Prinstein, M. J. (2011). Beyond homophily: A decade of advances in understanding peer influence processes. *Journal of Research on Adolescence*, *21* (1), 166–179.

Brown, B. B., Bakken, J. P., Ameringer, S. W., & Mahon, S. D. (2008). A comprehensive conceptualization of the peer influence process in adolescence. In M. J. Prinstein & K. A. Dodge (Eds.), *Understanding peer influence in children and adolescents.* New York, NY: Guilford Press.

Centers for Disease Control and Prevention [CDC](2015). *Youth Risk Behavior Survey Data.* Retrieved from https://www.cdc.gov/yrbs.

Choukas-Bradley, S., Giletta, M., Cohen, G. L., & Prinstein, M. J. (2015). Peer influence, peer status, and prosocial behavior: An experimental investigation of peer socialization of adolescents' intentions to volunteer. *Journal of Youth and Adolescence*, *44* (12), 2197–2210.

Dishion, T. J., Spracklen, K. M., Andrews, D. W., & Patterson, G. R. (1996). Deviancy training in male adolescent friendships. *Behavior Therapy*, *27* (3), 373–390.

Hardwicke, C. (Director). (2003). *Thirteen* [Motion picture]. Los Angeles, CA: Fox Searchlight Pictures.

Hartup, W. W. (1996). The company they keep: Friendships and their developmental significance. *Child Development*, *67* (1), 1–13.

Hawkins, J. D., Catalano, R. F., & Miller, J. Y. (1992). Risk and protective factors for alcohol and other drug problems in adolescence and early adulthood: Implications for substance abuse prevention. *Psychological Bulletin*, *112* (1), 64–105.

Jewell, J. D., & Hupp, S. D. A. (2018). *Prevalence of myths about adolescence* [Manuscript in preparation].

Judge, M. (1993–2011). *Beavis and Butthead.* Hollywood, CA: MTV.

Kandel, D. B. (1978). Homophily, selection, and socialization in adolescent friendships. *American Journal of Sociology*, *84* (2), 427–436.

King, I. M. (2009). *Pretty Little Liars*. Hollywood, CA: ABC Family.

Piehler, T. F., & Dishion, T. J. (2007). Interpersonal dynamics within adolescent friendships: Dyadic mutuality, deviant talk, and patterns of antisocial behavior. *Child Development*, *78* (5), 1611–1624.

Prentice, D. A. (2008). Mobilizing and weakening peer influence as mechanisms for changing behavior. In M. J. Prinstein & K. A. Dodge (Eds.), *Understanding peer influence in children and adolescents*. New York, NY: Guilford Press.

Prinstein, M. J., & Giletta, M. (2015). Peer relations and developmental psychopathology. In D. Cicchetti (Ed.), *Developmental psychopathology, theory and method* (Vol.1). New York, NY: Wiley.

Stanton, A., & Unkrich, L. (Directors). (2003). *Finding Nemo* [Motion picture]. Los Angeles, CA: Pixar Animation.

Waters, M. (Director). (2004). *Mean Girls* [Motion picture]. Los Angeles, CA: Paramount Pictures.

迷思 33 男孩子只用棍棒和石头伤害他人，女孩子则用言语 117

我们中的大多数人都听说过一句老话："棍棒和石头可以打断我的骨头，但言语永远无法伤害我。"虽然我们不知道这句话最初是谁说的，但可以猜想，这可能是一位烦透了听孩子们总是来报告有同学在操场上取笑他们的教师说的。但在这句老话中，我们可以找到两种不同的"攻击"（aggression）定义，这两种类型的"攻击"至今依然是社会和研究人员感兴趣的主题。"棍棒和石头"象征着一个人可能施加在另一个人身上的各种身体攻击，包括拳打脚踢、推搡撕扯等。相反，所谓无害的"言语"则象征着孩子（或成年人）轻视、贬损、口头侵犯受害者，传播有关受害者的谣言，或是在社交上使受害者难堪的各种方式。身体攻击可以包括拳打脚踢和类似的行为，而言语攻击通常仅限于咒骂、威胁，或者是关系性攻击（relational aggression），如取笑某人或排斥某人等。网络欺凌（cyberbullying）通常被视为关系性攻击的一个子类别，因为它常常利用电子手段（短信或社交媒体）来实现施害者的目的。

因此，虽然教师通常是充满智慧的人，但备受关注的网络欺凌案件明显驳斥了"言语永远无法伤害我们"的观点。例如，2003 年，13 岁的瑞安·哈利根（Ryan Halligan）在多次经历几名同学的网络欺凌后，上吊自杀（Flowers，n. d.）。虽然瑞安被欺负了好几年，但当学校里他喜欢的一个很受欢迎的女孩假装对他感兴趣，然后把他们两人的私人信息给她的几个朋友看时，他似乎被推到了绝境（Cohen-

Almagor，2015）。2014 年 12 月，艾米丽·奥尔森（Emilie Olsen）自杀，上演了同一出悲剧。她的父母称，她在学校遭到一些同学的骚扰，他们甚至创建了一个名为“艾米丽·奥尔森是一个同性恋”的社交媒体账号（Wang，2016）。对此，她的父母已向联邦法院提起诉讼，指控学区管理者和其他工作人员，称该校疏忽大意，未能对欺凌行为作出回应。在提起诉讼几个月后，艾米丽所在学校的校长突然辞职（Pitman，2016）。

一项民意调查反映了社会对欺凌现象的关注，也描绘了一种对这一主题的更为广泛、更加复杂的观点。例如，对成年人进行的一项哈里斯民意调查（Harris Poll）发现（Birth，2016），60% 的被调查者认为，“现在学校里的欺凌现象比我上学时更普遍”。与网络欺凌相关，
118 这项调查还发现，大多数成年人（86%）认为，“科技让欺凌他人变得更容易”，而且 60% 年龄为 18—24 岁的被调查者称自己遭受过网络欺凌。但是，社会上很多人通常认为，间接的、言语的或关系性的攻击在大多数情况下为女孩所为，而男孩在欺负他人时往往仅实施身体攻击。事实上，我们的研究发现，85% 的大学生听说过这个迷思，71%—77% 的大学生赞同这个迷思（Jewell & Hupp，2018）。或许这并不奇怪，因为媒体描绘了青春期典型的攻击行为。例如，热映影片《回到未来》（*Back to the Future*）（Zemeckis，1985）中的比弗［Biff，由托马斯·威尔逊（Thomas Wilson）饰演］就是一个典型的少年恶霸，他体型比同学高大，更具身体攻击性。比弗正是在他欺负乔治·麦克弗利［George McFly，由克里斯平·格洛弗（Crispin Glover）饰演］，要求乔治替他写作业时出场。还有电视剧《绯闻女孩》（Hull，2010）和电影《刁蛮女孩》（Waters，2004），事实上，它们的片名就说明了一切。描绘一个十几岁女孩侮辱和欺负另一个女孩的著名场景之一是音乐剧《油脂》（*Grease*）（Kleiser，1978）中，里佐（Rizzo）

用一首歌《看我，我是桑德拉·迪》(*Look at Me, I'm Sandra Dee*) 来嘲笑她的对手桑德拉·迪 (Sandra Dee)。讽刺的是，在这首歌里，里佐嘲笑桑德拉·迪是一个“自命不凡的假正经”。她还唱道：“猫王，猫王，让我成为你！让你的身体远离我！”

但这方面的研究可能会让许多人感到惊讶。2008 年，一个研究团队（Card, Stucky, Sawalani, & Little, 2008）为了找到一些问题的答案，综述了 148 项以身体攻击和关系性攻击为主题的现有研究。这项元分析的被试总样本量超过 50 000 人。他们的研究结果表明，男孩比女孩更有可能做出身体攻击行为，而且男孩与女孩之间的效应值（effect size）或差异相对较大——这个结果对大多数人来说并不奇怪。不过，当涉及关系性攻击时，研究者发现，男孩与女孩之间的差异非常小，以至于可以忽略不计。因此，在取笑、散布谣言和其他类似行为等关系性攻击表现方面，男孩与女孩非常相似。他们的综述还发现另一个有趣的结果：身体攻击与关系性攻击之间呈显著相关。换句话说，那些欺负他人的青少年不仅经常做出身体攻击行为，而且常常实施关系性攻击。为了更深入地挖掘欺凌行为的原因和后果，一些学者还研究了亲社会行为（我们通常认为是良好的社会行为类型）与身体攻击和社会性攻击之间的关系，并发现了令人吃惊的结果。正如人们所料，身体攻击与较低的亲社会行为发生率有关。与之相反，关系性攻击则与较高的亲社会行为发生率有关！因此，那些在人际关系中欺负他人的人似乎具有更强的亲社会技能（prosocial skills）。这个结果可能类似于另一个观点，即那些体型更高大的孩子更有可能在身体上 119
欺凌其他孩子。不过，尽管那些参与关系性攻击的青少年似乎具有更强的亲社会技能，但他们利用亲社会行为进行关系性攻击的策略似乎并不能帮助他们爬上更高的社会阶梯。具体而言，研究者发现，关系性攻击越多，被同伴接纳的程度越低（Card et al., 2008）。因此，如果关系性攻击的目的是贬低他人从而提高自己的社会地位，那么它似乎是行不通的。

巴利特和科因（Barlett & Coyne，2014）进行了另一项元分析，并将关注的焦点更为具体地放在网络欺凌这种关系性攻击（包括利用社交媒体侮辱他人、散播谣言等）上。研究者总结了109篇关于这个主题的文章，被试的总样本量超过20万人。与前面提到的卡德等人（Card et al.，2008）的研究类似，巴利特和科因发现，虽然性别差异不是很明显，但男孩事实上比女孩更有可能实施网络欺凌。因此，涉及几百项研究的两篇综述都发现，男孩往往比女孩更具身体攻击性，但男孩和女孩在网络欺凌或其他形式的关系性攻击的水平上大致相同。

你需要知道的

无论欺凌者的性别或欺凌的类型如何，这对青少年来说一直都是一个至关重要的话题。研究已经找出学校欺凌的一些系统性原因。洪和埃斯皮莱奇（Hong & Espelage，2012）发现了一些更为广泛的要么会让青少年更容易受到欺凌，要么能够保护青少年免遭欺凌的个人因素。例如，这些研究者指出，中学和高中早期是最容易发生欺凌的时期，因此，如果把重点放在这些年级，那么预防和干预工作可以取得最好效果。一份开创性文献显示，与异性恋青少年相比，被认定为LGBTQ的青少年遭受欺凌的风险要大得多。同样，超重或肥胖的青少年也更容易遭受欺凌。家庭内的一些因素似乎也可预测儿童或青少年是否会遭受欺凌。例如，如果一个孩子一直被家人忽视或虐待，那么这个孩子就更有可能遭受同伴欺凌。目睹父母之间的家庭暴力也增加了青少年欺凌他人，以及成为欺凌受害者的风险。相反，建立更为牢固的同伴关系，以及与学校更为紧密的联系感，往往能减少遭受欺凌的可能性（Hong & Espelage，2012）。

现已发现，一些全校范围的项目可以有效预防校内欺凌现象。例 120
如，美国物质滥用和精神健康服务管理局（United States Substance Abuse and Mental Health Services Administration，SAMHSA）在国家循证方案和实践注册中心（National Registry of Evidence-based Programs and Practices）的网站上列出一些循证方案，以预防学校中的欺凌行为，改善同伴关系，增强学生与学校的联系感。举两个例子，一个项目是“创建一个和平的学校学习环境”（Creating a Peaceful School Learning Environment，CAPSLE；Twemlow，Sacco，& Twemlow，1999），另一个是“一步一步学会尊重”项目（Steps to Respect Program，Committee for Children，2001）。现已发现，这两个项目都能有效减少欺凌受害者的数量，并能有效改善学校氛围和同伴关系（Brown，Low，Smith，& Haggerty，2011；Fonagy et al.，2009）。但公众对这类项目的态度可能是问题的一部分。如果我们回到前面提到过的哈里斯民意调查，就会看到，61% 的被调查的成年人认为，“过度保护学龄儿童免遭欺凌可能不利于他们独立处理问题能力的发展”。此外，虽然有 74% 的被调查的成年人认为“忽视欺凌事件”是一种糟糕的策略，但这也意味着有 26% 的被调查的成年人认为这是一种好策略。这些发现或许有些令人气馁，因为我们常常依赖父母、教师和其他成年人来教儿童和青少年什么是社会允许的东西。所以，如果青少年在成长过程中没有接受过这些教育，那么他们长大后就不太可能会这些东西。

参考文献

Barlett，C.，& Coyne，S. M.（2014）. A meta-analysis of sex differences in cyberbullying behavior：The moderating role of age. *Aggressive Behavior*，*40*（5），474–488.

Birth，A.（2016）. *Bullying in schools：A growing problem? Americans think so.*

Retrieved from http: //www.theharrispoll.com/health-and-life/Bullying-in-Schools-Growing-Problem.html.

Brown, E. C., Low, S., Smith, B. H., & Haggerty, K. P. (2011). Outcomes from a school-randomized controlled trial of Steps to Respect: A bullying prevention program. *School Psychology Review*, *40* (3), 423–443.

Card, N. A., Stucky, B. D., Sawalani, G. M., & Little, T. D. (2008). Direct and indirect aggression during childhood and adolescence: A meta-analytic review of gender differences, intercorrelations, and relations to maladjustment. *Child Development*, *79* (5), 1185–1229.

Cohen-Almagor, R. (2015). *Confronting the internet's dark side: Moral and social responsibility on the free highway*. Cambridge: Cambridge University Press.

121 Committee for Children (2001). *Steps to respect: A bullying prevention program.* Seattle WA: Author.

Flowers, J. (n. d.). *Cyber-bullying hits community*. Retrieved from http: //www.addisonindependent. com/node/280.

Fonagy, P., Twemlow, S. W., Vernberg, E. M., Nelson, J. M., Dill, E. J., Little, T. D., & Sargent, J. A. (2009). A cluster randomized controlled trial of child-focused psychiatric consultation and a school systems-focused intervention to reduce aggression. *Journal of Child Psychology and Psychiatry*, *50* (5), 607–616.

Hong, J. S., & Espelage, D. L. (2012). A review of research on bullying and peer victimization in school: An ecological system analysis. *Aggression and Violent Behavior*, *17* (4), 311–322.

Hull, R. (Writer). (2010, October 11). Goodbye, Columbia [Television series episode]. In *Gossip Girl*. New York, NY: The CW.

Jewell, J. D., & Hupp, S. D. A. (2018). *Prevalence of myths about adolescence* [Manuscript in preparation].

Kleiser, R. (Director). (1978). *Grease* [Motion picture]. Hollywood, CA: Paramount Pictures.

Pitman, M. D. (2016). *Failed principal accused in Emilie Olsen lawsuit resigns*. Retrieved from http: //www.journal-news.com/news/news/local/fairfield-principal-accused-in-emilie-olsen-lawsui/nrPdY.

Twemlow, S. W., Sacco, F. C., & Twemlow, S. W. (1999). *Creating a peaceful school learning environment: A training manual for elementary schools*. Agawam, MA: T & S Publishing.

Wang, Y. (2016). *After years of alleged bullying, an Ohio teen killed herself. Is her school district responsible*? Retrieved from https: //www.washingtonpost.com/news/morning-mix/wp/2016/05/23/after-years-of-alleged-bullying-an-ohio-teen-killed-herself-is-her-school-district-responsible.

Waters, M. (Director). (2004). *Mean girls* [Motion picture]. Hollywood, CA: Paramount Pictures.

Zemeckis, R. (Director). (1985). *Back to the future* [Motion picture]. Hollywood, CA: Universal Pictures.

社会环境的小迷思

迷思 34　大多数青少年与父母关系紧张

在《哈利·波特》(Harry Potter）系列的最后一本中，罗琳（J. K. Rowling）让读者看到，哈利·波特此时已经是一个有了孩子的已婚成年人。而最新版的故事《哈利·波特与被诅咒的孩子》(*Harry Potter and the Cursed Child*，一部舞台剧）讲述了哈利·波特那个被诅咒的 14 岁儿子阿不思（Albus）的故事——阿不思一直生活在父亲盛名的阴影之下。当阿不思对哈利·波特说“我真希望你不是我父亲”(Thorne，Rowling，& Tiffany，2016，p.41）时，这对父子间关系 122
的剑拔弩张达到顶峰。哈利·波特回了他一句说：“好吧，我有时候希望你不是我儿子。”(Thorne et al.，2016，p.41）一说完这句话，他立马就后悔了。此后不久，阿不思便踏上了一段哈利·波特并不赞同的旅程。

几十年来，青少年与父母之间的紧张关系一直是常见的小说素材。电影《早餐俱乐部》(Hughes，1985）中五个性格迥异的青少年意识到他们有共同的地方，从而逐渐成为朋友。“运动员”安德鲁（Andrew）憎恨他的父亲，因为父亲给了他很大压力，要求他在运动方面一定要取得成功。“书呆子”布莱恩（Brain）不喜欢他的父母，因为他们在学习上给了他很大的压力。“公主女孩”克莱尔（Claire）认为她的父母不在乎她，因为他们在吵架时总是利用她来报复对方。“怪咖”艾莉森（Allison）一直被父母忽视，而“小痞子”约翰（John）遭到父亲身体上和情感上的双重虐待。

青春期充满暴风骤雨的问题除了情绪障碍和危险行为，还有第三个方面——与《早餐俱乐部》里五个孩子的经历一样，大多数青少年经常有与父母发生冲突的想法（Arnett，1999）。青少年与父母之间不可避免地会发生某种冲突，但这种冲突是否决定了大多数家庭的亲子关系呢?

在安娜·弗洛伊德（Anna Freud，1946）(她自己也曾是西格蒙德·弗洛伊德的十几岁女儿）看来，青少年与父母的冲突是不可避免的，而且这种冲突会持续数年。不过，在对50多年来的17项青少年与父母冲突研究的综述中，研究者得出的结论是，这些关系中只有15%—20%涉及严重冲突（Montemayor，1983）。此外，对大多数家庭来说，冲突的主题也只有少数几个。在一项关于青少年与父母冲突的研究中，研究者发现，67%的青少年与父母之间存在一种安全的关系，这个发现与之前的研究一致（Dykas，Woodhouse，Ehrlich，& Cassidy，2010）。总体而言，尽管青少年与父母之间存在某种冲突是正常的，但大多数青少年与父母的关系是积极的。

参考文献

Anna Freud（1946）. *The ego and the mechanisms of defence*. New York，NY：International Universities Press.

Arnett，J. J.（1999）. Adolescent storm and stress，reconsidered. *American Psychologist*，*54*（5），317-326.

Dykas，M. J.，Woodhouse，S. S.，Ehrlich，K. B.，& Cassidy，J.（2010）. Do adolescents and parents reconstruct memories about their conflict as a function of adolescent attachment? *Child Development*，*81*（5），1445-1459.

123 Montemayor，R.（1983）. Parents and adolescents in conflict：All families some of

the time and some families most of the time. *The Journal of Early Adolescence*, *3* (1–2), 83–103.

Hughes, J. (Director). (1985). *The Breakfast Club* [Motion picture]. Los Angeles, CA: Universal Pictures.

Thorne, J., Rowling, J. K., & Tiffany, J. (2016). *Harry Potter and the cursed child: Parts one and two.* New York: Arthur A. Levine Books.

迷思 35　询问青少年是否有过自杀的想法往往会“播下种子”，使他们更有可能真的尝试自杀

自杀是10—24岁青少年死亡的第二大原因（Centers for Disease Control and Prevention，2014）。而且，青少年自杀的问题越来越严重。从1999年到2014年，10—14岁青少年的自杀率增加了2倍，15—24岁青少年的自杀率提高了50%以上（Curtin，Warner，& Hedegaard，2016）。然而，青少年似乎不愿意公开与其他人讨论自杀的想法，一项针对青少年的民意调查发现，大多数青少年（77%）会向同伴求助（Gallup，1991）。因此，重要的是，我们所有人都愿意公开地与朋友、家人讨论自杀的可能性。不过，当我们认同这样一种观点，即询问一个有可能自杀的人是否有自杀的想法，实际上会促使他/她真的自杀，从而产生“播种”效应（“planting the seed” effect），自杀预防就会受阻。例如，沃拉克、特兰和索内克（Voracek，Tran，& Sonneck，2008）的研究发现，大约20%的大学生赞同或不确定这种说法，即“如果你直接问某人‘你想自杀吗’，便有可能导致这个人真的尝试自杀”。同样，耶尔梅兰和克尼扎克（Hjelmeland & Knizek，2004）对挪威1 000名成年人进行了抽样调查，结果发现，研究样本中的大多数成年人对“询问一个人有没有自杀的想法，是否有引发自杀念头的风险”作出了肯定或不确定的回答。以中国成年人为样本进行的研究也得出类似的结果（Lee，Tsang，Li，Phillips，& Kleinman，2007）。

那么，询问潜在自杀者的自杀风险是否真的会“把他们推向自杀

的边缘”呢？有些关于该主题的最佳研究说“不会”。具体而言，古尔德等人（Gould et al.，2005）收集了 2 300 多名高中生的样本，并将他们分成两组。研究者要求这两组大学生都完成一套健康筛查，但一组的筛查包括自杀问题，而另一组不包括。两天后，两组大学生都完
成了评估其痛苦程度和自杀意念的问卷。两组大学生在痛苦程度和自 124
杀意念方面没有表现出差异；因此，询问关于自杀的问题似乎不会导致两天后痛苦程度和自杀意念的增加。不过，研究者还做了更进一步的研究，他们根据一些风险因素（包括之前的自杀企图等）找出了两组中具有高自杀风险的学生。他们的研究结果与迷思的预测相反。具体而言，与那些没有被问及自杀问题的高风险学生相比，那些被问及自杀问题的高风险学生两天后的痛苦程度和自杀意念均有所降低。这项研究的发现对自杀预防计划（suicide prevention programs）有着广泛的影响，因为实施这项计划的第一步是鼓励参与者接近那些看起来具有自杀风险的朋友或其他人。其他针对自残想法和行为的有效治疗方法的研究也正在兴起（Glenn，Franklin，& Nock，2015）。要想了解更多有关如何支持身边可能有自杀倾向的人的信息，可访问“自杀预防资源中心”（Suicide Prevention Resource Center）。

参考文献

Centers for Disease Control and Prevention（2014）. *10 leading causes of death by age group*, *United States*. Retrieved from https：//www.cdc.gov/injury/images/lc-charts/leading_causes_of_death_age_group_2014_1050w760h.gif.

Curtin，S. C.，Warner，M.，& Hedegaard，H.（2016）. Increase in suicide in the United States，1999–2014. *NCHS Data Brief*, *241*，1–8.

Gallup，G.（1991）. *The Gallup survey on teenage suicide.* Princeton，NJ：The George H. Gallup International Institute.

Glenn，C. R.，Franklin，J. C.，& Nock，M. K.（2015）. Evidence-based psychosocial treatments for self-injurious thoughts and behaviors in youth. *Journal of Clinical Child and Adolescent Psychology*，*44*（1），1–29.

Gould，M. S.，Marrocco，F. A.，Kleinman，M.，Thomas，J. G.，Mostkoff，K.，

Cote, J., & Davies, M. (2005). Evaluating iatrogenic risk of youth suicide screening programs: A randomized controlled trial. *Jama*, *293* (13), 1635–1643.

Hjelmeland, H., & Knizek, B. L. (2004). The general public's views on suicide and suicide prevention, and their perception of participating in a study on attitudes towards suicide. *Archives of Suicide Research*, *8* (4), 345–359.

Lee, S., Tsang, A., Li, X. Y., Phillips, M. R., & Kleinman, A. (2007). Attitudes toward suicide among Chinese people in Hong Kong. *Suicide and Life-Threatening Behavior*, *37* (5), 565–575.

Voracek, M., Tran, U. S., & Sonneck, G. (2008). Psychometric properties of the Revised Facts on Suicide Quiz in Austrian medical and psychology undergraduates. *Death Studies*, *32* (10), 937–950.

迷思 36　青少年只听同伴的

青少年与父母在一起的时间往往比他们小时候少，而且他们在某些话题上更依赖朋友的建议。不过，研究也表明，他们并没有完全不听父母的话。例如，在一项研究中，研究者要求青少年说出他们会找谁来讨论某些话题，青少年表示他们更愿意找朋友讨论与性有关的话题（Youniss & Smollar，1986）。相比之下，他们依然报告他们更愿意找父母讨论一些与学校和职业目标有关的话题（更多有关青少年与父母之间不断发展的关系的讨论，可参见迷思 30）。即使在与性有关的话题上，与父母的交流也会影响青少年的态度和行为（Holman & Kellas，2015；Rogers，2017）。因此，即使青少年在一些话题上更愿意听同伴的，他们也依然会听父母的，至少会在某种程度上听父母的。

参考文献

Holman，A.，& Kellas，J. K.（2015）. High school adolescents' perceptions of the parent-child sex talk：How communication，relational，and family factors relate to sexual health. *Southern Communication Journal*，*80*（5），388–403. doi：10.1080/1041794X.2015.1081976.

Rogers，A. A.（2017）. Parent-adolescent sexual communication and adolescents' sexual behaviors：A conceptual model and systematic review. *Adolescent Research Review*，*2*（4），293–313.

Youniss，J.，& Smollar，J.（1986）. *Adolescent relations with mothers*，*fathers*，*and friends.* Chicago，IL：University of Chicago Press.

迷思 37　性侵女孩的通常是陌生人

在很受欢迎的电视节目《迪格拉丝中学的下一代》(Yorke & Earnshaw, 2007) 中，作为主角的达西在一个派对上被一个身份不明的行凶者“迷晕”(服用了一种迷奸药) 并遭性侵。性侵一直是一个极为严重的问题。很多研究发现，20%—25% 的女大学生报告曾遭到性侵 (Krebs, Lindquist, Warner, Fisher, & Martin, 2009a, 2009b)。但事实上，陌生人犯下的性侵事件很罕见。例如，2000 年的一项研究使用了一个大型联邦犯罪受害者数据库，研究性侵受害者与性侵者之
126 间的关系 (Snyder, 2000)。结果发现，对于年龄为 12—17 岁的女性性侵受害者，24% 的性侵者是家庭成员，66% 是熟人，只有 10% 是陌生人。18—24 岁的受害者也是如此，研究结果表明，对于这个年龄段的受害者，10% 的性侵者是家庭成员，66% 是熟人，只有 24% 是陌生人。因此，绝大多数 (约三分之二) 的性侵事件是熟人所为，如邻居、朋友、约会对象以及受害者认识的其他人。这个迷思的危害在于，那些潜在的性侵受害者可能会认为，如果她们身边有熟人或很了解她们的人，那么她们就始终是安全的，不会遭到侵犯。不幸的是，情况似乎并非如此。事实上，《狩猎场》(*The Hunting Ground*)(Dick, 2015) 这部电影就突出表现了大学校园里的强奸问题。要想了解更多有关如何抵制大学校园内性侵事件的信息，可访问非营利机构“终止校园强奸”(End Rape On Campus) 网站。

参考文献

Dick, K. (Director). (2015). *The Hunting Ground* [Motion picture]. Hollywood, CA: Chain Camera Pictures.

Krebs, C. P., Lindquist, C. H., Warner, T. A., Fisher, B. S., & Martin, S. L. (2009a). College women's experiences with physically forced, alcohol or drug-enabled and drug-facilitated sexual assault before and since entering college. *Journal of American College Health*, *57*, 639–647.

Krebs, C. P., Lindquist, C. H., Warner, T. D., Fisher, B. S., & Martin, S. L. (2009b). The differential risk factors of physically forced and alcohol or other drug enabled sexual assault among university women. *Violence and Victims*, *24*, 302–321.

Snyder, H. N. (2000). *Sexual assault of young children as reported to law enforcement: Victim, incident, and offender characteristics* [*NIBRS statistical report*]. Washington, DC: U.S. Department of Justice.

Yorke, B. (Writer), & Earnshaw, P. (Director). (2007). Standing in the dark: Part 1 [Television series episode]. In L. Schuyler, S. Stohn & B. Yorke (Producers). *Degrassi: The Next Generation.* Toronto, ON: CTVglobemedia.

迷思 38　大部分大学生在 4 年内毕业

虽然大多数大学生家长（尤其是那些提供经济支持的家长）都想相信这个迷思是真的，但事实并非如此。事实上，美国教育部（U.S.
127 Department of Education）要求各所大学在 6 年后报告毕业率，而不是 4 年，因为 4 年内毕业的大学生相对较少。2015 年，美国公立大学全日制本科生平均 6 年毕业的比例仅为 59%（U.S. Department of Education，2017）。而这一比例事实上比 2010 年（58%）还高了 1%。而且毫不奇怪，6 年毕业率因学生是就读于非营利性私立大学（6 年毕业率略高，达 66%）还是营利性私立大学（6 年毕业率较低，仅为 23%）而有显著差异（U.S. Department of Education，2017）。

但是，这个认为“大部分大学生在 4 年内毕业”的迷思是怎么回事呢？非营利机构“完成美国大学教育”（Complete College America）的一份报告称，“当前的按时毕业率表明，对太多学生来说，‘四年拿到学位’和‘两年拿到学位’都只不过是现代神话”（Complete College America，2014，p.4）。这份报告还发现，在美国，上“旗舰”州立大学的学生平均只有 36% 在 4 年内毕业。而“非旗舰”州立大学的按时毕业率还要更低，仅有 19%。这项研究还报告，“在美国 580 多所四年制公立大学中，只有 50 所的全日制学生按时毕业率达到或超过 50%”（Complete College America，2014，p.5）。这份报告还鼓励各所大学开设更多的课程，减少选修课的选择，并加强学业咨询指导，以减少累积的超额学分，缩短毕业时间。

参考文献

Complete College America. (2014). *New report: "4-year" degrees now a myth in American higher education*. Retrieved from https://completecollege.org/article/new-report-4-year-degrees-now-a-myth-in-american-higher-education.

U.S. Department of Education. (2017). The condition of education 2017 (NCES 2017-144), *Undergraduate Retention and Graduation Rates.* Washington, DC: Author, National Center for Education Statistics.

迷思 39　大学是一生中最快乐的时光

在电视节目《好汉两个半》（第 6 季第 10 集）中，年幼的杰克·哈珀［Jake Harper，安格斯·琼斯（Angus Jones）饰演］和祖母艾夫林［Evelyn，霍兰德·泰勒（Holland Taylor）饰演］在一起骑马，
128 祖母试图激励他上大学（Lorre，Aronsohn，& Melman，2008）。她对有些不情愿的杰克说："亲爱的，我是上过大学的。那是我一生中最快乐的几年。"而事实上，这个迷思因这一整个类型的电影而持续存在。《21 岁派对》（*21 & Over*）（Burkle，Colbeck，Felts，Lucas，& Moore，2013）、《留级之王》（D'Amico，Foster，von Alvensleben，& Becker，2002）等影片，常常将大学时光描绘成一场漫长的、无忧无虑的派对，但事实并非如此。杨（Yang，2008）抽取了美国近 3 万名成年人样本，研究了这样一个问题：随着年龄的增长，人们的幸福感发生了怎样的变化？这位研究者发现，"平均的幸福水平在成年早期触底，然后在接下来的整个人生中呈不断上升的趋势"（Yang，2008，p.217）。换句话说，幸福感在大学期间有所下降，然后开始不断攀升。他发现，无论个体出生在哪个年代（如无论是出生在 1945 年还是 1975 年），这种趋势都是一样的（Yang，2008）。这项大规模研究获得的数据表明，大学时代或许并不像人们想象的那样无忧无虑。这是因为大学生通常要面对一系列的压力，包括适应远离家人和高中朋友的生活、助学贷款债务（loan debt）、兼顾学习和工作等。事实上，斯威特、南迪、亚当和麦克达德（Sweet，Nandi，Adam，& McDade，2013）的研究发现，即使在研究之前控制了心理和生理健康方面的因素，高

额的助学贷款债务往往也会导致一系列心理和生理问题，包括抑郁症的高患病率、高血压等。其他研究也发现了类似的结果（Walsemann, Gee, & Gentile, 2015）。因此，对所有大学生来说——不要气馁。就像弗兰克·西纳特拉（Frank Sinatra）唱过的一首歌的歌名，“最好的还在后头”。

参考文献

Burkle, R., Colbeck, J., Felts, J. (Producers), Lucas, J., & Moore, S. (Directors). (2013). *21 & over* [Motion picture]. Hollywood, CA: Relativity Media.

D'Amico, K., Foster, L., von Alvensleben, P. (Producers), & Becker, W. (Director). (2002). *Van Wilder* [Motion picture]. Hollywood, CA: Myriad Pictures.

Lorre, C., Aronsohn, L. (Writers), & Melman, J. (Director). (2008). He smelled the ham, he got excited [Television series episode]. In L. Aronsohn & S. Beavers, *Two and a half men*. Los Angeles, CA: Columbia Broadcasting System.

Sweet, E., Nandi, A., Adam, E. K., & McDade, T. W. (2013). The high price of debt: Household financial debt and its impact on mental and physical health. *Social Science and Medicine*, *91*, 94-100.

Walsemann, K. M., Gee. G. C., & Gentile, D. (2015). Sick of our loans: Student borrowing and the mental health of young adults in the United States. *Social Science and Medicine*, *124*, 85-93. 129

Yang, Y. (2008). Social inequalities in happiness in the United States, 1972 to 2004: An age-period-cohort analysis. *American Sociological Review*, *73* (2), 204-226.

MYTHS

第四章

现代社会的问题*

现代社会问题的小迷思

---

* *Great Myths of Adolescence*, First Edition. Jeremy D. Jewell, Michael I. Axelrod, Mitchell J. Prinstein, and Stephen Hupp.

迷思 40　现在的青少年不如前几代

“现在的孩子”是当代许多描绘几代人生活在同一个屋檐下的家庭生活的电视连续剧的共同主题。这些节目有一个典型的场景，那就是爷爷奶奶向爸爸妈妈抱怨那个无可救药的青少年，说他或她播放的音乐太大声、乱交狐朋狗友、态度恶劣，等等。以 ABC 播放的喜
131 剧《喜新不厌旧》(*Black-ish*，该剧讲述了一个中上阶层非裔美国家庭的生活）中的鲁比奶奶（Grandma Ruby）为例。她经常抱怨孙辈的可怕行为（在第三季第 6 集“Jack of All Trades”中，鲁比觉得她的一个孙女的行为就像是被恶魔附了身，并试图给她驱魔），而且她不赞成儿子和儿媳的育儿方式，话里话外总是暗示他们宠坏了孩子。在“Richard Youngsta”这一集（第三季第 19 集）中，鲁比在得知每个孩子都点了外卖作为晚餐后，接手了给家人准备晚餐的任务。“寿司、汉堡、中餐——哪一个地方能提供良好的育儿服务？”鲁比说道（Saji & Weng，2017）。在接下来的一个场景中，鲁比给大家做了一顿肉饼和南瓜，并声称只有这个可以。

那些被宠坏的孩子经常抱怨自己过分热情的祖父母非要教他们如何保持谦逊不可，这些孩子与大多数成年人口中的“现在的孩子”相比简直有天壤之别。这句话似乎暗示了青少年的行为存在明显的代际差异，而“现在的成年人”似乎对当今的青少年没什么好感。民意调查常常发现，成年人对青少年及其行为的看法相当差，因为他们承认自己经常认为青少年不尊重人、不负责任，甚至很野蛮（Nichols & Good，2004）。例如，在一项大规模民意调查中，82% 的成年人认为

青少年没有是非观（Bostrom，2001）。在另一项大规模调查中，绝大多数成年人认为当今的青少年比 20 年前的青少年更自私（81% 对 6%），更追求物质享乐（79% 对 15%），更无所顾忌（74% 对 14%；Bostrom，2001）。在我们对大学生的研究中，也有 51%—62% 的样本支持这个迷思（Jewell & Hupp，2018）。与成年人认为当今的青少年缺乏道德感和价值观一样，也有研究者用性格缺陷来解释青少年的不良行为（Nichols & Good，2004）。其他解释则涉及不良性格与社会对难缠青少年的认可之间的相互作用。2012 年，《科学北欧》(*Science Nordic*，这是一份提供北欧国家研究新闻的出版物）上发表的一篇文章试图为青少年的粗鲁行为提供科学解释（Karkov，2012）。这篇文章指出，研究之所以表明这一代人自私自利、自我中心且“与一些基本的生活原则相脱节，是因为教师、家长和社会工作者都担心侵犯了孩子的自主性和完整性”(Karkov，2012，p.2）。也许鲁比奶奶委婉地批评儿媳育儿方式的做法，确实值得我们思考。

舆情数据也支持“成年人认为青少年的行为正变得越来越糟糕”的说法。2013 年的一项调查在全美范围内抽取了 1 038 名成年人的代表性样本，询问他们一个问题，即在他们看来，青少年怀孕率是有所上升、有所下降，还是保持不变（National Campaign to Prevent Teen 132
and Unplanned Pregnancy，2013）。结果发现，50% 的成年人认为青少年怀孕率有所上升，24% 的成年人认为青少年怀孕率保持不变。其他调查发现，在成年人看来，与前几代青少年相比，现在的青少年道德水平低下（Bostrom，2001）。一些学者提出，社会已开始担心让年轻人加班的问题。研究者、作家、播音员塔尼娅·布朗（Tanya Brown）博士用“青少年恐惧症”(ephebiphobia）一词来描述这种现象，并提出，这种现象可能有历史根源（Brown，2009）。她还指出，这种现象可能会恶化到某种极端的程度。例如，研究人员发现，近 75% 的成年人认为，教育水平低、工作前景差、价值观可疑的青少年对美国的威胁比来自国外的威胁更严重（Farkas，Johnson，Duffett，& Bers，1997）。显然，“现在的孩子”已经与国际恐怖主义的威胁不相上下。

“现在的青少年不如前几代”这一迷思可能与电视上对青少年的描绘有关。20 世纪 50 年代到 80 年代，聚焦于青少年的电视节目常常描绘青少年与父母一起解决问题的场景［如《脱线家族》《考斯比一家》（*The Cosby Show*）］，虽存在很大缺陷但联系非常紧密的家庭［如《芒斯特一家》（*The Munsters*）、《亚当斯一家》（*Addams Family*）］，以及在美国郊区玩得不亦乐乎的孩子们［如《反斗小宝贝》（*Leave it to Beaver*）、《唐娜·里德秀》（*The Donna Reed Show*）］。在这些电视节目中，青少年所有的行为问题都较轻微，而且都在节目结束前得到改正。《反斗小宝贝》是一部开创性的情景喜剧，讲述了 20 世纪 50 年代在郊区长大的两个男孩的故事——7 岁的比弗·克利弗（Beaver Cleaver）和他 12 岁的哥哥沃利（Wally），他们偷偷把一只小鳄鱼带回了家。虽然克利弗先生在看到浴室里养着一只爬来爬去的小动物时感到很羞愧，但他还是冷静地帮孩子们解决问题，联系了附近的鳄鱼养殖场。《亲情纽带》（*Family Ties*，20 世纪 80 年代热播的一部情景喜剧，讲述了一对曾参加嬉皮运动的父母在郊区养育三个孩子的故事）中的青少年主角亚历克斯·P. 基顿（Alex P. Keaton）在周末父母离开小镇时，把家变成一个提供住宿和早餐的旅馆。爸爸妈妈回来后，亚历克斯和她的两个妹妹都挨了一顿批评。这些问题都是小问题，通常没什么害处，而且总是以青少年吸取教训结束。此外，这些节目中的青少年都很有礼貌、体贴，有责任心且对父母诚实。

意外怀孕［如《青春密语》（*Secret Life of the American Teenager*）］、吸毒（如《绯闻女孩》）、敲诈勒索（如《美少女的谎言》）只是现在的电视节目中虚构出来的青少年经历的一部分。此外，现在的电视节目对青少年的描述与20世纪50年代到80年代的节目形成鲜明对比。例如，现在电视节目上描述的青少年性行为比三四十年前更为逼真形象。因此，与20世纪80年代大多数电视节目的收视率相比，今天以青少年为主角的电视节目通常有14级收视率。今天观看青少年节目的成年人都不禁认为，比起他们自己年轻的时候，现在的青少年的行为明显离经叛道得多。真人秀节目也没起到什么作用。诸如《16岁大肚》(*16 and Pregnant*)、《少女妈妈》(*Teen Mom*)、《熊孩子夏令营》(*Brat Camp*)这样的真人秀节目，进一步证实了许多成年人对青少年的看法，即青少年傲慢无礼、叛逆滥交、不负责任，而且经常吸毒。 133

“现在的青少年不如前几代”这个迷思也因一种文学作品而得到宣扬，这种文学作品表明现在的青少年更加自恋（narcissism），没什么同情心，而且不太愿意为自己身上发生的事情承担个人责任（Konrath，O'Brien，& Hsing，2011；Twenge，Zhang，& Im，2004）。不过，对一个事实的核心的潜在过度解释，可能会让人们更坚定地相信当今青少年道德败坏。一项对自恋（即对自己的看法过于积极、夸大的倾向；社交上外向，但对与他人建立亲密关系的兴趣不大的倾向；为了获得声名而做出高度求关注行为的倾向；看到他人成功便心生怨恨、憎恨的倾向）的研究调查了1979年至2006年的大学生样本，通过对85项研究和16 475名被试的统计分析，发现美国青少年在“自恋人格量表”（Narcissistic Personality Inventory，一种旨在测量自恋倾向的量表）上的得分明显高于前几代青少年（Twenge，Konrath，Foster，Campbell，& Bushman，2008）。研究者指出，这些结果或许有助于理解老一辈人对年轻人的批评——“自我中心、自以为是、傲慢自大和/或不尊重他人”（p.875）。不过，这项研究的作者也指出，鉴于研究表明青少年犯罪率有所下降，而且青少年群体参与志愿服务的比例有所上升，所产生的影响应该会有所缓和。此外，这项研究也存在一些局限。首先，该研究使用的是大学生这一方便样本（convenience sample），因此很难将其研究结果推广到当今大多数年轻人身上（Trzesniewski & Donnellan，2009）。其次，在不同群组的被试中（如1980—1985年、2005—2006年），“自恋人格量表”的得分存在统计学意义上的显著差异。不过，这些分数本身并不一定代表病理性自恋，两个群组之间得分的差异也不具有临床意义。是的，今天的年轻人比前几代年轻人更自恋，但这
134 种自恋既不极端，与前几代青少年表现出的自恋相比也没有很大的不同。此外，这些研究发现，很难提供确凿的经验证据证明现在的孩子比他们的父母或祖父母更懒惰或者更粗鲁、更自私。

最后，成年人对当今青少年的误解可能与这种倾向有关，即人们倾向根据有限但难忘的经历来概括某些群体的特点。这种倾向可以用可得性启发（availability heuristic）来解释，也可以用下面这种观点来解释，即人们总是更重视那些极为显著的或心理上可获得的经验，以及确认偏见的经验，这就意味着人们总是寻找证据来证实他们先前便已存在的信念，而忽视那些驳斥或削弱该信念的证据（Trzesniewski & Donnellan，2009）。就这个迷思而言，成年人可能会记住某个青少年不尊重他人这样一个不平常的事件，并将这个青少年的行为概括为所有青少年的行为，而忽略或忘记了青少年也会表现出尊重他人的行为。

那么，文献是怎样评论当今青少年的行为的呢？从较为常见的青少年行为问题（如与成年人争吵、欺凌、反抗、撒谎、身体攻击、偷窃等）开始，研究表明，当今青少年的行为并不比前几代糟糕。有研究比较了几十年来全国青少年样本的行为问题，结果发现，在不同时期，所有类型的行为问题的平均得分都相似或有所降低。具体而言，自20世纪70年代末以来，父母报告、教师报告和青少年自我报告的行为问题都有所减少或保持不变（参见Achenbach，Dumenci，& Rescorla，2002；Larsson & Brugli，2011；Tick，van der

Ende，& Verhulst，2008；Vieno et al.，2015）。例如，一项对1989—1999年行为问题的10年比较研究发现，所有问题行为类别和所有提供信息者（即父母、教师和青少年）的平均得分都有所下降（Achenbach，Dumenci，& Rescorla，2003）。这些研究者总结，1999年青少年的行为问题略少于1989年。

这些趋势类似于一些更为严重的涉及犯罪的问题（如携带或使用武器、加入帮派、物质滥用等）的发展趋势。20世纪90年代中后期以来，青少年被捕率稳步下降（Desilver，2016），而且纵向研究发现，在过去的几年中，青少年饮酒、吸烟和使用非法药物（如大麻、摇头丸、可卡因、海洛因等）的比例都有所下降（Johnston，O'Malley，Miech，Bachman，& Schulenberg，2016）。例如，2014—2016年，接受调查的3个年级（八年级、十年级、十二年级）的青少年使用药物的情况都有所下降。研究报告，甚至是过往三个年级都一直呈上升趋势的大麻使用率，也有所下降（八年级和十年级）或保持稳定（十二年级）。问题行为的其他标志也随时间的推移而呈下降趋势。例如，数据显示，学校凶杀率在1992—2010年间略有下降（Centers for Disease Control and Prevention，n. d.-a），未入学或未取得高中文凭（如毕业证书、GED证书）的青少年比例从1990年的约12%下降到2014年的6.5%（National Center for Educational Statistics，n. d-a）。 135

记得之前引用过的一项研究表明，大约75%的美国成年人认为青少年的怀孕率要么有所增加，要么保持不变。鉴于流行文化对当今青少年的描述（参见MTV播放的《16岁大肚》），这些数据或许不应令人感到意外。不过，全国青少年健康数据告诉我们，情况绝非如此。全国预防青少年怀孕和意外怀孕运动（National Campaign to Prevent Teen and Unwanted Pregnancy，2013）的数据显示，自1990年以来，青少年怀孕率下降了42%，自1991年以来，青少年生育率下降了49%。美国卫生和公众服务部（U.S. Department of Health and Human Services）报告的数据表明，1990年青少年生育率为59.9‰，到2014年，下降为24.2‰（Martin，Hamilton，& Ventura，2015）。此外，在2007—2014年间，白人、黑人和西班牙裔女性青少年的生育率大幅下降。看来，大多数美国成年人似乎都错了，其实并不存在“少女怀孕现象很普遍”的说法。

此外，研究还发现，教师和家长对当今青少年的社会能力和适应功能的评价较高（Achenbach et al.，2002，2003）。例如，父母认为当今的青少年更擅长处理与他人（如父母、兄弟姐妹、同伴）的社会关系，而教师对当今青少年在职业道德、学校行为和幸福感方面的评价高于前几代青少年。此外，研究还发现，当今青少年的行为比前几代青少年更健康（如经常系安全带和使用避孕套），更愿意做志愿者工作（Centers for Disease Control and Prevention，n. d.-b；Lam，2012）。最后，幸福感、孤独感、看电视的时间、宗教的重要性等方面的行为和态度都没有显示出代际变化，或者只显示出很少的代际变化（Trzesniewski & Donnellan，2009）。

“现在的年轻人只考虑自己”——我们很容易听到鲁比奶奶或许多认为青少年傲慢无礼、不负责任、无可救药、自私自利的成年人说这样一句话。但研究结果再一次告诉我们，事实并非如此。当今青少
136 年的行为表现与前几代青少年相似，在某些情况下还要稍好一些。对这个迷思信以为真而忽视相关的研究，可能会导致一些意想不到的负面后果。例如，如果认为青少年的行为存在显著的代际差异，就有可能导致青少年与成年人（如父母、教师）之间关系脱节。成年人如果认为当今青少年的行为表现不如前几代，则也可能会曲解青少年的日常行为。虽然青少年偶尔会表现出以自我为中心的倾向（Jaffe，1998），但成年人应该认识到，这对大多数青少年来说并不一定是个

大问题，许多青少年都能在这种以自我为中心的倾向和涉及同伴、社区的亲社会行为之间取得平衡（Steinberg，2011）。

“现在的年轻人只考虑自己”这种说法又是怎样的呢？这种说法可以追溯到11世纪的隐士彼得（Peter the Hermit）。这种信念可能是心理学中流传最久的迷思。

你需要知道的

虽然民意调查显示，现在的孩子“各方面都很好”（Parker-Pope，2012），但随着时间的推移，青春期的一些问题依然存在。流行病学研究发现，约20%的青少年符合精神障碍（如注意缺陷多动障碍、焦虑障碍、情绪障碍）的诊断标准，而且从儿童期到青春期，各种障碍的患病率均有所上升（Costello，Copeland，& Angold，2011）。换句话说，一些青少年会经历严重的心理健康问题，而青春期作为一个发展阶段，似乎是某些障碍出现的关键期。

为了解决这些问题，一些研究者建议采取一种基于群体的方法来解决心理健康问题（如Doll，Cummings，& Chapla，2014；Patel，Flisher，Hetrick，& McGorry，2007）。这种策略使用的是一种多层级的护理体系，依赖社区、学校环境下的心理健康预防和干预服务的整合。多层级的护理体系可以为所有青少年提供全面的服务。学校工作人员（如教师、辅导员）提供的通用服务旨在“促进所有学生的心理健康，预防心理障碍”（Doll et al.，2014，p.158）。研究者还建议采用社区心理健康教育（另一项通用服务）来增进对青少年正常发展过程的理解，提升对青少年心理健康问题的迹象和症状的认识，深化对循 137
证治疗的理解（Patel et al.，2007）。对于那些需要额外干预的青少年，治疗的强度会随着问题严重程度的增加而增加（Doll et al.，2014）。这种模式提供了一系列服务，其重点在于加强参与服务的组织和个人之间的合作、循证干预方案和干预措施的使用，以及治疗过程中父母和家庭的参与。

参考文献

Achenbach, T. M., Dumenci, L., & Rescorla, L. A.（2002）. Ten-year comparisons of problems and competencies for national samples of youth: Self, parent, and teacher report. *Journal of Emotional and Behavioral Disorders*, *10*, 194–203.

Achenbach, T. M., Dumenci, L., & Rescorla, L. A.（2003）. Are American children's problems still getting worse? A 23-year comparison. *Journal of Abnormal Child Psychology*, *31*, 1–11.

Bostrom, M.（2001）. *The 21st century teen: Public perception and teen reality*. Retrieved from http://frameworksinstitute.org/assets/files/PDF/youth_public_perceptions.pdf.

Brown, T.（2009, March 16）. We see children as pestilent. *The Guardian*. Retrieved from https://www.theguardian.com/education/2009/mar/17/ephebiphobia-young-people-mosquito.

Centers for Disease Control and Prevention.（n. d.-a）. *School-associated violent death study*. Retrieved from https://www.cdc.gov/ViolencePrevention/youthviolence/schoolviolence/SAVD.html.

Centers for Disease Control and Prevention.（n. d.-b）. *Youth risk behavior surveillance system（YRBSS）overview*. Retrieved from https://www.cdc.gov/healthyyouth/data/yrbs/overview.htm.

Costello, E. J., Copeland, W., & Angold, A.（2011）. Trends in psychopathology across the adolescent years: What changes when children become adolescents, and when adolescent become adults? *Journal of Child Psychology and Psychiatry*, *52*, 1015–1025.

Desilver, D.（2016, January）. Dangers that teens and kids face: A look at the data. *Pew Research Center*. Retrieved from http://www.pewresearch.org/facttank/2016/01/14/dangers-that-young-people-face-a-look-at-the-data.

Doll, B., Cummings, J. A., & Chapla, B. A.（2014）. Best practices in population-based school mental health services. In P. Harrison & A. Thomas（Eds.）, *Best practices in school psychology: Systems level services*（pp.149–163）. Bethesda, MD: National Association of School Psychologists.

Farkas, S., Johnson, J., Duffett, A., & Bers, A.（1997）. *Kids these days: What Americans really think about the next generation*. New York, NY: Public Agenda.

138 Jaffe, M. L.（1998）. *Adolescence*. New York, NY: Wiley.

Jewell, J. D., & Hupp, S. D. A.（2018）. *Prevalence of myths about adolescence* [Manuscript in preparation].

Johnston, L. D., O'Malley, P. M., Miech, R. A., Bachman, J. G., & Schulenberg, J. E.（2016）. *Monitoring the future national survey results on drug use, 1975–2016: Overview, key findings on adolescent drug use*. Ann Arbor, MI: Institute for Social Research, The University of Michigan.

Karkov, R. (2012, March 25). Understanding today's rude teens. *Science Nordic*. Retrieved from http: //sciencenordic.com/understanding-today%E2%80%99s-rude-teens.

Konrath, S. H., O'Brien, E. H., & Hsing, C. (2011). Changes in dispositional empathy in American college students over time: A meta-analysis. *Personality and Social Psychology Review*, *15*, 180–198.

Lam, C. M. (2012). Prosocial involvement as a positive youth development construct: A conceptual review. *The Scientific World Journal*. Retrieved from https: //www.hindawi.com/journals/tswj/2012/769158.

Larsson, B., & Brugli, M. B. (2011). School competence and emotional/behavioral problems among Norwegian school children as rated by teachers on the Teacher Report Form. *Scandinavian Journal of Psychology*, *52*, 553–559.

Martin, J. A., Hamilton, B. E., & Ventura, S. J. (2015). *Births: Final data for 2014*. Hyattsville, MD: National Center for Health Statistics.

National Center for Education Statistics. (n. d.). *Fast facts*. Retrieved from https: // nces.ed.gov/fastfacts/display.asp?id=16.

Nichols, S. L., & Good, T. L. (2004). *America's teenagers—myths and realities: Media images, schooling, and the social costs of careless indifference*. Mahwah, NJ: Erlbaum.

Parker-Pope, T. (2012). The kids are more than all right. *The New York Times*. Retrieved from https: //well.blogs.nytimes.com/2012/02/02/the-kids-are-more-than-all-right/?_r=0.

Patel, V., Flisher, A. J., Hetrick, S., & McGorry, P. (2007). Mental health of young people: A global health challenge. *Lancet*, *369*, 1302–1313.

Saji, P., & Weng, J. (2017). Richard Youngsta [Television series episode]. In M. Petok (Producer) . *Black-ish*. Los Angeles, CA: ABC Studios.

Steinberg, L. (2011). *Adolescence* (9th ed.). New York, NY: McGraw-Hill.

The National Campaign to Prevent Teen and Unwanted Pregnancy (2013). *Survey says: The greatest story never told*. Washington, DC: Author.

Tick, N. T., van der Ende, J., & Verhulst, F. C. (2008). Ten-year trends in self-reported emotional and behavioral problems of Dutch adolescents. *Social Psychiatry and Psychiatric Epidemiology*, *43*, 349–355.

Trzesniewski, K. H., & Donnellan, M. D. (2009). Are today's young people really that different from previous generations? A skeptical perspective on "generation me" . *The Jury Expert: The Art and Science of Litigation Advocacy*, *21*, 1–11.

Twenge, J. M., Konrath, S., Foster, J. D., Campbell, W. K., & Bushman, B. 139
J. (2008). Egos inflating over time: A cross-temporal meta-analysis of the Narcissistic Personality Inventory. *Journal of Personality*, *76*, 875–901.

Twenge, J. M., Zhang, L., & Im, C. (2004). It's beyond my control: A cross-temporal meta-analysis of increasing externality in locus of control, 1960–2002. *Personality and Social Psychology Review*, *8*, 308–319.

Vieno, A., Lenzi, M., Gini, G., Pozzoli, T., Cavallo, F., & Santinello, M. (2015). Time trends in bulling behavior in Italy. *Journal of School Health*, *85*, 441–445.

迷思 41　学校暴力事件呈上升趋势

学校不再是安全的地方——至少动画片《南方公园》(Parker，2015，一部以四个满嘴脏话的四年级学生为主角的动画片）中的孩子会让你相信这一点。“我们得弄到枪，”凯尔（Kyle）对他的朋友们说，“这是保证我们安全的唯一途径。”后来，这些孩子拿到各种枪支，其中一个孩子说：“这下我感觉安全多了。”

电视、电影和流行音乐经常把学校描绘成危险、恐怖、充满暴力的地方。“你们看过高中生打架的视频吗？”2008 年播放的喜剧片《大兵保镖》(*Drillbit Taylor*)(Apatow，Arnold，Roth，& Brill，2008）中一个高一菜鸟新生问道。在他们两个考虑请一个保镖［欧文 · 威尔逊（Owen Wilson）饰演］来保护自己时，另一个同样菜鸟的朋友回应说：“那些孩子都太残忍了。”更为严肃的青少年电视剧，如《欢乐合唱团》《迪格拉丝中学的下一代》等，都有几集（《迪格拉丝中学的下一代》中有好几集）讲述校园枪击暴力事件；还有一些歌曲的歌词也会让人害怕去学校，如福斯特家族乐队（Foster the People）2011 年发行的讲述校园枪击案的歌曲《时髦的鞋子》(*Pumped Up Kicks*)(Foster, 2009）中的歌词：“你们快点跑，快点跑，我要用枪射你们。”媒体上像这样的例子让这个迷思成了最受认可的迷思之一，在我们自己的研究样本中，有 73%—82% 的大学生赞同这个迷思（Jewell & Hupp, 2018）。

《南方公园》里的孩子们认为学校是不安全的地方，这一点都不奇怪。研究表明，现在越来越多的美国青少年报告在学校感到不安全（Nichols & Good，2004）。这些统计数字并非美国特有。2006 年的一项研究中，接受调查的加拿大青少年中有近 43% 报告，他们学校总是或经常发生暴力事件（Joong & Ridler，2006）。孩子们并不是唯一担心校园暴力的人。2001 年的一项研究发现，接受调查的美国家长中有一半认为，他们孩子的校园里可能会发生枪击事件（Gallup，2001）。这是一个惊人的数字。甚至维基百科（Wikipedia）也指出，学校暴力（violence in schools）“在最近几十年已成为一个严重的问题”（Wikipedia，n. d.）。

新闻媒体没有任何帮助。它们把学校描绘成一个危险的、不安全 140
的地方。“助理校长、警卫用刀对付学生”（Assistant Principal，Guard Tackled Student with Knife）（Johnson，2014），“几个女孩因计划在教师节当天袭击教师而被捕”（Girls Arrested for Planning Attack the Teacher Day）（Matyszczyk，2011），“一个孩子带着 BB 枪来学校吓唬欺负他的人”（Kid Brings BB Gun to School to Scare Bullies）（Hibbard，2012），“得克萨斯州学校打架事件中，青少年被刺死，三人受伤”（Teen Stabbed to Death，3 Hurt in Texas School Fight）（Stanglin，2013）——诸如此类的新闻标题将学校走廊勾勒成只有强者才能生存的角斗场。备受关注的校园暴力案件，特别是那些涉及枪击的案件，引起人们对校园暴力的高度关注。读到一名 15 岁的英国伯明翰男孩在学校里被两名同学刺伤（Authi，2016），弗吉尼亚州两名高中生在学校附近遭当地一伙青少年袭击（Dellinger，2017）后，我们怎能不相信学校里暴力事件泛滥呢？

宣传学校暴力事件的并非只有媒体。在美国，政府召开听证会，对备受关注的学校暴力案件作出回应，联邦调查局和特勤局展开了研究，政府机关制订了指南，除此之外，还发布了一份美国外科医生综合报告，召开了一次白宫会议（Cornell，n. d.）。欧洲及其他地方（如澳大利亚）的政府定期召开类似会议，旨在确定问题，并制定国家资助的干预计划，以解决“学校暴力事件上升”的问题（参见 Slee，2003）。当地对所谓的“校园暴力盛行”的反应通常涉及加强学校建筑安全。2013—2014 学年，93% 的学校管理人员报告已对进入校园的人员进行控制，75% 的学校管理人员报告他们使用摄像头来加强校园安全，11% 的学生报告他们接受金属探测器的随机检查（Zhang，Musu-Gillette，& Oudekerk，2016）。此外，一些学校还采取零容忍理念（zero tolerance philosophies），这通常指的是对学生的不当行为进行严厉的惩罚，以确保学生和教职员工的安全（American Psychological Association Zero Tolerance Task Force，2008）。当然，所有这一切都发生在 1990 年联邦政府通过《学校禁枪法案》(Gun-Free School Zones Act）之后，该法案禁止未经授权的个体在指定的学校区域内故意持有枪支。

研究该主题的学者也强调了美国学校暴力事件的发生频率和重要意义。约翰逊和约翰逊（Johnson & Johnson，1995）的《解决冲突，减少学校暴力》(*Reducing School Violence Through Conflict Resolution*）一书中指出，学校暴力事件的数量正不断增加（Johnson & Johnson，1995）。他们引用了 1994 年全国城市联盟（National League of Cities）的一份报告，发现 33% 的成员城市表示，1990—1994 年间，学校暴
141 力事件明显增加（45% 的城市报告学校暴力事件保持不变，6% 的城市表示学校暴力事件有所减少，11% 的城市说学校暴力在他们那里根本不是问题）。有些研究者对学校管理人员和教师进行了调查，他们在撰写的大众读物中指出，社区和学校中的暴力事件非常普遍，以至于可以将其视为常规而非例外，这种观点似乎与媒体和流行文化对学校暴力的描述一致。

为了消除这个迷思，我们或许可以从学生凶杀率开始。尽管我们

所有人都认为，有人在学校里被杀这样的事件太多了，但研究表明，学校凶杀案实际上极少。一项研究分析了联邦调查局的全国事故报告系统（National Incident Based Reporting System，NIBRS）在2005—2010年间记录的18 875份凶杀事件报告，发现只有49起（作案者有的是少年人，有的是成年人）凶杀事件，或者说不到0.3%的凶杀事件发生在学校（Nekvasil，Cornell，& Huang，2015）。相比之下，所有凶杀事件中有近3%发生在餐馆或酒吧，这表明一个人在这些地方被谋杀的可能性几乎是在学校的10倍。此外，令人震惊的是，有52%的凶杀事件发生在家里，这表明人们在家里的安全性比在学校要低173倍。其他研究表明，学校里针对学生的凶杀案也很少。在2012—2013学年，1 186起青少年凶杀案中只有31起（2.6%）发生在学校（Zhang et al.，2016）。至于趋势，美国疾病控制与预防中心（Centers for Disease Control，n. d.）引用的数据表明，1992—1993学年至2009—2010学年期间，与学校有关的青少年凶杀案数量从1999—2000学年和2000—2001学年的14起到1992—1993年的34起不等。报告前5年（即1992—1993学年至1996—1997学年）的数据表明，平均每年有30起青少年校园凶杀事件。在报告的后五年（即2005—2006学年至2009—2010学年），平均每年有21起青少年校园凶杀事件，呈轻微下降趋势。因此，在考虑这些数据时，研究者形成了一个共识，即学校里很少发生凶杀案。

不幸的是，近年来，学校里发生的无特定目标的随意枪击事件（即一个人在封闭且人口稠密的区域杀人或企图杀人的事件）的数量，以及每年这些随意枪击事件造成的伤亡总数有所增加。根据联邦调查局（FBI）的报告，2007—2009年间没有发生校园随意枪击事件，但2010—2013年间发生了10起，造成48人伤亡（Blair & Schweit，2014）。继佛罗里达州帕克兰的马乔里·斯通曼·道格拉斯高中枪击

142 案之后，《NBC 新闻》(*NBC News*) 汇编了 2018 年前 6 周发生的校园枪击事件清单，发现共发生了 8 起，造成 51 人伤亡 (Ruiz，2018)。总体而言，随着时间的推移，有关校园枪击案的数据还不是很清楚。虽然长期趋势看起来似乎相对稳定，但相关数据表明，学校枪击事件的数量和伤亡总数有所增加。

关于非致命性学生受害事件，12—18 岁的青少年在校内比在校外更有可能遭遇偷盗、一般攻击、强奸、抢劫、严重攻击等事件 (2014 年，每 1 000 名学生中有 33 名在校内遭受非致命性伤害，而同年，每 1 000 名学生中有 24 名在校外遭遇非致命性伤害；Zhang et al.，2016)。例如，一所高中有 2 000 名学生，那么一学年内便可能发生 66 起非致命性学生受害事件，这个数字听起来好像很多。不过，学校报告的大多数犯罪案件都是没有威胁也没有使用武力的盗窃案。此外，学校报告的这些案件还包括未遂的和已完成的盗窃案，这或许就是案件数量听起来好像很多的原因。例如，2013 年，12—18 岁的青少年中约有 3% 的人报告在过去 6 个月中曾是学校某起犯罪事件的受害者，其中大多数犯罪事件涉及小偷小摸 (Zhang et al.，2016)。学生中严重暴力犯罪的比例大约是 5‰。关于校内打架斗殴，约 8% 的高中生报告，他们曾在学校因财物问题与另一名学生发生肢体冲突 (Kann et al.，2015)。同样，虽然我们都认为学校暴力犯罪事件过多，但研究表明，学校暴力事件其实很少发生。与校内学生凶杀事件一样，非致命性学生受害率也有所下降。数据显示，12—18 岁学生报告，过去 6 个月内受害的人数从 1995 年的 10% 下降为 2013 年的 3% (Zhang et al.，2016)。此外，报告遭盗窃 (从 7% 降至 2%)、暴力侵害 (从 3% 降至 1%) 或严重暴力罪行 (从 1% 降至低于 0.5%) 的高中生人数也有所减少 (Zhang et al.，2016)。这些发现与表明美国暴力犯罪事件总体而言有所减少的全国数据相一致 (Cornell，n. d.)。

如果学校真的是一个危险的、不安全的地方，那么我们便可以预期会有很高比例的学生报告害怕上学。但数据告诉我们，事实绝非如此。报告害怕在学校里受到攻击或伤害的学生比例从 1995 年的 12% 下降为 2013 年的 3%（Zhang et al.，2016）。此外，大约 5% 的学生报告，2012—2013 学年因担心受到攻击或伤害而至少回避过一项学校活动，或者至少发生过一次不去班级或不去学校里某个或多个地方（Zhang et al.，2016）。这些数据与 2015 年对美国高中生的一次全国调查相一致，该调查发现，不到 6% 的受调查学生表示，他们不去上学是因为觉得学校不安全（Kann et al.，2015）。与学生调查数据一致，143
大多数教师也报告在学校是有安全感的（Joong & Ridler，2006）。

人们之所以容易相信学校暴力事件呈上升趋势，原因有很多，其中包括媒体报道的受人关注的案件，特别是校园枪击案。流行文化常常将学校描述成充满暴力的地方，恃强凌弱者在那里横行霸道，这样的描述也助长了“学校暴力盛行”这个迷思。不过，助长这个迷思的还有其他一些不太明显的根源。例如，我们可以用可得性启发来解释为什么很多人仍清楚记得高中时停车场打架的场景，为什么大多数人一直忘不了校园枪击事件的新闻报道。人们的选择性记忆让他们忽略了在校园里经历的一切，忽略了他们见证过的文明风尚，或者至少是没有暴力的场景。人们往往会记住那些支持该迷思的事件，而忽略相反的证据（Lilienfeld，Lynn，Ruscio，& Beyerstein，2010）。我们还会经常接触到一些偏差样本（biased samples）。学校很少会因暴力预防措施生效或一段时间以来没有发生暴力事件而出现在雅虎新闻（Yahoo! News）的首页。学校常常因一些负面的东西而出现在新闻媒体上。新闻媒体的这种曝光可能会让人们相信，许多学校在暴力方面存在重大问题，而不是让大家认识到大多数学校对学生和教师来说其实都是安全的地方。越来越多的美国人表示，尽管有数据显示暴力犯罪率有所下降，但美国的犯罪率仍在上升（Gallup，2015）。学校暴力也是如此，这并不奇怪。最后，迷思也可能经由权威人物而得到传播。例如，杜威·康奈尔（Dewey Cornell，n. d.）在撰写有关校园暴力迷思的文章时，首先讨论了一项学校调查，该调查描述了 20 世纪 40 年代学校里的主要问题，包括说话、嚼口香糖、在走廊上跑来跑去等。这样一份问题清单与对 20 世纪 80 年代和 90 年代学校问题（如吸毒、少女怀孕、暴力等）的调查形成鲜明对比。一些政客和政治评论家经常用这种“按年代进行的问题比较”来强调美国公立学校的明显衰退。耶鲁大学教授巴里·奥尼尔（Barry O’Neill，1994）调查了两份清单的来源，最终发现，这些调查是得克萨斯州一位石油大亨为了谴责公共教育而大范围实施的欺诈行为。可悲又令人不安的是，美国教育部的人在 2001 年一场学校安全会议的主题演讲中竟引用了这些调查。不妨想象一下，你坐在观众席上，听到一个貌似教育权威的人物引用的数据都是捏造的会有怎样的感受。

144 虽然“学校暴力事件呈上升趋势”是一个迷思，但学校仍必须努力保护学生的安全。如上文中描述的学校安全措施以及包括零容忍原则在内的纪律政策，已成为维护学校安全的常用方法，因此，一些人可能会得出这样的结论：这些方法很有效，因为它们与学校暴力事件的减少相吻合。不过，一段时间以来，青少年暴力犯罪率一直是最低的，而且青少年被捕人数也呈下降趋势。因此，学校暴力的发展趋势似乎与更为广泛的青少年暴力趋势有关。此外，20 年的高质量研究未能发现证据证明加强学校安全措施和使用零容忍政策可以有效改善学校安全状况。例如，研究发现，采用金属探测器、摄像头、保安等学校安全措施均未能减少学校暴力事件，却导致更高的犯罪率（Nickerson & Martens，2008；Schreck，Miller，& Gibson，2003）。此外，这些保护学生安全的措施还会对有关学校安全的认识以及与学校环境有关的因素（如教师与学生之间的关系）产生不利的影响（National Association of School Psychologists，2013）。

关于零容忍，美国心理学会零容忍特别工作组在对文献进行详尽综述后，得出这样的结论：严格的、过于严苛的纪律政策并没有让学校变得更加安全（American Psychological Association Zero Tolerance Task Force，2008）。相反，这些纪律性措施，特别是对违反规定的学生处以停学和开除的做法，未能让学校环境氛围变得更为积极（American Psychological Association Zero Tolerance Task Force，2008）。零容忍的做法还导致学生学业成绩的下降和不良行为的增加（Skiba & Rausch，2006；Tobin，Sugai，& Colvin，1996）。最后，研究表明，在学校里，零容忍的理念还有可能“加剧学生的疏离感、焦虑感、被拒斥感，破坏学生与成年人之间的健康联系，从而导致、增加或加重青少年负面的心理健康结果”（American Psychological Association Zero Tolerance Task Force，2008，p.856）。

你需要知道的

虽然学校暴力事件并不常见，但学校中与暴力相关的悲剧仍有发生，学生和教职员工在学校中的安全问题依然令人担忧。大多数学校安全专家都强调预防的重要性，强调在暴力事件发生时要采取适当的应对措施，并长期追踪、关注有关人员的健康和福祉。例如， 145
全国学校心理学家学会建议学校实施学校暴力应对方案，强调预防、准备、适当的应急响应和恢复。他们自己的项目名称是“PREPaRE（Prevent，Reaffirm，Evaluate，Provide and Response，Examine，即预防、再确定、评估、提供、响应、审视）学校危机预防和干预培训课程”（School Crisis Prevention and Intervention Training Curriculum）（Brock et al.，2009），将获得研究支持的实践与社区—学校合作结合了起来。

PREPaRE和其他整体模型［如学校暴力应对方案（Response to School Violence Plan，RSVP），Leh，2016］都强调在全校范围内实施全面的预防性方案的重要性，这些方案鼓励学生做出积极的行为，教授重要的社会技能，并通过实施有效的干预措施减少问题行为的发生。此外，这些方案还强调通过培训和实践、有效的应急响应系统［如国家事故管理系统的突发事件指挥系统（National Incident Management System's Incident Command Structure）］以及对需要心理治疗的人进行适当的追踪随访，为紧急情况作好准备。最后，学校与社区的合作关系对解决预防、应对和后续追踪的需要来说至关重要。许多方案都建议学校与执法人员、急救人员和提供社区心理健康服务的专业人士建立关系，合作性地解决问题和管理学校暴力事件。

专家们也认为，通过加强学生与学校的关联感和归属感来改善学校环境氛围的预防性方案，可以对学校的纪律和安全产生深刻的影响（参见Osher，Sandler，& Nelson，2001）。研究一致发现，与学校的疏离感（school alienation）是导致青少年犯罪和学校暴力事件恶化的一个重要因素（Baker，1998；Catalono，Haggerty，Oesterle，Fleming，& Hawkins，2004）。PREPaRE学校危机预防和干预培训课程与学校暴力应对方案强调，需要支持表现出问题行为的学生和被确定患有心理障碍（如焦虑症、抑郁症）的学生，而不是采取惩罚或忽视的策略。例如，研究证明，通过关注和小小的激励或奖励来奖赏积极的亲社会行为是比“专门惩罚不良行为”更有效的行为改变策略（参见Axelrod，2017）。此外，有效的课堂纪律（包括有效的教学实践和课堂管理）有助于提升学生的学习，减少其不良行为（Jones & Jones，2004）。学业成就高的学校，其纪律转送（disciplinary referrals）、暴力事件的发生频率通常较低。

学校行政人员可以采用灵活的纪律措施来解释个别学生的情况

和情境性因素，而不是实施无效的零容忍政策，将学生完全从教育系统中除名。一刀切的纪律似乎行不通。学校行政人员和教师应该 146
共同确定问题，并合作决定在课堂上解决和送到纪律转送办公室处理某些具体的问题哪一个最好。此外，还应鼓励学校考虑为那些经常捣乱或更容易做出暴力行为的学生提供一系列干预服务（American Psychological Association Zero Tolerance Task Force，2008）。例如，相比于社区学校，上特殊学校（alternative schools）的高风险学生通常学业成就更高，而且辍学率更低，特别是当这所特殊学校的课程侧重学生的优势和资源时（参见 Franklin，Streeter，Kim，& Tripodi，2007）。

如果《南方公园》里的男孩们仔细分析了关于学校暴力和学校暴力发展趋势的研究，他们就会知道，学校对青少年和教师来说实际上是安全的，并不像流行文化和新闻媒体描述的那样危险。他们还会了解到，学校为遏制暴力事件而经常采用的零容忍政策和学校安全措施，在文献中得到的支持很有限。教育工作者（虽然他们很可能不是南方公园学区的教育工作者）很幸运，因为研究为如何实施有效的学校安全实践提供了指导。或许以后即将上演的某一集里，凯尔会大声说“我们必须制定明智的学校纪律政策来促进良好的学校氛围”，而不是“我们得弄到枪”。

参考文献

American Psychological Association Zero Tolerance Task Force（2008）. Are zero tolerance policies effective in the schools? *American Psychologist*, *63*, 852–862.

Apatow, J., Arnold, S., Roth, D. A., & Brill, S.（2008）. *Drillbit Taylor* [Motion picture]. Hollywood, CA: Paramount Pictures.

Authi, J.（2016, November 10）. Two teenagers arrested after boy stabbed at Erdington school. *Birmingham Mail*. Retrieved from http://www.birminghammail.co.uk/news/midlands-news/two-teenagers-arrested-after-boy-12159378.

Axelrod, M. I.（2017）. *Behavior analysis for school psychologists.* New York, NY:

Routledge.

Baker, J. A. (1998). Are we missing the forest for the trees? Considering the social context of school violence. *Journal of School Psychology*, *36*, 29–44.

Blair, J. P., & Schweit, K. W. (2014). *A study of active shooter incidents*, *2000–2013*. Washington, DC: Texas State University and the Federal Bureau of Investigation, U.S. Department of Justice.

147 Brock, S. E., Nickerson, A. B., Reeves, M. A., Jimerson, S. R., Lieberman, R. A., & Feinberg, T. A. (2009). *School crisis prevention and intervention: The PREPaRE model*. Bethesda, MD: National Association of School Psychologists.

Catalano, R. F., Haggerty, K. P., Oesterle, S., Fleming, C. B., & Hawkins, J. D. (2004). The importance of bonding to school for health development: Findings from the social development research group. *Journal of School Health*, *74*, 252–261.

Centers for Disease Control. (n. d.). *School-associated violent death study*. Retrieved from https: //www.cdc.gov/ViolencePrevention/youthviolence/schoolviolence/SAVD.html.

Cornell, D. (n. d.). *Myths about school violence*. Retrieved from http: //curry.virginia.edu/research/projects/violence-in-schools/school-violence-myths.

Dellinger, H. (2017, May 7). Court records: Manassas boys attached by South Side gang members after school. *Prince William Times*. Retrieved from http: //www.fauquier.com/prince_william_times/news/court-records-manassas-boys-attacked-by-south-side-gang-members/article_cs5567824-3317-11e7-82d8-bf179dbb727c.html.

Foster, M. (2009). *Pumped up the kicks* [*Recorded by Foster the People*]. New York, NY: Columbia.

Franklin, C., Streeter, C. L., Kim, J. S., & Tripodi, S. J. (2007). The effectiveness of a solution-focused, public alternative school for dropout prevention and retrieval. *Children and Schools*, *29*, 133–144.

Gallup. (2001). *Majority of parents think a school shooting could occur in their community*. Retrieved from http: //www.gallup.com/poll/1936/majority-parents-think-school-shooting-could-occur-their-community.aspx.

Gallup. (2015). *More Americans say crime is rising in U.S.* Retrieved from http: //www.gallup.com/poll/186308/americans-say-crime-rlsing.aspx.

Hibbard, L. (2012, April 19). Ohio boy brings BB gun to elementary school to scare bullies. *The Huffington Post*. Retrieved from http: //www.huffingtonpost.com/2012/04/19/ohio-school-bb-gun-bullies_n_1438333.html.

Jewell, J. D., & Hupp, S. D. A. (2018). *Prevalence of myths about adolescence* [Manuscript in preparation].

Johnson, D. W., & Johnson, R. T. (1995). *Reducing school violence through conflict resolution*. Alexandria, VA: Association for Supervision and Curriculum Development.

Johnson, J. (2014, April 9). Assistant principal, guard tackled student with knife. *Newser*. Retrieved from http: //www.newser.com/story/185097/assistant-principal-guard-tackled-student-with-knife.html.

Jones, V., & Jones, L. (2004). *Comprehensive classroom management: Creating communities of support and solving problems* (7th ed.). Boston, MA: Allyn & Bacon.

Joong, P., & Ridler, O. (2006). Teachers' and students' perceptions of school violence and prevention. *Brock Education*, *15*, 65–83.

Kann, L., McManus, T., Harris, W. A., Shanklin, S. L., Flint, K. H., Hawkins, 148
J., ... Zaza, S. (2015). Youth risk behavior surveillance—United States, 2015. *MMWR Surveillance Summaries 2016*, *65* (SS-06), 1–174.

Leh, J. M. (2016). The RSVP model: Lifting the veil on school violence. In G. A. Crews (Ed.), *Critical examinations of school violence and disturbance in K-12 education* (pp.234–256). Hershey, PA: IGI Global.

Lilienfeld, S. O., Lynn, S. J., Ruscio, J., & Beyerstein, B. L. (2010). *50 great myths of popular psychology: Shattering widespread misconceptions about human behavior.* Malden, MA: Wiley-Blackwell.

Matyszczyk, C. (2011, January 8). *Facebook "attack a teacher day" invite gets girls arrested.* c/net. Retrieved from https://www.cnet.com/news/facebook-attack-a-teacher-day-invite-gets-girls-arrested.

National Association of School Psychologists (NASP)(2013). *Research on school security: The impact of security measures on students.* Bethesda, MD: Author. Retrieved from https://www.nasponline.org/research-and-policy/nasp-research-center/research-summaries/research-summarles-school-safety.

Nekvasil, E. K., Cornell, D. G., & Huang, F. L. (2015). Prevalence and offense characteristics of multiple causality homicides: Are schools at higher risk than other locations? *Psychology of Violence*, *5*, 236–245.

Nichols, S. L., & Good, T. L. (2004). *America's teenagers—myths and realities: Media images, schooling, and the social costs of careless indifference.* Mahwah, NJ: Erlbaum.

Nickerson, A. B., & Martens, M. P. (2008). School violence: Associations with control, security/enforcement, education/therapeutic approaches, and demographic factors. *School Psychology Review*, *37*, 228–243.

O'Neill, B. (1994, March 6). The history of the hoax. *The New York Times Magazine*, pp.46–49.

Osher, D. M., Sadnler, S., & Nelson, C. L. (2001). The best approach to safety is to fix schools and support children and staff. In R. J. Skiba & G. G. Noam (Eds.), *New directions for youth development: vol.92 Zero tolerance: Can suspension and expulsion keep schools safe*? (pp.127–153). San Francisco, CA: Jossey-Bass.

Parker, T. (Writer and Director). (2015). PC principal final justice [Television series episode]. In T. Parker, M. Stone, A. Garefino, V. Chatman, A. Beard, B. Howell, ... G. Martinez (Producers), *South Park.* Los Angeles, CA: Comedy Central Productions.

Ruiz, R. (2018, February 15). At least one a month: Tracking all the school shooting incidents in 2018. *NBC News.* Retrieved from https://www.nbcnews.com/news/us-news/tracking-all-school-shooting-incidents-2018-n844786.

Schreck, C. J., Miller, J. M., & Gibson, C. L. (2003). Trouble in the school yard: A study of the risk factors of victimization at school. *Crime & Delinquency*, *49*, 460–484.

Skiba, R. J., & Rausch, M. K. (2006). Zero tolerance, suspension, and expulsion: Questions of equity and effectiveness. In C. M. Evertson &
149 C. S. Weinstein (Eds.), *Handbook of classroom management: Research, practice, and contemporary issues* (pp.1063–1089). Mahwah, NJ: Erlbaum.

Slee, P. T. (2003). Violence in schools: An Australian commentary. In P. K. Smith (Ed.), *Violence in schools: The response from Europe* (pp.301–316). London: Routledge.

Stanglin, D. (2013, September 4). One teen dead, 3 injured in Texas school stabbing. *USA Today.* Retrieved from http://www.usatoday.com/story/news/nation/2013/09/04/spring-texas-houston-harris-county-stabbing-spring-high-school-dead/2762649.

Tobin, T., Sugai, G., & Colvin, G. (1996). Patterns in middle school discipline records. *Journal of Emotional and Behavior Disorders*, *4*, 82–94.

Wikipedia (n. d.). *School violence.* Retrieved from https://en.wikipedia.org/wiki/School_violence.

Zhang, A., Musu-Gillette, L., & Oudekerk, B. A. (2016). *Indicators of school climate and safety: 2015.* Washington DC: National Center for Educational Statistics, U.S. Department of Education and Bureau of Justice Statistics, Office of Justice Programs, U.S. Department of Justice.

迷思 42 “改造营”能让青少年“走上正途”

类似“现身试法”（Scared Straight）项目（在该项目中，学生接触到一些成年囚犯，这些成年囚犯会威胁和斥责他们，从而让他们“走上正途”，参见迷思 48），“改造营”（boot camps）的创建是为了对少年犯和那些表现出破坏性行为（如逃学、反抗）的高危青少年进行干预。“改造营”也称“震惊的监禁”（shock incarceration），其管理部门可能是一些州属或县属机构、非营利机构或营利机构。不同的“改造营”在位置类型、日常经验和实施的治疗干预方面有很大不同。不过，有些特点是所有“改造营”通常都具有的。例如，“改造营”通常都采用军事风格，包括统一制服等。此外，体育训练（如跑步、俯卧撑等）往往也是“改造营”的一个必不可少的部分，而且据说，它可以提供特有的治疗效果。最后，“改造营”的推进者或管理者与青少年参与者的互动方式类似参加军事基础训练的人对待其军事上司的方式。20 世纪 80 年代初，美国出现第一批治疗性“改造营”，此后迅速在美国推广开来（MacKenzie，Wilson，& Kider，2001）。“改造营”的流行与类似的“现身试法”项目的迅速发展几乎是并行的，代表了人们对犯罪，尤其是青少年犯罪的普遍的“强硬”态度。此类“改造 150
营”的一个例子是由洛杉矶警察局（Los Angeles Police Department，LAPD）赞助的“青少年撞击计划”（Juvenile Impact Program，JIP），洛杉矶警察局对“青少年撞击计划”的描述是，“针对 9—16 岁存在纪律和 / 或行为方面困难的高风险青少年的为期 12 周的军训式矫正计划”（Los Angeles Police Foundation，2017）。洛杉矶警察局称“青少年撞击计划”“已证明取得 80% 的成功”，大学生们似乎也相信这个迷思，即“改造营”能让孩子们走上正途。例如，我们对大学生的研究发现，76% 的学生听说过这个迷思，而且 48%—57% 的大学生相信这个迷思是真的（Jewell & Hupp，2018）。

不过，虽然“改造营”在公众看来似乎相当受欢迎，但电影和吸引人眼球的新闻故事鲜明地描述了“改造营”内也可能发生的潜在虐待事件。例如，2001 年 7 月，一名 14 岁的儿童在参加“布法罗士兵再现者协会营地”（Buffalo Soldiers Re-enactors Association Camp）时死亡。新闻报道指出，营地里青少年的饮食受到严格限制，每天只吃水果和一碗豆子，晚上睡在户外的睡袋里，没有医务人员（Thomsen，2001）。据报道，还有一些青少年表示自己被工作人员踢，脖子被掐到说不出话来。令人震惊的是，有人发现，这名青少年在临死前竟呕吐泥土（Thomsen，2001）。这名青少年死后，营地关闭，住在里面的 50 名青少年全部被警方带走。然而，事件发生了令人震惊的转折，仅在两个月后，该营地重新开放，许多以前的参营者返回营地，还有许多新的青少年参加，尽管他们的父母知道这些虐待指控，但还是让他们参加了该营地（Janofsky，2001）。虽然这场悲剧发生在 2001 年，但就像 2013 年“铁拉布兰卡新墨西哥改造营”（Tierra Blanca New Mexico Boot Camp）虐待事件发生后，《滚石》（*Rolling Stone*）杂志上一篇文章《问题青少年改造营的生与死》（*Life and Death in a Troubled Teen Boot Camp*）所揭露的，“改造营”产业至今仍蒸蒸日上（Hyde，2015）。事实上，在“改造营”里，所谓的虐待、忽视和折磨已经变得司空见惯，以至于已有两部关于这个主题的电影上映。例如，2008 年上映的（标题恰当的）电影《改造营》（*Boot Camp*）（Greenblatt & Duguay，2008）把米拉·库尼斯（Mila Kunis）塑造成一个不尊重他人且吸毒成瘾的青少年，她被带到一个岛上的“改造营”里，在那里，虐待、性侵参营者的现象非常普遍。描述“改造营”中虐待现象的电影还包括《冷水》(*Coldwater*)(Bilotta，Dorrance，& Grashaw，2013)，以及由希亚・拉博夫（Shia LaBeouf）主演的迪士尼电影《别有洞天》(*Holes*)(Ewing，Phillips，& Davis，2003)。

因此，可以肯定的是，“改造营”中的虐待现象已成为一个令全美国关注的问题，但“改造营”的积极影响是否超过参营者遭虐待的风险呢？大量研究表明，“改造营”在很大程度上是无效的。在最初 151
一篇对“改造营”的综述中，麦肯齐等人（MacKenzie et al.，2001）审读了 29 项关于这一主题的独特研究，其中有许多是州或联邦对其管辖范围内的“改造营”项目的技术报告。有趣的是，这些研究中只有 9 项发表在同行评审的期刊上。研究者从这 29 项研究中提取出 44 个不同的效应值，将其中一个“改造营”组与一个类似“缓刑”的“照常治疗”对照组进行比较。总体而言，研究者发现，“改造营”组的再次犯罪率为 49.4%，而对照组的平均再次犯罪率为 50%。也就是说，“改造营”在减少再次犯罪方面是无效的，用研究者的话说，“总的来说，证据表明，相对于现存刑事司法制度下的其他惩罚和改造形式，‘改造营’不能降低再次犯罪的风险”(pp.130-131)。更具体而言，研究者报告，有 9 项研究发现，“改造营”组的再次犯罪率明显低于对照组，而有 8 项研究发现“改造营”组的再次犯罪率明显高于对照组。但大多数研究（44 项研究中的 27 项）发现，两组之间根本不存在显著差异（MacKenzie et al.，2001）。这些结果也值得注意，因为这些研究的质量很高，大多采用了方法学或统计学上的手段来控制潜在的混淆变量。最后，研究者还发现，对于青少年“改造营”，没有任何项目特征（如出营后的安置、药物治疗等）可以可靠地预测哪一个“改造营”项目的效果更好（MacKenzie et al.，2001）。

威尔逊、麦肯齐和米歇尔（Wilson，MacKenzie，& Mitchell，2003）

查找了自他们早期综述之后进行和发表的研究，最终只找到了 3 项。虽然他们后来的综述得出的结论与最初的综述非常相似，但也发现了一个重要区别。研究人员在对“改造营”项目的治疗重点强还是弱（关注咨询）进行编码后，发现了一个统计学上并不显著的趋势，即与治疗重点弱的“改造营”相比，有较强治疗重点的“改造营”再次犯罪率较低。用研究者的话说：“不过，我们确实发现，那些融入了咨询的‘改造营’项目——更广泛地说，那些在纪律、体能训练、军事演习和仪式之外主要关注治疗性项目的‘改造营’有更大的积极影响。”（Wilson et al., 2003, p.19）不过，应该指出的是，这只是一个没有统计学意义的趋势。

152

你需要知道的

皮尤慈善信托基金会（Pew Charitable Trusts, 2014）的一项民意调查发现，大多数美国人（75%），不管是共和党人还是民主党人，都更希望青少年司法系统为少年犯提供治疗，而不是监禁。这项调查还发现，大多数美国人（89%—92%）认为，学校、家长和地方机构应该为低级犯罪承担主要责任，而不是司法系统。有趣的是，美国普通民众的需求实际上得到研究的支持，因为很多循证治疗针对的都是有风险的或涉案的年轻人。这些治疗可以在不同的环境下实施，如在家里或者在家以外。它们还可以将关注焦点集中于加强情绪应对、改善家庭动力和人际关系，或提高认知和行为技能。

多维治疗寄养（multidimensional treatment foster care, MTFC）是一种可以在家以外进行的循证治疗，是一种特殊类型的寄养，提供传统寄养环境中不常见的干预措施，包括父母培训、行为咨询、学校培训和循证心理治疗。多维治疗寄养可以降低再次犯罪率，并改善接受该治疗的青少年的情绪功能和行为功能（Chamberlain, Leve, &

DeGarmo, 2007; Chamberlain & Reid, 1998)。

积极育儿计划(Positive Parenting Program, Triple P)是一项培训父母育儿行为的计划,旨在提高父母的育儿技能,从而对困境中的孩子产生积极的影响(Prinz, Sanders, Shapiro, Whitaker, & Lutzker, 2009)。功能性家庭治疗(functional family therapy)通常在家中进行,可以降低青少年的再次犯罪率,减少其他犯罪行为(Sexton & Turner, 2010)。除了家庭治疗,还可以采取其他方法单独对青少年进行治疗,包括攻击替代训练(aggression replacement training, ART),这种方法可以教青少年如何应对愤怒,获得亲社会技能。攻击替代训练的参与者在接受训练后,社交技能和道德推理能力均有所提高,问题行为也有所减少(Gundersen & Svartdal, 2006)。同样,防暴力放松技能训练(relaxation skills violence prevention, RSVP)也教授放松技能,如渐进式肌肉放松、引导式想象等,这种训练能有效缓解压力和愤怒,并提高被拘留的涉案青少年的应对能力(Jewell & Elliff, 2013)。

最后,一些循证方法试图将青少年与更为广泛的社会联系起来。例如,社区指导(Community Based Mentoring)并不是一个具体的项目,确切而言,它是一种将有风险的青少年与其社区中亲社会的成年人联系起来的方法。这些项目旨在给有风险的青少年树立积极的榜 153
样,目的是提高他们的社交技能和情绪应对能力。一项对社区指导项目的研究发现,参与者在许多变量上都有所改善。例如,参与者在酗酒、吸毒、旷课、亲子关系、同伴关系以及许多个性方面的变量上都因参与该项目而受到积极的影响(Tierney, Grossman, & Resch, 2000)。因此,虽然“改造营”的干预措施可能很受欢迎,但效果不佳,而许多涉及家庭的干预措施已证明可以非常有效地矫正青少年的破坏性行为。

参考文献

Bilotta, J., Dorrance, M. (Executive Producers), & Grashaw, V. (Director). (2013). *Coldwater* [Motion picture]. Hollywood, CA: Flying Pig Productions.

Chamberlain, P., Leve, L. D., & DeGarmo, D. S. (2007). Multidimensional treatment foster care for girls in the juvenile justice system: 2-year follow-up of a randomized clinical trial. *Journal of Consulting and Clinical Psychology*, *75* (1), 187–193.

Chamberlain, P., & Reid, J. B. (1998). Comparison of two community alternatives to incarceration for chronic juvenile offenders. *Journal of Consulting and Clinical Psychology*, *66* (4), 624–633.

Ewing, M., Phillips, L. (Executive Producers), & Davis, A. (Director). (2003). *Holes* [Motion picture]. Hollywood, CA: Walt Disney Pictures.

Greenblatt, R. (Executive Producer), & Duguay, C. (Director). (2008). *Boot Camp* [Motion picture]. Canada: CD Films.

Gundersen, K., & Svartdal, F. (2006). Aggression replacement training in Norway: Outcome evaluation of 11 Norwegian student projects. *Scandinavian Journal of Educational Research*, *50* (1), 63–81.

Hyde, J. (2015, November). Life and death in a troubled teen boot camp. *Rolling Stone.* Retrieved from http://www.rollingstone.com/culture/news/life-and-death-in-a-troubled-teen-boot-camp-20151112.

Janofsky, M. (2001, September 7). Arizona boot camp where boy died reopens. *New York Times*. Retrieved from http://www.nytimes.com/2001/09/07/us/arizona-boot-camp-where-boy-died-reopens.html.

Jewell, J. D., & Elliff, S. J. (2013). An investigation of the effectiveness of the Relaxation Skills Violence Prevention (RSVP) program with juvenile detainees. *Criminal Justice and Behavior*, *40* (2), 203–213.

Jewell, J. D., & Hupp, S. D. A. (2018). *Prevalence of myths about adolescence* [Manuscript in preparation].

Los Angeles Police Foundation (2017). *Juvenile Impact Program*. Retrieved from https://lapolicefoundation.org/programs/juvenile-impact-program.

154 MacKenzie, D. L., Wilson, D. B., & Kider, S. B. (2001). Effects of correctional boot camps on offending. *The Annals of the American Academy of Political and Social Science*, *578* (1), 126–143.

Pew Charitable Trusts. (2014). *Public opinion on juvenile justice in America.* Retrieved from http://www.pewtrusts.org/~/media/assets/2015/08/pspp_juvenile_poll_web.pdf.

Prinz, R. J., Sanders, M. R., Shapiro, C. J., Whitaker, D. J., & Lutzker, J. R. (2009). Population-based prevention of child maltreatment: The U.S. Triple P System Population Trial. *Prevention Science*, *10*, 1–12.

Sexton, T. L., & Turner, C. W. (2010). The effectiveness of functional family therapy for youth with behavioral problems in a community practice setting. *Journal of Family Psychology*, *24* (3), 339–348.

Thomsen, S. (2001, July 3). *Boy dies at boot camp*. Retrieved from http://abcnews.go.com/US/story?id=92958&page=1.

Tierney, J. P., Grossman, J., & Resch, N. L. (2000). *Making a difference: An impact study of big brothers / big sisters*. Philadelphia, PA: Public / Private Ventures.

Wilson, D. B., MacKenzie, D. L., & Mitchell, F. N. (2003). Effects of correctional boot camps on offending. *Campbell Systematic Reviews*, *1* (6), 1–45.

迷思 43　大多数青少年在周末派对上吸毒或酗酒

电影《X 计划》(Budnick et al., 2012) 的大部分剧情讲的是两个高中高年级学生为提高自己的社会地位而举办派对的晚上发生的事情。用预告片里的话来说："经历这件事，失败者将会变成传奇。"在整部电影中，数百名青少年参加了这场在家里举办的派对，做出了各种喧闹的行为，包括喝啤酒、抽大麻、滥用处方药物等。甚至有一个孩子跳到吊灯上荡来荡去。随着派对的进行，各种不良行为愈演愈烈，直至一个被吵得心烦意乱的邻居用喷火器烧了邻居的房子，引来了身着防爆装备的特警 (Special Weapons And Tactics，SWAT)。这部惊心动魄的电影的灵感来自 20 世纪 80 年代和 90 年代一整个系列的青少年派对主题电影，包括《家庭聚会》(*House Party*)(Olson & Hudlin，1990) 里的嘻哈歌手，《年少轻狂》(*Dazed and Confused*)(Daniel & Linklater，1993)，以及开启了西恩 · 潘 (Sean Penn) 职业生涯的电影《开放的美国学府》(*Fast Times at Ridgemont High*)(Erickson & Heckerling，1982)。《怪奇物语》(*Strangers Things*)(Duffer & Duffer，2016) 第一季中，十几岁的青少年 (不是小孩子) 过分专注于喝酒，以至于没有意识到他们的一个朋友失踪了。虽然这些描写可能会产生娱乐效果，但它们也会导致一种有害的观点，即青少年
155 在派对上吸毒、酗酒是每个周末都会发生的事情。这种观点在大学生中似乎也很普遍。例如，我们自己的研究发现，研究样本中 94% 的大学生听说过"大多数青少年在周末派对上吸毒或酗酒"的迷思，63%—70% 的大学生相信这个迷思 (Jewell & Hupp，2018)。家长们

也担心孩子滥用物质。例如，2015年一项针对家长的调查发现，41%的家长担心自己的孩子“会在某个时间点出现吸毒或酗酒的问题”（Desilver，2016）。

但青少年酗酒和吸毒的真相实际上并不像电影和电视描述的那样耸人听闻。虽然任何年龄段的人酗酒和吸毒都有可能引起关注，但“大多数青少年每周都吸毒或酗酒”这种说法是不正确的。首先，让我们来看一下青少年酗酒的情况。与青少年酗酒和吸毒最为相关的数据通常来自美国每年都要进行的青少年冒险行为监测（Youth Risk Behavior Surveillance，YRBS）研究。2015年的研究调查了来自全美各地15 000多名具有地域和民族代表性的学生样本。美国疾病控制与预防中心（Centers for Disease Control and Prevention，2016a）对青少年酗酒情况的总结，报告了1991年和2015年对美国高中生进行的全国青少年风险行为调查（National Youth Risk Behavior Survey）数据。2015年的数据显示，最近一个月，研究样本中仅约33%的高中生喝过酒，37%的高中生从未喝过酒。关于狂饮，2015年的数据显示，研究样本中仅18%的高中生在上个月一次喝了5杯以上的酒——人们不能因此认定“大多数青少年”都酗酒（Centers for Disease Control and Prevention，2016a）。如果比较一下过去25年的数据，我们就会发现，青少年酗酒情况正呈显著下降的趋势。例如，2015年青少年狂饮的概率几乎只有1991年（31%）的一半，而且，酗酒的比率自1995年达到顶峰（即高达52%）后，也有了明显的下降（Centers for Disease Control and Prevention，2016a）。

但大学生呢？大多数大学生每个周末都会喝醉——对吗？事实并非如此。同样，研究表明，大学年龄段的成年人（18—24岁）中，只有30%在上个月至少狂饮过一次（每次4—5杯）（Kanny，Liu，Brewer，& Lu，2013）。这就意味着大多数大学年龄段的成年人

（70%）不仅在上周没有狂饮，甚至在上一个月都没有狂饮过。有趣的是，年龄为25—34岁的成年人狂饮的比例为29.7%，与大学年龄段的成年人的比例几乎持平。

在分析吸毒情况时，结果再次表明，青少年吸毒是相对不常见的现象。例如，美国疾病控制与预防中心（Centers for Disease Control
156 and Prevention，2016b）2015年的数据表明，很少有青少年使用一些药物，包括致幻剂（6%）、可卡因（5%）、冰毒（3%）、摇头丸（5%）。而且更多的好消息是，这些药物的终身使用率在过去的10—20年中已普遍下降。例如，2001年（约9.4%的人曾使用）至2015年（约5.2%的人曾使用），可卡因的使用量下降了约50%。同样，2001年青少年中使用冰毒的比例（9.8%）是2015年（3%）的三倍。不过，可能是受到美国大麻（或医用大麻）合法化趋势的影响，大麻的使用情况有点不同。例如，虽然报告上个月曾吸食大麻的青少年仅占22%，但这一比例明显高于1991年的15%（Centers for Disease Control and Prevention，2016b）。不过，我们有必要再一次指出，2015年，78%的青少年报告在上一个月没有使用过大麻。

你需要知道的

虽然本书中一些迷思的危害可能小于其他迷思，但社会规范使得当前这个迷思通常会对青少年酗酒和吸毒的实际情况产生至关重要的影响。社会规范是对社会上绝大多数人或至少大部分人认为正常的东西的预期。因此，“大多数青少年在周末派对上吸毒或酗酒”可能会被视为一种社会规范，尤其是当我们的大学生样本中有63%—70%的人赞同这一说法时。不过，人们常常会用他们认为正常的东西来为自己的不良行为辩解，并使之合理化。例如，如果一名高中生每个周五和周六都狂饮，并相信其他同龄人都是这样做，那他可能就会利用这一社会规范拒绝减少狂饮行为。当同伴说他们的饮酒行为有问题时，这些青少年可能会为自己的行为辩解，他们会说："其他人都是这样做的，为什么我不能这样做呢?"

不过，一些研究人员发现，通过让青少年和大学生了解同龄人实际酗酒和吸毒的比例，可以减少他们滥用物质的情况。这些社会规范干预既可以用作一种宣传策略，也可以用作针对个人的干预措施。高中和大学的管理人员张贴出海报或其他宣传材料，声称"82%的高中生上个月没有酗酒"，便是社会规范干预宣传策略的一个例子。对一个酗酒预防项目（alcohol prevention programs）而言，采用这种类型的策略可以有效地基于实际数据重建一种更准确、更具现实意义的青少年饮酒社会规范（要了解另一种社会规范干预，可参阅迷思 17）。157
事实上，一项随机临床实验发现，一个采用社会规范宣传策略的预防项目可以有效地降低酗酒问题的若干指标（DeJong et al., 2006）。用社会规范来进行个体干预，也适用于有酗酒问题的特定青少年。例如，可以用一个以计算机为基础的项目，或者与心理健康专业人员的面对面干预，来让青少年了解其同龄人酗酒的实际比例，这样他们便能理解酗酒是"不正常的"，并不是大多数同龄人共有的行为（对这些项目的综述，可参见 Moreira, Smith, & Foxcroft, 2009）。事实上，研究已发现，这些类型的个体干预在减少大学生酗酒方面非常有效（Moreira et al., 2009）。此外，研究已证明，对于那些主动吸毒的青少年，有两种治疗方法相当有效——一种是生态取向的家庭治疗（ecological family-based treatment），另一种是认知—行为疗法（Hogue, Henderson, Ozechowski, & Robbins, 2014）。

所以，下一次，当你辛苦了一天之后想放松一下，看看《X计划》这样的喜剧时，别担心，我们不会说你什么。但请记住，《X计划》与几乎所有的好莱坞作品一样——都仅供娱乐。

参考文献

Budnick, S., Ewing, M. P., Heineman, A., Phillips, T., Richards, S., Rona, A., & Silver, J. (Producers), & Nourizadeh, N. (Director). (2012). *Project X* [Motion picture]. Hollywood, CA: Warner Bros.

Centers for Disease Control and Prevention. (2016a). Trends in the prevalence of alcohol use. *National YRBS: 1991–2015*. Atlanta, GA: Centers for Disease Control and Prevention.

Centers for Disease Control and Prevention. (2016b). Trends in the prevalence of marijuana, cocaine, and other illegal drug use. *National YRBS: 1991–2015*. Atlanta, GA: Centers for Disease Control and Prevention.

Daniel, S. (Producer), & Linklater, R. (Director). (1993). *Dazed and Confused* [Motion picture]. Hollywood, CA: Gramercy Pictures.

DeJong, W., Schneider, S. K., Towvim, L. G., Murphy, M. J., Doerr, E. E., Simonsen, N. R., ... Scribner, R. A. (2006). A multisite randomized trial of social norms marketing campaigns to reduce college student drinking. *Journal of Studies on Alcohol*, *67* (6), 868–879.

Desilver, D. (2016, January 14). *Dangers that teens and kids face: A look at the data*. Retrieved from http://www.pewresearch.org/fact-tank/2016/01/14/dangers-that-young-people-face-a-look-at-the-data.

158 Duffer, M., & Duffer, R. (2016). *Stranger Things* [Television series]. USA: 21 Laps Entertainment.

Erickson, C. (Producer), & Heckerling, A. (Director). (1982). *Fast Times at Ridgemont High* [Motion picture]. Hollywood, CA: Universal Pictures.

Hogue, A., Henderson, C. E., Ozechowski, T. J., & Robbins, M. S. (2014). Evidence base on outpatient behavioral treatments for adolescent substance use: Updates and recommendations 2007–2013. *Journal of Clinical Child and Adolescent Psychology*, *43* (5), 695–720.

Jewell, J. D., & Hupp, S. D. A. (2018). *Prevalence of myths about adolescence* [Manuscript in preparation].

Kanny, D., Liu, Y., Brewer, R. D., & Lu, H. (2013). Binge drinking—United States, 2011. *Morbidity and Mortality Weekly Report Surveillance Summary*, *62* (Supplement 3), 77–80.

Moreira, T., Smith. L., & Foxcroft, D. (2009). Social norms interventions to reduce alcohol misuse in university or college students. *Cochrane Database of Systematic Reviews*, *3* (CD006748). doi: 10.1002/14651858.CD006748.pub2.

Olson, G. (Producer), & Hudlin, R. (Director). (1990). *House Party* [Motion picture]. Hollywood, CA: New Line Cinema.

迷思 44　DARE 课程能预防青少年吸毒

为什么 DARE 吉祥物——达伦狮（Daren the Lion）——不穿与他标有“DARE”的 T 恤相配套的裤子呢？让一个预防吸毒的吉祥物穿上适合社交场合的服饰，难道不是常识吗？经过一些调查后，我们将在本节末尾给出这个迷思的答案（也就是说，你只要比一般的熊聪明一点，就可以猜出这个答案）。不过，在揭示服饰之谜以前，有大量有关 DARE 本身的研究工作要和大家分享。

如果你在 20 世纪 90 年代或 90 年代以后读五年级或六年级，那你很有可能上过“抵制药物滥用教育”（Drug Abuse Resistance Education，DARE）课程。如果没有上过，你也很可能看到过它的吉祥物、T 恤，或是贴在警车上的 LOGO。DARE 非常受欢迎，以至于每年 4 月的第三个星期四成了美国的全国 DARE 日（National DARE Day），而且两个政治党派都通过发布几项总统通告，对这个日子表示支持。设立这个特殊的日子是为了庆祝 DARE 课程实施 30 多年来取得的成就，该课程的目标非常有意义，就是预防青少年吸毒。

DARE 是一门通用的预防性课程，这意味着它可以面向特定年级的所有孩子。也就是说，它不是一门只适用于有更大物质滥用风险或表现出物质滥用早期迹象的学生的选择性或指定性课程。警察每周到 159
学校给五年级或六年级学生上 DARE 课程，一周上一次，一共大约上 17 周。除了涵盖“改变对毒品的信念”这样的主题，这门课程还专门教授一些保持坚定的技能和应对压力的健康方法。此外，DARE 课程还致力于减少暴力，防止青少年加入帮派。课程结束时通常会举行毕业典礼，颁发证书。

这门课程始于1983年的洛杉矶，从那以后真正开始“遍地开花”。目前，美国50个州中大约75%的学区设有DARE课程，而且全球有50多个国家也教授该课程（D.A.R.E. America，2014）。简言之，每年有数百万孩子上DARE课程，而且很多人认为这门课程有用。在我们的研究中，40%—44%的学生认可“DARE课程能预防青少年吸毒”的说法（Jewell & Hupp，2018）。

从一开始，DARE课程的开发者就几乎没有调查过它的有效性，而当研究人员开始调查这门课程的效果时，却发现它的效果并不太好。在一项针对DARE课程的最佳研究中，研究人员将各所小学随机分为两组，一组是实验组，接受警察提供的DARE课程，另一组是对照组，接受的课程是“健康教师决定在其课程中涵盖的与毒品教育有关的任何内容”（Lynam et al.，1999，p.591）。10年后，研究人员付费让这些被试填了一份问卷，报告他们的药物使用情况。结果显示，在酒精、香烟、大麻或非法药物的使用方面，DARE组和对照组之间没有任何差异。此外，DARE组在抵制同伴压力方面的表现并不比对照组好，而且上过DARE课程的学生的自尊水平显著低于对照组——研究者将这一发现归因为偶然。

其他针对DARE有效性的研究也得出类似的结果。一项元分析综合了1991—2002年间发表的11项DARE研究（包括上文讨论的10年追踪研究）的数据（West & O’Neal，2004）。这项元分析的结果再一次证实，DARE在预防吸毒方面是无效的。

认识到DARE无效后，组织部门试图开发一门新的课程，并称之为“Take Charge of Your Life”（管好你的生活），该课程面向七年级学生，并在九年级时开设一门加强版课程。然而，令人震惊的是，研究显示，在追踪期间，开设该课程学校的学生实际上比对照组的学生更有可能喝酒、抽烟（Sloboda et al., 2009）。这一版本的课程在继续显示出疲弱的效果后，很快被放弃（Singh et al., 2011）。 160

组织部门没有放弃 DARE，也没有试图再开发一门课程，而是开始寻找一门已证实有效的课程。他们找到了一门叫“Keepin' It REAL”（Refuse, Explain, Avoid, & Leave, REAL，意思是“拒绝、解释、回避、离开”）的课程，该课程面向七年级学生，包括 10 节课，教授该课程的是学校教师（Hecht et al., 2003）。大多数关于 Keepin' It REAL 的研究主要针对拉丁美洲学生设计，这些研究显示出 Keepin' It REAL 与拉丁美洲样本的混合结果（Hecht, Graham, & Elek, 2006; Marsiglia, Kulis, Wagstaff, Elek, & Dran, 2005; Warren et al., 2006）。不过，早期这些对 Keepin' It REAL 的研究存在一些局限。例如，所有这些研究都基于自我报告，而且在干预后的即时测量之后，均未进行追踪测量。不过，最初的积极结果足以促使 DARE 于 2009 年正式采用 Keepin' It REAL 课程。值得注意的是，最初的 Keepin' It REAL 与 DARE 使用的课程并不相同。也就是说，开发者将该课程的各个方面与最初的 DARE 课程结合到了一起，他们还创建了另一个小学的版本，该版本占领的市场与最初的 DARE 课程相同（Caputi, 2015）。

Keepin' It REAL（对该课程的研究支持不一）的采用，给了 DARE 课程管理者一些信心，《科学美国人》（*Scientific American*）上发表的一篇文章甚至将标题定为“新 DARE 课程——这是一门有效的课程”（The New D.A.R.E. Program——This One Works）（Nordrum, 2014）。不过，断言这门“新 DARE 课程”有效有点言过其实，因为研究者尚未对 Keepin' It REAL 课程的这一新 DARE 版本进行调查。Keepin' It REAL 的最初版本与 DARE 版本的一大区别在于，DARE 版本是警察上课，而不是学校教师。此外，除了以拉丁美洲学生为样本的研究，几乎没有证据证明 Keepin' It REAL 课程的有效性。而且，当 Keepin' It REAL 课程的开发者试图将其改版为面向五年级的课程时，发现效果并不比对照组好（Hecht et al., 2008）。

DARE 课程未曾取得什么积极的成果，但为什么在过去的 30 多年里一直蓬勃发展呢？一个原因是，针对全球毒品问题，确实需要采取一些措施来解决。全世界的死亡人口中，约有 6% 死于有害的酗酒行为，而且这些人死时通常还很年轻（World Health Organization, 2015）。抽烟每年会导致约 700 万人死亡，其中很多人死于二手烟接触（World Health Organization，2017）。其他药物也会导致世界各地很
161 多人死亡，以及出现相关健康问题。因此，学校希望尽其所能预防吸毒也是可以理解的。

DARE 之所以如此受欢迎，另一个原因可能是它很符合利林菲尔德、林恩、鲁肖和拜尔斯泰因（Lilienfeld, Lynn, Ruscio, & Beyerstein, 2010）描述的心理学迷思的根源。具体而言，DARE 让人感觉像是一种解决毒品问题的简单方法。对许多学校来说，DARE 已经包含大约 17 节课，而且学校甚至不需要培训教师来上这门课，因为警察替他们做了这项工作。事实上，一项研究发现，建立官员与学生之间的积极关系实际上是许多学区开设 DARE 课程的主要原因，尽管他们知道 DARE 课程并不能抵制吸毒现象（Birkeland, Murphy-Graham, & Weiss, 2005）。

之所以说讨论这个有关 DARE 课程有效性的迷思非常重要，是基于这样几个原因。第一，设置 DARE 课程需要花费很多钱。第二，实施 DARE 课程可能会让一些学校觉得已经开始采取预防吸毒的措施，而这或许会阻碍学校使用真正有效的方法或课程。第三，至少有一项研究显示，接受 Keepin' It REAL 课程的学生与对照组学校的学生相比，前者的物质滥用现象更为严重（Elek, Wagstaff, & Hecht, 2010）。最后，DARE 课程有许多赞助商，如沃尔玛（Wal-mart）、塔吉特

（Target）等，这些赞助商可以用他们的资金来支持那些更好地证明其有效性的研究项目。

至于达伦狮只穿上衣而不穿裤子的迷思，很可能是受到 DARE 课程第一个吉祥物的影响。如前所述，第一个吉祥物住在杰利石公园（Jellystone Park），它比一般的熊聪明，喜欢偷在公园野餐的人篮子里的东西。是的，他们的第一个吉祥物是瑜伽熊（Yogi Bear，也就是大家熟知的"DARE 瑜伽熊"），这是一只非常有名的棕熊，经常只穿一个白色的领子，戴一条绿色的领带，再配一个帽子。不过，它在做 DARE 课程的宣传推广工作时，也穿了一件经典的 DARE 黑色 T 恤（但依然没有穿裤子）。因此，当瑜伽熊卸下其代言人的职责时，只穿上衣不穿裤子的形象就延续到达伦狮身上。如果你有 5 分钟的空余时间，你可以在网上搜一下"DARE Bear Yogi"，然后，你便真的可以充实你的一天。这部音乐动画片围绕着瑜伽熊的说唱展开，里面有一句歌词是这样的："DARE 教孩子们永远都不要吸毒，然后让家长给孩子们一个拥抱。"歌词的结尾是："如果你想成为一名优秀的学生，那就坚持努力，保持冷静；确保每一所学校都有一个 DARE 班级。"伴随着《石头族乐园》主题曲的说唱音乐，朋友们跟着瑜伽熊一起唱了起来，它们当中有石头族乐园的孩子、史酷比-杜的沙吉（Shaggy from Scoobie-Doo）、杰森的阿童木（Astro from the Jetsons）、穴居人船长（Captain Caveman）、粉红豹（Pink Panther）、波波熊（Boo-boo Bear）——它们当中只有一半穿了裤子。

你需要知道的 162

预防吸毒将始终是一个具有挑战性的目标，它需要的可能不仅仅是一个学年上 17 节课。虽然 DARE 课程一直试图在更广泛的学年里针对青少年实施，但美国 DARE（DARE America）一直没有用精心设计的研究来支持最新版的课程。有一个地方可以让我们了解确定有效课程方面所取得的最新进展，这个地方就是暴力研究与预防中心（Center for the Study and Prevention of Violence）。该中心利用其健康青少年发展蓝图网站（Blueprints for Healthy Youth Development Website），来确定哪些课程得到可靠的研究支持。

"健康青少年发展蓝图"审查了1 400多门课程。根据以下三个水平中的一个来界定，这些课程中被确定为有效课程的不到5%（Center for the Study and Prevention of Violence, n. d.）。首先，要成为一门"有前景的课程"（promising program），至少必须有一项做得很好的研究（如有可靠、有效的发现）证明该课程的有效性，并已准备好让其他人开始使用（如手册、培训）。其次，要成为一门"示范课程"（model program），除上述要求之外，还至少必须有两项做得很好的研究证明在得出研究结论之后，该课程至少保持了一年的有效性。最后，要成为一门"示范+课程"（model plus program），还必须有研究者对该课程进行独立研究，并得出与另一个研究团队相同的结果。

目前，唯一一门针对吸毒的符合"示范+课程"标准的通用预防性课程是Life Skills Training（生活技能培训）（Botvin & Griffin, 2004）。这门课程包括在中学三年多的时间里教授的30节课（Botvin Life Skills Training, n. d.）。它利用行为技能训练［即模仿、指导、练习、反馈（modeling, instructions, rehearsal, and feedback）］来教授与抵制药物相关的行为技能和认知技能、自我管理技能，以及社交技能。许多研究表明，它在预防吸毒方面取得了积极的结果（Botvin & Griffin, 2002）。

说句公道话，关于Life Skills Training的研究也遭到一些方法论上的批评（Gorman, Conde, & Huber, 2007）。此外，另一门针对物质滥用的预防性课程是Project Alert（保持警惕课程）（Ellickson,

McCaffrey, Ghosh-Dastidar, & Longshore, 2003), 该课程曾被列入蓝图名单，但后来因其他研究显示其效果不太积极而被删除(Montgomery, 2014)。因此，确定有效课程所依据的科学在不断地发展，让人们看到了希望：它正逐渐朝着正确的方向发展。

最后一点，本书中的大多数迷思很可能永远都是迷思，但DARE有机会不断修正它的课程。总有一天，我们可以说，某个最新版本的DARE课程得到了研究的大力支持。DARE课程有一个很好的目标，不过，它的发展过程中有一个方面值得关注，那就是在确定哪些策略有效之前，这些策略已经在多大的范围内进入学区。 163

参考文献

Birkeland, S., Murphy-Graham, E., & Weiss, C. (2005). Good reasons for ignoring good evaluation: The case of the drug abuse resistance education (D.A.R.E.) program. *Evaluation and Program Planning*, *28* (3), 247–256. doi: 10.1016/j.evalprogplan.2005.04.001.

Botvin, G. J., & Griffin, K. W. (2002). Life skills training as a primary prevention approach for adolescent drug abuse and other problem behaviors. *International Journal of Emergency Mental Health*, *4* (1), 41–48.

Botvin, G. J., & Griffin, K. W. (2004). Life skills training: Empirical findings and future directions. *Journal of Primary Prevention*, *25* (2), 211–232. doi: 10.1023/B: JOPP.0000042391.58573.5b.

Botvin Life Skills Training (n. d.). *Program structure*. Retrieved from https://www.lifeskillstraining.com/?s=program+structure.

Caputi, T. L. (2015). Selling prevention: Using a business framework to analyze the state of prevention and overcome obstacles to expanding substance abuse prevention. *Journal of Global Drug Policy and Practice*, *9* (1), 1–24.

Center for the Study and Prevention of Violence (n. d.). *Program Criteria*. Retrieved from http://www.blueprintsprograms.com/criteria.

D.A.R.E. America (2014). *D.A.R.E. Empowering Children to Lead Safe and Healthy Lives: 2014 Annual Report*. Retrieved from http://www.dare.org.

Elek, E., Wagstaff, D. A., & Hecht, M. L. (2010). Effects of the 5th and 7th grade enhanced versions of the keepin' it REAL substance use prevention curriculum. *Journal of Drug Education*, *40* (1), 61–79. doi: 10.2190/DE.40.1.e.

Ellickson, P. L., McCaffrey, D. F., Ghosh-Dastidar, B., & Longshore, D. L. (2003). New inroads in preventing adolescent drug use: Results from a large-scale trial of Project ALERT in middle schools. *American Journal of Public*

Health, *93* (11), 1830–1836. doi: 10.2105/AJPH.93.11.1830.

Gorman, D. M., Conde, E., & Huber, J. J. (2007). The creation of evidence in "evidence-based" drug prevention: A critique of the strengthening families program plus life skills training evaluation. *Drug and Alcohol Review*, *26* (6), 585–593. doi: 10.1080/09595230701613544.

Hecht, M. L., Elek, E., Wagstaff, D. A., Kam, J. A., Marsiglia, F., Dustman, P., ... Harthun, M. (2008). Immediate and short-term effects of the 5th grade version of the keepin' it real substance use prevention intervention. *Journal of Drug Education*, *38* (3), 225–251. doi: 10.2190/DE.38.3.c.

164 Hecht, M. L., Graham, J. W., & Elek, E. (2006). The drug resistance strategies intervention: Program effects on substance use. *Health Communication*, *20* (3), 267–276. doi: 10.1207/s15327027hc2003_6.

Hecht, M. L., Marsiglia, F. F., Elek, E., Wagstaff, D. A., Kulis, S., Dustman, P., & Miller-Day, M. (2003). Culturally grounded substance use prevention: An evaluation of the keepin' it R.E.A.L. curriculum. *Prevention Science*, *4* (4), 233–248. doi: 10.1023/A: 1026016131401.

Jewell, J. D., & Hupp, S. D. A. (2018). *Prevalence of myths about adolescence* [Manuscript in preparation].

Lilienfeld, S. O., Lynn, S. J., Ruscio, J., & Beyerstein, B. L. (2010). *50 great myths of popular psychology: Shattering widespread misconceptions about human behavior.* Malden, MA: Wiley-Blackwell.

Lynam, D. R., Milich, R., Zimmerman, R., Novak, S. P., Logan, T. K., Martin, C., ... Clayton, R. (1999). Project DARE: No effects at 10-year follow-up. *Journal of Consulting and Clinical Psychology*, *67* (4), 590–593. doi: 10.1037/11855-00810.1037/0022-006X.67.4.590.

Marsiglia, F. F., Kulis, S., Wagstaff, D. A., Elek, E., & Dran, D. (2005). Acculturation status and substance use prevention with Mexican and Mexican-American youth. In M. R. De la Rosa, L. K. Holleran & S. A. Straussner (Eds.), *Substance abusing Latinos: Current research on epidemiology, prevention, and treatment* (pp.85–111). Binghamton, NY: Haworth Social Work Practice Press.

Montgomery, K. L. (2014). School-based delinquency prevention. In W. T. Church, D. W. Springer, & A. R. Roberts (Eds.), *Juvenile justice sourcebook* (2nd ed.) (pp.289–312). Oxford: Oxford University Press.

Nordum, A. (2014, September). The new D.A.R.E. program—this one works. *Scientific American.* Retrieved from http://www.scientificamerican.com.

Singh, R. D., Jimerson, S. R., Renshaw, T., Saeki, E., Hart, S. R., Earhart, J., & Stewart, K. (2011). A summary and synthesis of contemporary empirical evidence regarding the effects of the Drug Abuse Resistance Education Program (D.A.R.E.). *Contemporary School Psychology*, *15*, 93–102.

Sloboda, Z., Stephens, R. C., Stephens, P. C., Grey, S. F., Teasdale, B., Hawthorne, R. D., ... Marquette, J. F. (2009). The adolescent substance abuse prevention study: A randomized field trial of a universal substance abuse prevention program. *Drug and Alcohol Dependence*, *102* (1–3), 1–10. doi: 10.1016/j.drugalcdep.2009.01.015.

Warren, J. R., Hecht, M. L., Wagstaff, D. A., Elek, E., Ndiaye, K., Dustman, P., & Marsiglia, F. F. (2006). Communicating prevention: The effects of the keepin' it REAL classroom videotapes and televised PSAs on middle-school students' substance use. *Journal of Applied Communication Research*, *34* (2), 209–227. doi: 10.1080/00909880600574153.

West, S. L., & O'Neal, K. K. (2004). Project DARE outcome effectiveness revisited. *American Journal of Public Health*, *94* (6), 1027–1029. doi: 10.2105/AJPH.94.6.1027.

World Health Organization (2015). *Alcohol*: *Fact sheet*. Retrieved from http://www.who.int. 165

World Health Organization (2017). *Tobacco*: *Fact sheet*. Retrieved from http://www.who.int.

迷思 45 听重金属或说唱音乐让青少年更有可能反抗权威

第二次世界大战后的 20 世纪 50 年代，出现了一种新的青年文化，表现为不同的音乐［如猫王（埃尔维斯·普雷斯利，Elvis Presley）和摇滚乐］、舞蹈风格（如吉鲁巴）、电影和电影明星［如詹姆斯·迪恩（James Dean）和《无因的反叛》（*Rebel without a Cause*；Weisbart Ray，1955）］，以及语言［如俚语"don't have a cow"（别大惊小怪）］。20 世纪 50 年代的父母，他们十几岁时的经历与此不同，他们认为，青少年表现出的这些新的兴趣代表着对权威的反叛和反抗。20 世纪 50 年代的青少年和年轻人（如"婴儿潮"时期出生的人）最终在 60 年代的动荡中长大成人。他们开始更有力地质疑权威——他们发起的支持民权、反对越南战争的抗议活动证明了这一点。当时的音乐（主要是民间音乐和流行音乐）反映了年轻人越来越强烈的情绪，他们认为，当权者道德败坏，无法令人信任。20 世纪 70 年代，朋克音乐（punk music），如性手枪乐队（Sex Pistols）的《英国的无政府主义》（*Anarchy in the UK*）（Cook，Jones，Lydon，& Matlock，1976），体现了对当权者的反叛。到了 20 世纪 80 年代，社会活动家和政治家再次指出，有些音乐（如重金属音乐）令人不安，与美国的道德败坏现象有关（Kotarba，Merrill，Williams，& Vannini，2013）。

如今，成年人对青少年喜爱的音乐仍持一种相当消极的看法，他们还特别指出，重金属和说唱音乐正在导致当今青少年道德沦丧。长期以来，人们一直将重金属音乐与暴力的形象联系在一起（Donkin，

2008）。从重金属乐队“尸检”（Autopsy）的单曲《烧焦的残骸》（*Charred Remains*）的开头几句，我们可以清楚地看到这一点：“火焰从里往外燃烧，血沫从你的嘴里喷出，腐烂的肉臭味传来，就好像它要把你烧死一样。”（Reifert，1989）希望你刚刚没有吃东西，不然的话，看到这几句可能会让你胃不舒服！据说，重金属音乐的特点（如声音大、情绪化的演唱风格、包含攻击性和孤独感主题的歌词）会导致听者情绪愤怒，并做出犯罪行为和自杀行为（Sharman & Dingle，2015）。说唱音乐和嘻哈音乐也遭到猛烈抨击。近年来，政治评论员 166
比尔·奥雷利（Bill O’Reilly）声称，说唱音乐把不道德的行为奉若神明，是令基督教衰落的罪魁祸首（Bump，2015），而《芝加哥论坛报》（*Chicago Tribune*）上的一篇文章引用了一名前帮派成员的话，称说唱音乐为帮派生活带来了积极的转机，而没有谈到说唱音乐的破坏性（Turner，2015）。此外，还有美国参议院的听证会、备受瞩目的法庭案件，以及公众发起的一些活动——所有这些都旨在让人们注意到重金属和说唱音乐对年轻人的负面影响（Reddick & Beresin，2002）。虽然这些受政治驱动，试图消灭重金属和说唱音乐世界的举动基本上都已失败，但很明显，依然有很多人坚信，这些类型的音乐会对青少年的发展造成负面影响。

“从相关性中推断出因果关系”是该迷思的一个明显来源。诚然，研究已发现音乐类型偏好与青少年行为问题之间存在关联。例如，一项对近 1 000 名荷兰青少年进行的为期两年的研究发现，听重金属或说唱音乐与自我报告的外在问题（如攻击行为、犯罪行为等）之间存在一种统计上的显著关系（Selfhout，Delsing，ter Bogt，& Meeus，2008）。不过，这些研究人员也承认，音乐偏好与青少年行为问题之间的因果关系并不是基于他们的设计和方法论得出的。他们的研究结果只能证明，那些听重金属或说唱音乐的青少年，自我报告行为问题的可能性更大。为进一步突出这一点，美国儿科学会在一份修订后的政策声明中写道，虽然含有色情意味的音乐内容与行为问题之间存在某种相关，但没有研究支持二者之间存在因果关系（参见 Villani，2001）。

那么，为什么音乐偏好与行为问题之间会存在联系呢？我们可以考虑一下"第三变量"（third variable）的问题，"第三变量"意味着某个其他变量可以解释两个相关变量之间的关系（Lilienfeld，Lynn，Ruscio，& Beyerstein，2010）。很明显，还有许多其他因素会导致青少年出现行为问题；一个人听的音乐并不能为其行为负起全部责任。多年以来的大量研究已经发现，特定的遗传变量（如包括气质在内的遗传特征）和环境变量（如父母的教养方式、同伴群体、学习成绩等）会在青少年的发展过程中相互作用，影响行为（Beauchaine，Gatzke-Kopp，& Gizer，2017）。针对音乐偏好与行为问题之间的关系，研究
167 发现，包括感觉寻求程度和家庭关系质量在内的许多变量，也可以调节音乐对行为的影响（Schmaltz，2016）。

"重金属或说唱音乐让青少年更有可能反抗权威"的迷思可能是诉诸传统（argumentum ad antiquitatem）的谬误推动的（Vaughn & Schick，1999）。心理学家罗德尼·施马尔茨（Rodney Schmaltz，2016）认为，"长久以来，公众一直关注某些音乐类型对行为的影响"（p.1）。具体而言，历史上似乎有一个将青少年喜爱的音乐与反抗权威、蔑视权威和不道德行为联系到一起的先例。这显然是 20 世纪 50 年代、60 年代和 70 年代青少年听音乐的情况。例如，20 世纪 50 年代，猫王出现在"艾德·苏利文秀"（*The Ed Sullivan Show*）上就曾让许多成年人感到恐惧，他们担心他和他扭来扭去的屁股会对年轻人产生负面影响。有趣的是，这种思维方式可以追溯到古代。对古希腊人来说，音乐与生活之间的关系表现为"模仿音乐"（Barber，2008）。具体而言，

要想成为一个好人，就要听好的音乐。一个人听的糟糕音乐越多，他成为坏人的可能性就越大。正如亚里士多德所说："如果一个人长期习惯于听一些激起不光彩激情的音乐，那么他的整个性格将会被塑造成不光彩的样子。"（Grout，1988，pp.7-8）或许古希腊的猫王激起了希腊年轻人不光彩的激情，从而给身穿斗篷的父母带来了巨大的压力。

备受关注的案件常常会被媒体大肆渲染，指责重金属和说唱音乐对听众造成了严重伤害。例如，重金属乐队犹大圣徒（Judas Priest）在 20 世纪 80 年代被指控在歌曲中插入与自杀相关的反面潜意识信息（Schmaltz，2016）。两名青少年在听了这个乐队的音乐，抽了大麻后企图自杀。随后乐队被提起诉讼，称音乐中的潜意识信息是导致这两个男孩自杀的罪魁祸首。虽然这个案件最终被驳回，但这些恐怖的画面也许仍萦绕在人们的脑海中，人们或许已经有了这样一种认知，即重金属音乐可能会导致自杀行为。就像我们在前面两个迷思（即迷思 40"现在的青少年不如前几代"和迷思 41"学校暴力事件呈上升趋势"）中提到的，人们倾向于根据想到某个例子的容易程度来评估一件事情发生的可能性，这种倾向就叫"可得性启发"（Tversky & Kahneman，1974）。可得性启发或许可以部分地解释为什么这个迷思会流行。我们可以这样用可得性启发来解释说唱音乐：人们在考虑说 168
唱音乐与暴力行为之间的关系时，可能会想到一些备受关注的说唱音乐人与帮派、帮派暴力有关联的画面。

虽然没有研究支持重金属或说唱音乐与青少年的反抗及其他问题行为之间存在因果关系，但很多研究审视了二者之间的关系。例如，1994 年的一项研究调查了青少年心理社会混乱状态（采用广泛使用的自我报告和父母报告的评定量表进行测量）与某些音乐类型偏好之间的关系，发现只有评定结果低于平均水平的青少年喜欢重金属或说唱音乐（Took & Weiss，1994）。鉴于男性群体和女性群体的不平衡（即偏爱重金属或说唱音乐的男孩明显多于女孩，而女孩的行为问题通常少于男孩），研究者在统计上控制了性别变量，结果发现，包括学校行为问题、性行为、吸毒、酗酒、犯罪行为在内的很多变量都不能预测音乐类型偏好。更早的一项研究发现，对重金属和说唱音乐的偏好或投入，与中学生的学业成绩、行为功能之间没有关联（Epstein，Pratto，& Skipper，1990）。关于听重金属和说唱音乐的危险性，这项研究的作者提出，“需要重新评估公众对摇滚乐的看法”（Epstein et al.，1990，p.391）。研究人员通过实验方法发现，听极端音乐（如重金属音乐、朋克音乐）不会让愤怒的听者变得更愤怒（Sharman & Dingle，2015）。而且，听极端音乐会引起听者的生理唤醒，从而增强其积极的情绪。这个发现与被试报告的听极端音乐可以改善他们的情绪相符。虽然研究者承认需要进行更多的研究来理解这些发现，但他们总结说：“研究结果驳斥了极端音乐会导致愤怒情绪的观点。”（Sharman & Dingle，2015，p.282）

不过，研究确实表明，听重金属或说唱音乐与青少年的行为问题之间存在某种关系。也就是说，有研究表明，对重金属或说唱音乐的偏好，与犯罪、社交行为、焦虑、抑郁等问题之间存在统计学上的显著相关。例如，荷兰的一项研究发现，音乐品味可以预测 12—16 岁学生的外在问题（如攻击、不顺从、注意问题）和内在问题（如焦虑、抑郁）（Mulder，ter Bogt，Raaijmakers，& Vollebergh，2007）。也就是说，对某些音乐类型的偏好与心理社会问题有关。具体而言，那些
169 报告听过都市音乐（如说唱 / 嘻哈音乐、灵魂音乐、雷鬼音乐）或摇滚乐（如重金属音乐、朋克音乐、垃圾摇滚）的人，更有可能自我报告外在问题（如反抗、身体攻击）。那些报告听过摇滚乐的人也更有可能自我报告内在问题（如焦虑、抑郁）。不过，这些效应值非常小，没有哪组的平均值在临床范围内，即都不是值得注意的问题。综上所

述，研究表明，对某些音乐类型（如重金属或说唱音乐）的偏好与行为问题仅存在轻微的相关，而且，这些问题不太可能具有临床意义（具有临床意义的问题是需要专业关注的问题）。有趣的是，那些报告偏爱古典音乐或爵士乐的学生也表现出高水平的退缩行为。虽然研究人员试图解释这一发现，提出这个群体很可能代表了因其音乐偏好而处在青少年同伴文化之外的学生，但结果表明，研究音乐品味与行为之间的关系是一件非常复杂的事情。

一项调查青少年早期音乐偏好与行为问题之间关系的研究报告称，早期对重金属或说唱音乐的偏好预测了当前和以后的行为问题（ter Bogt，Keijsers，& Meeus，2013）。虽然二者之间存在统计学上的显著相关，但这些关系的效应值在小到中等之间。例如，12 岁学生对重金属音乐的偏好与行为问题之间的相关系数为 0.25。不过，效应值表明，对重金属音乐的偏好与自我报告的行为问题之间的关系，只能预测这项研究中青少年在行为问题上 6% 的差异。这也意味着，在这项研究中，青少年在行为问题上近 94% 的差异不能用这种关系来解释。除了音乐类型偏好，其他变量，如学业问题、同伴关系或父母监督水平等，可以更好地预测青少年的行为问题。对于“重金属或说唱音乐会让青少年反抗权威”的迷思，更为重要的是谨记一点：“二者相关”绝不意味着它们之间存在因果关系。

总而言之，没有证据证明听重金属或说唱音乐与青少年行为问题之间存在因果关系。更具体而言，没有证据表明这些音乐类型会让青少年反抗权威。虽然研究发现，音乐类型偏好与内外在问题之间存在统计学上的显著相关，但研究发现的这些关系的效应值在小到中等之间。而且，研究发现的问题几乎不需要专业干预。最后，其他变量 170
（包括遗传倾向、消极的育儿方式等）或许可以解释重金属或说唱音乐与行为问题之间的关系。换言之，导致青少年反抗权威的，不太可能是音乐类型偏好这一个变量。

你需要知道的

父母不需要因为处于青春期的孩子听重金属或说唱音乐，偏爱这种音乐而惊慌失措。毫不奇怪，音乐类型偏好存在代际差异，今天的年轻人喜欢的音乐似乎是他们的父母或祖父母所不喜欢的。在考虑重金属或说唱音乐时，这些代际差异最为明显（Lizardo & Skiles，2015）。此外，与其他主流音乐类型（如乡村音乐）相比，美国不喜欢说唱音乐的年轻人较少，而且与25年前相比，今天的美国中青年不喜欢重金属音乐的较少（Lizardo & Skiles，2015）。总而言之，现代的青少年通常都可能会听重金属或说唱音乐，而且这可能不会带来什么问题。例如，2017年发表的一项研究发现，无论听哪种类型的音乐，它们对大学生作出道德、健康和安全风险方面的选择均没有任何影响（Enstrom & Schmaltz，2017）。

不过，父母和其他成年人应关注那些经常听含有令人不安的主题（如暴力、性剥削、自杀等）的音乐的青少年。同样，虽然没有证据支持音乐类型偏好与行为问题之间存在因果关系，但人们有理由担心：频繁接触一些偏离常规的媒体内容，很可能会导致攻击行为、反抗行为、犯罪行为和抑郁症。一些研究发现，尽管接触暴力媒体内容本身可能与攻击行为没有关联（参见Ferguson，2015a），但过度接触媒体暴力，包括音乐中描绘的暴力，“会让个体更有可能将暴力视为一种解决问题和实现目标的恰当手段”（American Academy of Pediatrics，2009，p.1496）。事实上，有一些研究在分析了随时间推移而呈现出的社会趋势后指出，暴力电子游戏的使用与青少年暴力行为比率的下降（而不是青少年暴力行为比率的上升）密切相关（Ferguson，2015b）。不过，从个人层面看，大量接触某些媒体内容可能会导致负面的发展结果，并促成偏离轨道的同伴关系（ter Bogt et al., 2013）。研究表明，个人的危险因素，如攻击行为史等，有助于作出这样的预测，即那些报告偏爱暴力媒体内容的青少年往往会做出暴力行为（参见 Boxer, Huesmann, Bushman, O'Brien, & Moceri, 2009）。最后，美国儿童和青少年精神病学会（American Academy of Child and Adolescent Psychiatry）提出，“对于一个生活平衡、健康的青少年来说”，偏爱某种类型的音乐内容并不一定是危险的（American Academy of Child and Adolescent Psychiatry, 2008, p.1）。不过，如果青少年的行为发生了显著的变化（如攻击、孤立、情绪变化、物质滥用等），父母则应该考虑寻求合格专业人士的帮助。 171

参考文献

American Academy of Child and Adolescent Psychiatry.（2008）. *Facts for families: The influence of music and music videos*. Retrieved from https://www.aacap.org/App_Themes/AACAP/docs/facts_for_families/40_the_influence_of_music_and_music_videos. pdf.

American Academy of Pediatrics（2009）. Policy statement—Media violence. *Pediatrics*, *124*, 1495–1503.

Barber, J.（2008）. *The road from Eden: Studies in Christianity and culture*. Bethesda, MD: Academic Press.

Beauchaine, T. P., Gatzke-Kopp, L., & Gizer, I. R.（2017）. Genetic, environmental, and epigenetic influences on behavior. In T. P. Beauchaine & S. P. Hinshaw（Eds.）, *Child and adolescent psychopathology*（3rd ed.）（pp.68–109）. Hoboken, NJ: Wiley.

ter Bogt, T. F. M., Keijsers, L., & Meeus, W. H. J.（2013）. Early adolescent music preferences and minor delinquency. *Pediatrics*, *131*, e380–e389.

Boxer, P., Huesmann, L. R., Bushman, B. J., O'Brien, M., & Moceri, D.（2009）. The role of violent media preference in cumulative developmental risk for violence and general aggression. *Journal of Youth and Adolescence*, *38*, 417–428.

Bump, P.（2015, May 13）. Bill O'Reilly blames rap music for the decline of organized religion. *The Washington Post*. Retrieved from https://www.washingtonpost.com/news/the-fix/wp/2015/05/13/bill-oreilly-blames-rap-music-for-the-decline-of-organized-religion-that-makes-no-sense/?utm_term=.0f0704e42451.

Cook, P., Jones, S., Lydon, J., & Matlock, G.（1976）. *Anarchy in the*

U.K. [Recorded by the Sex Pistols]. London: EMI.
Donkin, J. (2008, May 12). Heavy metal and violence: More than a myth? *CNN entertainment*. Retrieved from http: //www.cnn.com/2008/SHOWBIZ/Music/05/09/metal.violence/index.html.

Enstrom, R., & Schmaltz, R. (2017). A walk on the wild side: The impact of music on risk-taking likelihood. *Frontiers in Psychology*, *8*, 759–763.

Epstein, J. S., Pratto, D. J., & Skipper, J. K. (1990). Teenagers, behavioral problems, and preferences for heavy metal and rap music: A case study of a southern middle school. *Deviant Behavior*, *11*, 381–394.

172 Ferguson, C. J. (2015a). Do angry birds make for angry children? A meta-analysis of video game influences on children's and adolescents' aggression, mental health, prosocial behavior, and academic performance. *Perspectives on Psychological Science*, *10*, 646–666.

Ferguson, C. J. (2015b). Does movie or video game violence predict societal violence? It depends on what you look at and when. *Journal of Communication*, *65*, 193–212.

Grout, D. (1988). *A history of western music*. New York, NY: W. W. Norton.

Kotarba, J. A., Merrill, B., Williams, J. P., & Vannini, P. (2013). *Understanding society through popular music* (2nd ed.). New York, NY: Routledge.

Lilienfeld, S. O., Lynn, S. J., Ruscio, J., & Beyerstein, B. L. (2010). *50 great myths of popular psychology: Shattering widespread misconceptions about human behavior*. Malden, MA: Wiley-Blackwell.

Lizardo, O., & Skiles, S. (2015). Musical taste and patterns of symbolic exclusion in the United States 1993–2012: Generational dynamics of differentiation and continuity. *Poetics*, *53*, 9–21.

Mulder, J., ter Bogt, T., Raaijmakers, Q., & Vollebergh, W. (2007). Music task groups and problem behavior. *Journal of Youth and Adolescence*, *36*, 313–324.

Reddick, B. H., & Beresin, E. V. (2002). Rebellious rhapsody: Metal, rap, community, and individuation. *Academic Psychiatry*, *26*, 51–59.

Reifert, C. (1989). Charred remains [Recorded by Autopsy]. On *Severed survival* [CD]. Richmond, CA: Peaceville Records.

Schmaltz, R. M. (2016). Bang your head: Using heavy metal music to promote scientific thinking in the classroom. *Frontiers in Psychology*, *7*, 146–149.

Selfhout, M. H. W., Delsing, M. J. M. H., ter Bogt, T. F. M., & Meeus, W. H. J. (2008). Heavy metal and hip-hop style preference and externalizing problem behavior: A two-wave longitudinal study. *Youth and Society*, *39*, 435–452.

Sharman, L., & Dingle, G. A. (2015). Extreme metal music and anger processing. *Frontiers in Human Neuroscience*, *9*, 272–283.

Took, K. J., & Weiss, D. S. (1994). The relationship between heavy metal and rap music and adolescent turmoil: Real or artifact? *Adolescence*, *29*, 613–623.

Turner, D. W. (2015, November 5). Ex-gang member talks about rap music's influence. *The Chicago Tribune*. Retrieved from http: //www.chicagotribune.com/news/columnists/ct-rap-music-gang-influence-turner-20151105-column.html.

Tversky, A., & Kahneman, D. (1974). Judgment under uncertainty: Heuristics and

biases. *Science* (*New Series*), *185*, 1124–1131.
Vaughn, L., & Schick, T. (1999). *How to think about weird things: Critical thinking for a new age*. Mountain View, CA: Mayfield.
Villani, S. (2001). Impact of media on children and adolescents: A 10-year review of the research. *Journal of the American Academy of Child and Adolescent Psychiatry*, *40*, 392–401.
Weisbart, D., & Ray, N. (1955). *Rebel without a cause* [Motion picture]. Hollywood, CA: Warner Brothers.

173

现代社会问题的小迷思

迷思 46　青少年的自杀率最高

近年来，青少年自杀越来越受到媒体的关注。诸如《美国新闻和世界报道》(*U.S. News and World Report*)(Leonard，2016）中的“女孩自杀率增加了两倍”(Suicide Rate Triples Among Girls）等新闻标题，不仅令很多成年人感到恐慌，而且有可能导致这样一个迷思，即青少年的自杀率最高。人们也普遍相信这个迷思，大约 70% 的大学生对此表示赞同（Jewell & Hupp，2018)。虽然前面提到的《美国新闻和世界报道》的标题确切地说是对的，但也容易让人误解。它引用的报告来自美国疾病控制与预防中心（Curtin，Warner，& Hedegaard，2016)，该报告指出，1999 年至 2014 年，5—14 岁女孩的自杀率从百万分之五增加到百万分之十五，增加了两倍。然而事实是，这个年龄组的自杀率是所有女性年龄组中最低的。女性自杀率最高的年龄组是 45—64 岁，每 10 万人中有 9.8 例自杀，而青少年（15—24 岁）的自杀率为每 10 万人中有 4.6 例自杀。因此，中年女性自杀的可能性是女性青少年的两倍多。男性的趋势与此类似，15—24 岁男孩的自杀率为每 10 万人中有 18.2 例自杀，而男性自杀率最高的年龄组是 75 岁及以上，每 10 万人中有 38.8 例自杀，同样高出男性青少年 113%。

不过，有一组青少年在有自杀念头和尝试自杀方面的风险确实更高。具体而言，与异性恋同龄人相比，同性恋青少年尝试自杀的可能性明显更高（Eisenberg & Resnick，2006；Haas et al.，2010；Russell & Joyner，2001）。研究人员假设，这个群体的自杀率更高可能与其因同性恋而产生的耻辱感，以及这些年轻人遭受欺凌的比例更高有关。因此，虽然青少年自杀率可能不比其他大多数年龄组高，但在某些较易受到伤害的青少年群体中，自杀是一个需要特别注意的问题，应该利用一些资源来进行筛查和治疗。比如美国物质滥用和精神健康服务管理局提供了一套名为"预防自杀：高中工具包"（Preventing Suicide：A Toolkit for High Schools）的免费资源。或者，如果你或你认识的某个人有自杀的念头，也可以拨打国家自杀预防生命线（National Suicide Prevention Lifeline）。

参考文献 174

Curtin，S. C.，Warner，M.，& Hedegaard，H.（2016）. Increase in suicide in the United States，1999–2014. *NCHS Data Brief*，（241），1–8.

Eisenberg，M. E.，& Resnick，M. D.（2006）. Suicidality among gay，lesbian and bisexual youth：The role of protective factors. *Journal of Adolescent Health*，*39*（5），662–668.

Haas，A. P.，Eliason，M.，Mays，V. M.，Mathy，R. M.，Cochran，S. D.，D'Augeli，A. R.，... Russell，S. T.（2010）. Suicide and suicide risk in lesbian，gay，bisexual，and transgender populations：Review and recommendations. *Journal of Homosexuality*，*58*（1），10–51.

Jewell，J. D.，& Hupp，S. D. A.（2018）. *Prevalence of myths about adolescence* [Manuscript in preparation].

Leonard，K.（2016，April 22）. Suicide rate triples among girls. *U. S. News and World Report*. Retrieved from http：//www.usnews.com/news/articles/2016-04-22/cdc-suicide-deaths-on-the-rise-among-teen-girls-and-middle-aged-men.

Russell，S. T.，& Joyner，K.（2001）. Adolescent sexual orientation and suicide risk：Evidence from a national study. *American Journal of Public Health*，*91*（8），1276–1281.

迷思 47　醉酒眼镜有助于防止酒后驾驶

在一集节目中，菲尔（Phil）医生戴着一种特殊的眼镜［这种眼镜叫“醉酒眼镜”（Fatal Vision goggles）］，然后试图沿着直线行走（Winfrey & McGraw，2010）。这位脱口秀节目主持人很快偏离了路线，证明这种眼镜可以很好地表现醉酒是一种什么样的状态。全球各地的学校和大学校园也常用这些眼镜进行类似的演示，而且，很多人相信，它们可以有效地预防酒后驾驶。我们的研究表明，49%—54% 的学生认为，醉酒眼镜是预防酒后驾驶项目的有效组成部分（Jewell & Hupp，2018）。

醉酒眼镜会改变佩戴者的感知场域，因此很难精确地看到眼前的东西，而且这种眼镜还能很好地让佩戴者失去平衡感。除了佩戴醉酒眼镜尝试戒酒，醉酒眼镜项目的参与者还经常观看酒后驾驶事故受害
175 家庭推荐的视频。在预防性项目中，实施者还让参与者在运动（如打排球）、玩游戏（如抢座位游戏），甚至是在开高尔夫球车或致命视觉车（Fatal Vision Roadster）时戴上醉酒眼镜——致命视觉车是一种踏板车，也由同一家公司销售（Innocorp，ltd，n. d.-a）。

据销售这种醉酒眼镜的公司称，“国际上流行的这种基于证据的预防工具可以用来教育所有年龄段的人，让他们知道滥用酒精和醉酒的后果”（Innocorp，ltd，n. d.-b）。不过，当一家公司说他们的产品是“基于证据的”，总免不了令人怀疑，因为任何人都可以使用这个词。事实上，在进行任何精心设计的研究之前，该产品已被广泛使用。

一旦进行研究，醉酒眼镜就无法那么畅销。第一项随机对照研究表明，与对照组相比，戴着醉酒眼镜参加某项活动的大学生在该项目

完成后接受酒后驾驶的可能性降低（Jewell，Hupp，& Luttrell，2004）。不过，许多使用醉酒眼镜的项目中只有一小部分参与者佩戴醉酒眼镜（如在一次集会期间），而其余学生只是观察。在这项研究中，相对于对照组，仅在一旁观察的学生没有表现出明显的态度变化。

不过，这个研究团队进行的第二次研究对醉酒眼镜造成了两次破坏性打击。首先，这次研究在四周后对态度进行了分析，结果显示，在四周的时间里，态度的即时变化就已消失。其次，除态度外，这次研究还调查了自我报告的酒后驾驶行为。醉酒眼镜组的参与者并没有更少地参与和酒后驾驶相关的风险行为。简而言之，没有哪项精心设计的研究表明醉酒眼镜可以减少酒后驾驶行为。

参考文献

Innocorp, ltd（n. d.-a）. *Fatal Vision® Roadster—Pedal Kart*（only）. Retrieved from https：//fatalvision.com.

Innocorp, ltd（n. d.-b）. *Fatal Vision® Community Event Pack*. Retrieved from https：//fatalvision.com.

Jewell, J. D., & Hupp, S. D. A.（2005）. Examining the effects of Fatal Vision goggles on changing attitudes and behaviors related to drinking and driving. *Journal of Primary Prevention*, *26*（6）, 553–565.

Jewell, J. D., & Hupp, S. D. A.（2018）. *Prevalence of myths about adolescence* 176
[Manuscript in preparation].

Jewell, J. D., Hupp, S. D. A., & Luttrell, G.（2004）. The effectiveness of Fatal Vision goggles: Disentangling experiential versus onlooker effects. *Journal of Alcohol and Drug Education*, *48*（3）, 63–85.

Winfrey, O., & McGraw, P.（Executive Producers）.（2010）. Moms who drink [Television talk show episode]. *Dr.Phil*. Chicago, IL：Harpo Productions.

迷思 48　青少年可以被“现身试法”

在 1978 年上映的奥斯卡金像奖纪录片《现身试法》(*Scared Straight!*，又名《恐怖监狱》)中，制片人安德鲁·夏皮罗（Andrew Shapiro，1978）讲述了一群终身监禁者（长期服刑的囚犯）的故事。据说，这个群体向有监禁风险的青少年展示监狱的严酷现实。正如这部纪录片的片名所表明的，这么做是为了吓唬年轻人，使其远离犯罪。不过，虽然对这种干预的简单解释看起来可能既直观又相对无害，但《现身试法》节目的实际场景绝对吓人！

纪录片上映后不久，所谓的《现身试法》节目开始在整个美国遍地开花。在这样的节目中，年轻人会不断地受到极其吓人的成年囚犯的骚扰、贬低、身体虐待和性虐待。粗俗的和带有亵渎意味的长篇大论令人震惊，而人们认为，虽然这种干预可能会让年轻人不快，但至少会让他们远离麻烦。事实上，我们对大学生的研究也发现，这个迷思得到广泛认可，研究样本中有 45%—65% 的大学生相信这个迷思是真的（Jewell & Hupp，2018）。不幸的是，许多严格的科学研究发现，《现身试法》节目不仅不起作用，而且实际上还相当有害。具体而言，2005 年，一篇对 9 项《现身试法》节目研究的综述发现，参与过这个项目的年轻人再次犯罪的可能性实际上是从未参与这个项目的年轻人的 1.6—1.7 倍（Petrosino，Turpin-Petrosino，& Buehler，2005）。因此，《现身试法》节目的支持者可能会认为这是不可思议的节目，他们还真说对了——其害处真让人觉得不可思议。事实上，我们很难想象有任何一个节目会在如此短的时间内给参与者带来如此负面的结果，因为这个节目通常只持续一天的时间。《现身试法》节目导致的意外后果似乎也引起了联邦政府的注意。美国司法部（Department of Justice）的两位高级联邦行政官员表示，一个州播放这些节目可能会危害该州的联邦资金，因为《现身试法》节目违反了禁止任何未成年人进入成年囚犯的“视线和声音”范围的联邦法律（Robinson & Slowikowski，2011）。有兴趣的读者可以读一读《儿童发展的迷思》（Hupp & Jewell，2015）一书，该书深入探讨了这个迷思（“改造营”在某些方面与《现身试法》类似，更多关于“改造营”的信息，可以参阅本书的迷思 42）。 177

参考文献

Hupp，S.，& Jewell，J.（2015）. *Great myths of child development*. Malden，MA：Wiley.

Jewell，J. D.，& Hupp，S. D. A.（2018）. *Prevalence of myths about adolescence*［Manuscript in preparation］.

Petrosino，A.，Turpin-Petrosino，C.，& Buehler，J.（2005）. Scared Straight and other juvenile awareness programs for preventing juvenile delinquency. *The Scientific Review of Mental Health Practice*，*4*（1），48–54.

Robinson，L.，& Slowikowski，J.（2011，January 31）. *Scary—and ineffective*. Retrieved from http：//articles.baltimoresun.com/2011-01-31/news/bs-ed-scared-straight-20110131_1_straight-type-programs-straight-program-youths.

Shapiro，A.（Producer）.（1978）. *Scared Straight!*［Documentary］. USA：New Video Group.

迷思 49　色情短信是青少年特有的问题

人们通常将色情短信（sexting）定义为通过手机发送或接收性文字或照片，其存在的时间与现代手机一样长。不过，人们通常认为，在大多数情况下，色情短信是仅限于青少年的现象。例如，在《欢乐合唱团》（Brennan & D’Elia，2009）第一季中的一集里，帕克（Puck）给学校里的一个女孩子［桑塔纳（Santana）］发色情短信，结果被他的女朋友（不久之后成了他孩子的母亲）奎恩（Quinn）发现。桑塔纳奚落奎恩，让她去“查查他的手机，因为我的色情短信太火辣，不可能删掉”。青少年似乎是色情短信的罪魁祸首，在我们的研究中，77%—80% 的大学生相信这个迷思是真的（Jewell & Hupp，2018）。在极少数情况下，成人色情短信也会吸引媒体的注意。例如，纽约州前国会议员安东尼·韦纳（Anthony Weiner）因涉嫌给若
178 干名女性发色情短信而出名，最终导致他辞去国会议员职务。不过，一篇关于色情短信的研究综述让我们对这个主题有了新的认识。克勒特克、霍尔福德和梅勒（Klettke，Hallford，& Mellor，2014）回顾了 31 项关于青少年（18 岁以下的初中生和高中生）与成年人（虽然大多为大学生，但通常定义为 18 岁以上的个体）中色情短信发生率的研究。他们发现，青少年中色情短信的平均发生率在 10% 到 15% 之间，而成年人中的平均发生率相比之下高出约 3 倍，为 33%—53%（也参见 Dake，Price，Maziarz，& Ward，2012）。因此，成年人不仅发送色情短信，而且他们发送色情短信的频率似乎高出青少年两三倍！

参考文献

Brennan, I. (Writer), & D'Elia, B. (Director). (2009). Hairography [Television series episode]. In A. M. Woodall, M. Norvick & K. Silverstein (Producers), *Glee*. Los Angeles, CA: Paramount Studios.

Dake, J. A., Price, J. H., Maziarz, L., & Ward, B. (2012). Prevalence and correlates of sexting behavior in adolescents. *American Journal of Sexuality Education*, *7* (1), 1–15.

Jewell, J. D., & Hupp, S. D. A. (2017). *Prevalence of myths about adolescence* [Manuscript in preparation].

Klettke, B., Hallford, D. J., & Mellor, D. J. (2014). Sexting prevalence and correlates: A systematic literature review. *Clinical Psychology Review*, *34* (1), 44–53.

迷思 50 传统的高中驾驶教育课程能使青少年安全驾驶

对美国青少年来说，车祸是主要的死亡原因，与其他任何年龄段相比，16—19 岁青少年发生车祸的次数要多得多（Center for Disease Control，n. d.）。青少年在拿到驾照后不久，特别容易发生车祸。考虑到很多青少年事实上已经接受某种形式的正式驾驶教育课程，这些课程似乎没有像我们希望的那样帮助青少年安全驾驶。有一篇综述回顾了 9 项审视传统高中驾驶教育课程的研究，得出总论：这些课程并不能有效地帮助青少年安全驾驶（Vernick et al.，1999）。另一篇综述也得出结论："以学校为基础的驾驶教育往往会导致提前发放驾照，并有可能导致道路交通事故增加。"（Roberts & Kwan，2001，p.2）一种
179 似乎更有前景的方法是，将驾驶教育课程与分等级的驾照颁发制度相结合，在其中，青少年要经历这样几个不同的阶段：（1）一年的学习阶段，（2）有驾驶限制的中间阶段，（3）完全获得驾照阶段（Shell，Newman，Córdova-Cazar，& Heese，2015）。不过，很少有人研究过这种方法，而且现有的研究通常不包括随机对照实验。考虑到这样一个事实，即目前青少年的致命交通事故几乎是成年人的三倍，我们仍然要走很长的路，才能找到最好的方法来保证每个人的道路安全。

参考文献

Center for Disease Control（n. d.）. *Teen drivers*：*Get the facts*. Retrieved from http://www.cdc.gov.

Roberts，I. G.，& Kwan，I.（2001）. School-based driver education for the prevention of traffic crashes. *The Cochrane Library*, *3*, 1–14.

Shell, D. F., Newman, I. M., Córdova-Cazar, A. L., & Heese, J. M., (2015). Driver education and teen crashes and traffic violations in the first two years of driving in a graduated licensing system. *Accident Analysis and Prevention*, *82*, 45–52. doi: 10.1016/j.aap.2015.05.011.

Vernick, J. S., Li, G., Ogaitis, S., MacKenzie, E. J., Baker, S. P., & Gielen, A. C. (1999). Effects of high school driver education on motor vehicle crashes, violations, and licensure. *American Journal of Preventive Medicine*, *16* (1), 40–46.

索引*

* *Great Myths of Adolescence*, First Edition. Jeremy D. Jewell, Michael I. Axelrod, Mitchell J. Prinstein, and Stephen Hupp.

* 索引所附数字均为英文版页码，现为中文版页边码。——译者注

译后记

100 多年前，著名心理学家斯坦利·霍尔把青春期描述为“充满暴风骤雨”的时期；若干年后，安娜·弗洛伊德写道，“在青春期要保持正常，这本身就是不正常的”；甚至亚里士多德在谈到青少年时也说，“年轻人天性易怒，就如醉汉天生爱酒一样”。

青春期常被人们贴上“动荡不安”的标签，但是否每个青少年都无法避免情绪困扰呢？大多数青少年都与父母关系紧张吗？受欢迎的青少年通常都很刁蛮吗？女性青少年比男性青少年更关注自己的外表吗？大学真的是一生中最快乐的时光吗？……

不，《青春期的迷思：身体、自我与世界》一书告诉我们，这些问题的答案都是否定的。

毫无疑问，人都有一些固有的认知倾向，这些倾向会导致我们误解自己观察到的事物或经历的事情，如倾向于将相关性解释为因果关系。对青少年的看法也不例外，对青春期的刻板印象可以追溯至几千年前。继“心理迷思系列”其他图书之后，《青春期的迷思：身体、自我与世界》将关注焦点指向青春期，打破了许多关于青春期的刻板印象。

本书结构严谨，全书由 50 个关于青春期的迷思组成，包括四个部分，分别是：关于身体、大脑与心智发展的迷思，关于自我发展的迷思，关于社会环境的迷思，关于现代社会问题的迷思。在呈现每一个迷思时，作者会先界定这个迷思，确定这个迷思的盛行程度，并呈现揭穿这个迷思之真相的最新、最重要的研究。此外，作者还将每一个迷思与各种有助于传播迷思的流行文化标识联系了起来。在每一个迷思的末尾，作者都会呈现一段关于“为什么这个迷思有害”的讨论，并在“你需要知道的”部分提供一些与该主题相关的最佳实践。

信息含量高、强调证据是本书的另一个特点。为了打破这些关于青春期的迷思，作者引入了综合若干研究结果的元分析或综述，重视一些精心设计且得到不止一个研究团队支持的研究与发现，并尽力提供有关“对迷思之信念”的盛行程度的数据，如果有关某一特定迷思之盛行程度的文献存在空白，作者便尽可能地引用盖洛普研究中心和皮尤研究中心等传统研究中心的民意调查结果。此外，本书作者还以美国中西部一所大学的大学生为对象，研究了本书中提到的迷思的盛行程度。

这部著作既通俗易懂，又深刻隽永，适合教师和青年学生阅读、体会，也可作为关注心理学迷思的读者拓展兴趣之用，尤其对家有青少年的父母具有良好助益。不管什么时候，我们都需要科学的支撑，需要科学引导我们回到事情的真相上来。我们相信，本书的阐述会加深我们对 21 世纪青少年的了解，书中提出的观点一定能够帮助我们打破刻板印象，并以一种新的视角看待和理解青少年。

本书是江苏省职业教育教学改革研究课题“《学前儿童发展心理学》教学方式创新研究”（ZYB225）的阶段性研究成果。本书的翻译和面世，承蒙上海教育出版社给予出版的便利，特此致谢！

方　红

2020 年 7 月 20 日

图书在版编目（CIP）数据

青春期的迷思：身体、自我与世界 / (美) 杰里米 · D.朱厄尔等著；方红译.
— 上海：上海教育出版社，2021.3
ISBN 978-7-5720-0062-1

Ⅰ. ①青… Ⅱ. ①杰… ②方… Ⅲ. ①青少年教育 – 研究 Ⅳ. ①G775

中国版本图书馆CIP数据核字(2021)第051677号

Great Myths of Adolescence by Jeremy D. Jewell, Michael I. Axelrod, Mitchell J. Prinstein, and Stephen Hupp, ISBN:9781119248767

责任编辑　王佳悦
封面设计　陆　弦

心理迷思系列
青春期的迷思：身体、自我与世界
[美] 杰里米 · D.朱厄尔　[美] 迈克尔 · I.阿克塞尔罗德
[美] 米切尔 · J.普林斯坦　[美] 斯蒂芬 · 赫普　著
方　红　译

出版发行　上海教育出版社有限公司
官　　网　www.seph.com.cn
地　　址　上海市永福路123号
邮　　编　200031
印　　刷　上海展强印刷有限公司
开　　本　640 × 965　1/16　印张 16.75
字　　数　209 千字
版　　次　2021年4月第1版
印　　次　2021年4月第1次印刷
书　　号　ISBN 978-7-5720-0062-1/B · 0001
定　　价　49.00 元

如发现质量问题，读者可向本社调换　电话：021-64377165